COLLECTION
FOLIO/ESSAIS

Raymond Aron

Dix-huit leçons sur la société industrielle

Gallimard

Raymond Aron est né le 14 mars 1905 à Paris, dans une famille lorraine. Son père était professeur de droit.

En 1924, il entre à l'École normale supérieure où il se lie avec Jean-Paul Sartre et Paul Nizan. Agrégé de philosophie en 1928, il enseigne en 1930 à l'université de Cologne, en qualité de lecteur, puis à la Maison académique de Berlin (1931-1933). C'est au cours de ce séjour qu'il oriente ses recherches vers la sociologie allemande. À son retour d'Allemagne, il enseigne au Havre (1933-1934) où il succède à Jean-Paul Sartre, puis est nommé secrétaire du Centre de documentation sociale de l'École normale supérieure, poste qu'il occupe jusqu'en 1939. Il soutient en 1938 ses thèses, *Introduction à la philosophie de l'histoire* et *La Philosophie critique de l'histoire*.

Mobilisé en 1939, il réussit à s'embarquer pour l'Angleterre dès fin juin. Il s'engage dans les F.F.L., puis est chargé de la rédaction en chef du journal *La France libre* à Londres.

Après la Libération, il mène une double carrière de journaliste politique et d'universitaire. Éditorialiste à *Combat* (1945-1946), puis au *Figaro* (1947-1977) et à *L'Express* (1977-1983), il analyse régulièrement la conjoncture internationale et intérieure et participe activement aux débats idéologiques de la guerre froide. Il publie en 1955 *L'Opium des intellectuels*.

Professeur à l'Institut d'études politiques de Paris (1945-1954) et à l'E.N.A. (1945-1947), il devient titulaire de la chaire de sociologie de la faculté de lettres de Paris (1955-1967), directeur d'études à la VIᵉ section de l'École pratique des hautes études (1960-1978), professeur au Collège de France (chaire de sociologie de la civilisation moderne) [1970-1978].

Toute son œuvre se partage entre la philosophie de l'histoire et le devenir de nos sociétés : devenir diplomatico-stratégique (*Paix et guerre entre les nations* [1962] ; *Le Grand Débat* [1963]) et développement économique. Les *Dix-huit leçons* (1962) forment le premier volet d'une réflexion sur l'avenir de nos sociétés industrielles et les relations entre science économique et sociologie, que complètent *La Lutte de classes* (1964) et *Démocratie et totalitarisme* (1965). Tout au long de sa carrière intellectuelle, il a dialogué avec les grands sociologues : Marx, Tocqueville, Pareto, Clausewitz (*Essai sur les libertés* [1965], *Les Grandes Étapes de la pensée sociologique* [1967], *Penser la guerre, Clausewitz* [1976]).

Peu après la publication des *Mémoires*, qui connurent un succès immédiat, Raymond Aron est décédé à Paris le 17 octobre 1983.

Préface

Les Dix-huit leçons sur la société industrielle *ont* *été effectivement professées à la Sorbonne durant l'an-* *née 1955-56. Comme cette année était la première de* *mon enseignement, les quatre leçons initiales présentent* *un caractère très général. Elles formulent des problèmes* *dont certains n'ont été traités que dans les deux années* *suivantes.*

Ce cours avait paru ronéoté au Centre de Documen- *tation universitaire. J'avais refusé jusqu'à présent* *de le présenter tel quel à un public plus large. Les motifs* *de mon hésitation apparaîtront immédiatement au* *lecteur. Moment d'une recherche, instrument de* *travail pour les étudiants, ce cours suggère une mé-* *thode, il esquisse des conceptions, il apporte des faits* *et des idées. Il garde et il ne peut pas ne pas garder* *les marques de l'enseignement et de l'improvisation.* *Ces leçons n'ont pas été rédigées à l'avance : le style* *est donc celui de la parole, avec les défauts inévitables* *que les corrections, apportées après coup, permettent* *d'atténuer mais non de supprimer.*

Je m'adressais à des étudiants de sociologie qui n'avaient pas, pour la plupart, de formation économique. J'étais amené à rappeler des notions que les économistes jugeront, à bon droit, élémentaires, j'étais contraint de donner les résultats auxquels parviennent les économistes en omettant les analyses ou les calculs qui auraient été nécessaires à une démonstration, souvent j'évoquais des statistiques divergentes sans choisir entre elles, parce que la discussion aurait été trop longue et trop technique.

Depuis 1955, la littérature sur le thème abordé dans ces leçons s'est considérablement augmentée. Les comparaisons entre les divers types de société industrielle sont devenues à la mode. Le livre de W. W. Rostow, Les Étapes de la croissance économique (The Stages of economic growth), a été lu et commenté dans le monde entier. La distinction entre les phases de la croissance économique, abstraction faite de l'opposition entre les régimes politiques, est désormais banale. Si j'écrivais aujourd'hui le livre auquel le cours devait servir de préparation, il différerait substantiellement de celui-ci.

Peut-être est-ce même une des raisons pour lesquelles j'ai finalement cédé à l'amicale insistance du directeur de la collection Idées. Ce cours n'est et ne veut être qu'une introduction, objective je pense, à l'étude d'un problème chargé de passions politiques. Il s'adresse non au spécialiste mais à l'étudiant et à l'honnête homme. Il n'impose pas de réponses dogmatiques, il dissipe les mythes : celui d'une évolution nécessaire du capitalisme au soviétisme, celui d'une convergence fatale des deux types de société industrielle, celui même que risque de nourrir l'essai de W. W. Rostow, du caractère homologue des diverses phases de la croissance, quelle que soit l'époque et quel que soit le régime politique. Tous les pays ont certains obstacles à surmonter au moment du démarrage : il n'en résulte pas

que la phase du démarrage ait été semblable en Union
soviétique et aux États-Unis, au milieu du XIXᵉ siècle
et dans la première moitié du XXᵉ. Moins encore
la phase de maturité implique-t-elle partout le même
régime ou le même genre de vie. La notion de types de
société industrielle n'est pas moins essentielle que
celle de phases de croissance. Le soviétisme n'est pas
seulement une méthode d'industrialisation, il constitue une théorie et une pratique de la société industrielle.
Au fur et à mesure de la croissance, il s'est transformé
et il se transformera encore. Il deviendra plus rationnel,
en particulier dans ses décisions économiques, dans
le choix des investissements. Il ne se convertira pas
nécessairement pour autant à l'objectif du bien-être
et de la liberté du consommateur. Le XXIIᵉ Congrès
du Parti communiste a promis l'opulence, mais l'opulence collective, la moitié des biens de consommation
étant distribuée par l'État. Rien n'est plus facile que
de concevoir une maturité du soviétisme toute différente de la maturité du capitalisme.

Depuis 1955 également, les positions relatives des
pays occidentaux se sont modifiées. La France n'offre
plus l'exemple d'une croissance ralentie. Les États-
Unis, depuis dix ans, ont un taux de croissance inférieur à celui de l'Europe occidentale. Écrivant aujour-
d'hui, je tirerais la leçon des dix dernières années et
je soulignerais plus fortement encore la compatibilité
de la croissance et de certaines institutions d'esprit
socialiste. Mais, en gros, les événements récents ont
plutôt confirmé qu'infirmé les thèses soutenues en 1955.

Ce premier cours traite de la croissance et du régime
économique. Le deuxième a été consacré aux relations
de classes dans chacun des deux types de société industrielle. Le troisième a porté sur la nature et le principe
des deux régimes politiques, régime du parti monopolistique d'un côté, régime constitutionnel-pluraliste de
l'autre. Ce n'est qu'au terme de cette triple étude — éco-

nomique, sociale, politique — *que se découvre la diversité des sociétés qui méritent d'être appelées industrielles, diversité qui ne sera probablement pas moindre
que celle des sociétés traditionnelles.*

Paris, juillet 1962.

Introduction générale

LEÇON I

De la sociologie

Il m'a paru convenable de consacrer cette première leçon à des considérations générales sur la nature de la sociologie. Cette décision ne tient pas
seulement à une coutume universitaire à laquelle je
veux me conformer (il est normal que les sociologues
soient respectueux des coutumes). Elle tient aussi
à la nature de la discipline que je dois enseigner. La
sociologie, en effet, paraît être caractérisée par une
perpétuelle recherche d'elle-même. Sur un point et
peut-être un seul, tous les sociologues sont d'accord :
la difficulté de définir la sociologie. Aussi prendrai-je
pour point de départ cette auto-interrogation : les
sociologues, au fur et à mesure qu'ils explorent l'objet,
s'interrogent sur ce qu'ils font. Pour essayer de caractériser cette auto-interrogation, je la confronterai
à l'auto-interrogation de la philosophie d'un côté et,
de l'autre, à celle de l'économie politique qui est,
comme la sociologie, une discipline sociale particulière.

La philosophie, pourrait-on dire, est, en tant que telle, interrogation d'elle-même ; philosopher, c'est se demander ce qu'est la philosophie. Le philosophe créateur est celui qui repart à neuf, comme si rien n'avait été définitivement établi, comme si, pour la première fois, un homme isolé par sa réflexion s'interrogeait sur les sens vécus et sur le sens de tous les sens vécus. On pourrait dire que la philosophie est recherche de la sagesse, mais cette formule laisserait ouverte l'interrogation. En effet, qui posséderait la sagesse et serait convaincu de la posséder cesserait du même coup d'être sage. Si le philosophe, au bout de sa recherche, se croyait sage, il cesserait de l'être et à nouveau, il devrait s'interroger sur le sens même de la sagesse.

La question radicale du philosophe est, plus que tout autre, liée à la continuité de la culture. Pour le philosophe, rien n'est définitivement acquis, et pourtant la question que pose le philosophe est peut-être la plus vieille de toutes. Les deux propositions sont vraies à la fois : le philosophe recommence à neuf et il continue une tradition. Aussi les uns disent que les philosophes ne s'entendent sur rien et les autres que les philosophes disent toujours la même chose. Peut-être l'explication de ces deux propositions est-elle que la philosophie est, en tant que telle, recherche d'une vérité et refus de la science positive. Elle ne sait pas ce qu'elle est, mais elle sait ce qu'elle n'est pas, à savoir une science particulière. La sociologie ne sait peut-être pas ce qu'elle est, mais elle sait qu'elle veut être une science particulière.

En quoi l'auto-interrogation de la sociologie différet-elle de l'auto-interrogation d'une science comme l'économie politique ? Je prends l'économie politique parce que, de toutes les sciences des sociétés modernes, l'économie politique est la plus développée. L'économie politique veut étudier un secteur, isolable et isolé, de la réalité globale et elle dispose d'une méthode propre. Les questions que se pose l'économie politique viennent précisément des particularités de sa méthode. L'économie politique se définit par l'interprétation d'un aspect particulier des conduites humaines ou d'un secteur particulier de la réalité sociale globale, interprétation rendue possible à la fois par la structure de cette réalité et par les particularités de cette conduite. En effet, l'ensemble économique est constitué par des variables en état de solidarité réciproque, et les conduites des sujets économiques sont susceptibles d'être comprises à partir d'une schématisation ou rationalisation.

Aussi l'économiste, ou celui qui s'interroge sur ce que font les économistes, se trouve amené à poser une série de questions : quelle est la relation entre les modèles simplifiés que construisent les théoriciens et la réalité ? Quelle est la relation entre les théories économiques et les doctrines, c'est-à-dire quelle est la relation entre les propositions explicatives de la conduite économique et les doctrines qui prétendent enseigner aux hommes d'État ce qu'ils doivent faire ? Quelle est la relation entre l'analyse microscopique des conduites des sujets économiques et l'analyse macroscopique de l'ensemble de l'économie ? Ou encore quelles sont les relations entre les théories ou les modèles et la réalité historique concrète ? Jusqu'à quel point les propositions les plus générales sont-elles valables pour toutes les sociétés ou seulement pour un type défini de société ? Quel est le caractère historique, quel est le degré d'historicité des propositions de l'économie politique ?

L'économie politique progresse par un développement simultané de l'exploration du réel et de la conscience de ce qu'elle fait. Les modèles et les schémas se compliquent progressivement, ils deviennent plus rigoureux et plus complexes à la fois, pour se rapprocher de la réalité, et simultanément l'économiste est capable de faire une discrimination plus rigoureuse entre les propositions de fait et les propositions doctrinales, celles qui suggèrent un devoir être.

A la limite, l'économie politique rejoindrait la réalité la plus complexe. Un schématisme comme celui de la théorie keynesienne est déjà plus proche de la réalité que le schématisme de l'économie classique. On peut concevoir des lois de développement qui, simultanément, seraient des formules abstraites et s'appliqueraient au devenir historique.

Autrement dit, la réflexion de l'économie politique sur elle-même tend à s'assurer de la nature propre de la reconstruction intelligible de l'économie, du rapport entre cette reconstruction intelligible et la réalité concrète, de manière à discerner avec certitude les moments où l'on se borne à constater les faits et les moments où l'on indique ce qu'ils devraient être.

La réflexion de la sociologie sur elle-même diffère de l'auto-interrogation de la philosophie parce que la sociologie veut être une science particulière, elle diffère de l'auto-interrogation de l'économie politique parce qu'elle ne consent pas à considérer un aspect isolé de la réalité sociale. La sociologie s'interroge sur elle-même, parce qu'elle veut être une science particulière et, en même temps, analyser et comprendre l'ensemble de la société. C'est de la jonction entre ces deux intentions que résultent les doutes des sociologues eux-mêmes, les conflits de doctrines sociologiques, et aussi l'intérêt de la réflexion philosophique sur la sociologie.

On pourrait objecter qu'il est illégitime de vouloir constituer une science de la réalité sociale globale, mais je réserverai provisoirement la question, qui est au fond la question centrale de toute cette leçon, et je partirai de l'intention première, de l'intention scientifique. La sociologie s'est constituée à un moment où existaient déjà des sciences sociales particulières : les sociologues ont affirmé qu'ils constituaient quelque chose de nouveau : par quoi se définissait la nouveauté de la discipline qu'ils voulaient créer ?

La première réponse consisterait à définir l'originalité de la sociologie par la volonté de rigueur scientifique, par le souci, les scrupules de méthode, par l'effort pour ne rien affirmer que l'on ne soit sûr d'avoir démontré.

A n'en pas douter, la volonté de rigueur scientifique fait partie de l'intention de la sociologie, mais jamais une science n'a été définie uniquement par la volonté d'être science. De plus, en matière de sociologie, le danger existe que l'exagération des scrupules finisse par stériliser la recherche. Quelques critiques aux États-Unis disent, en plaisantant, que l'on dépense de plus en plus d'argent, de plus en plus de temps, pour démontrer de plus en plus rigoureusement des propositions de moins en moins intéressantes. Il ne faudrait pas que le souci exclusif de la preuve fît oublier qu'une science doit viser des résultats en tant que tels significatifs.

Si l'on ne définit pas la sociologie par la seule intention scientifique, on la définira par l'objet : on essaiera de saisir des phénomènes que les autres disciplines n'étudiaient pas. Ainsi les sociologues constatent que tels phénomènes, la famille, la stratification sociale, les rapports entre les secteurs de la réalité, entre la politique et l'économie par exemple, ne relevaient jusqu'à présent d'aucune discipline. Ces phénomènes négligés, sacrifiés jusqu'alors, constitueraient l'objet propre au sociologue.

Mais ces phénomènes, la famille, la stratification sociale, les rapports entre les secteurs de la société, d'une certaine façon concernent l'ensemble de la société, on ne peut pas étudier la stratification sociale, c'est-à-dire la répartition des individus d'une entité sociale entre des sous-groupes ou à l'intérieur d'une hiérarchie, sans considérer l'ensemble, à la fois économique, politique et religieux. Ces phénomènes, qui relèveraient essentiellement de la sociologie, se révèlent, à une observation plus poussée, comme caractérisés par leur caractère global. Ce sont, comme on dit, des phénomènes sociaux totaux.

Si l'on essaie de définir la sociologie par référence aux autres sciences sociales, on aboutit à des résultats analogues. Par référence à la psychologie, les phénomènes sociaux sont des phénomènes *sui generis*, spécifiques, qui appellent une science propre, parce que la signification des conduites sociales est transcendante aux phénomènes qu'étudie le psychologue, ou parce que la réalité globale, créée par les conduites des individus, diffère en nature de celle que le psychologue étudie dans l'individu.

Par référence à l'historien, le sociologue a une intention de généralité. Il vise à saisir les phénomènes qui se répètent, à interpréter les phénomènes sociaux à travers des catégories générales et, dans le cas ultime, à découvrir des lois. Or cette intention de généralité nous renvoie à ce qui devient l'objet propre de la sociologie, la confrontation des sociétés, la mise en place des phénomènes sociaux à l'intérieur de chaque collectivité, la mise en place des diversités sociales dans un système plus général.

Prenons l'exemple de Durkheim. Si vous suivez le développement de la pensée durkheimienne, vous y trouvez les trois aspects que je viens d'énumérer : Durkheim essaie de définir la sociologie par la spécificité du phénomène social, considéré comme transcendant aux consciences individuelles ; il vise à établir les principes d'une classification des types sociaux, en partant de la société la plus simple qu'il

appelle la horde et en continuant par les sociétés
polysegmentaires simples et les sociétés polysegmentaires multiples ; il veut donc établir la structure de chaque société et mettre en relations les différentes structures les unes avec les autres dans une
continuité historique.

Ainsi les trois objectifs que se propose la ociolo-
gie seraient d'abord la définition et l'analyse du social en tant que tel, ensuite la détermination des
caractères propres de chaque structure ou de toutes
les structures sociales, et finalement la mise en place
des différentes structures sociales dans le cours de
l'histoire.

Si, au lieu de prendre l'exemple de Durkheim,
nous prenion celui de Max Weber, nous pourrions
retrouver ces trois démarches caractéristiques. Max
Weber essaie de reconstruire le tout de la société à
partir des relations inter-individuelles, il essaie d'établir des catégories économiques, politiques, juridiques qui lui permettent de définir les types principaux de structures économiques, politiques et
juridiques, enfin il essaie de mettre en place ces
diversités, devenues intelligibles, dans la continuité
du développement historique.

C'est dans la mesure où la sociologie est capable
d'atteindre ces trois objectifs, *définition du social,
analyse du consensus social* pour reprendre l'expression d'Auguste Comte, *mise en place des diversités
historiques* que la sociologie pourrait combiner, concilier les deux intentions, scientifique et synthétique,
qui la caractérisent.

Selon la définition que l'on donnera du social, la
sociologie sera plus ou moins impérialiste. Si l'on
donne du social une définition formelle, par exemple
les relations inter-individuelles, la sociologie, même
avec une intention synthétique, sera une discipline
particulière à côté d'autres disciplines sociales. En

revanche, si l'on donne une définition du social du type de celle de Durkheim, le sociologue concevra l'ambition d'englober toutes les sciences sociales, de devenir le principe de leur unité et le moyen de leur synthèse. Il y a même un danger supplémentaire. Une certaine définition du social semblerait donner à la sociologie non pas seulement une autorité scientifique, mais une autorité philosophique ; à partir d'une certaine définition du social se développe ce que l'on a appelé le sociologisme, c'est-à-dire la volonté d'expliquer tous les phénomènes, y compris les phénomènes spirituels, morale ou connaissance, à partir de la société.

Disons-le immédiatement, il n'y a pas de lien nécessaire entre sociologie et sociologisme, entre l'effort pour analyser les conditions sociales d'un développement intellectuel et l'interprétation de celui-ci en tant qu'*essentiellement* expression de la réalité sociale ; l'explication d'une catégorie par les circonstances sociales n'a rien à voir avec le jugement de valeur porté sur cette catégorie. Rien n'a été aussi dangereux pour le développement de la sociologie en France que la tendance à confondre sociologie et sociologisme. La confusion a été d'autant plus redoutable que l'on a introduit dans les écoles primaires l'enseignement de la sociologie et que l'on a lié cet enseignement à celui de la morale. Le certificat de Morale et Sociologie est né de cette conception : parce que Durkheim croyait qu'il allait rénover la morale grâce à l'étude de la société, la sociologie figure dans le certificat de Morale et Sociologie et non là où serait sa place légitime, c'est-à-dire dans un institut de sciences sociales ou à la Faculté de Droit.

Personnellement, je consens que l'on m'applique le terme de sociologue, mais je suis hostile à tout ce qui ressemblerait à une interprétation sociologiste.

Volontiers je citerais Léon Brunschvicg qui écrivait dans *Le Progrès de la conscience dans la philosophie occidentale* que le sociologue par excellence est Montesquieu, ajoutant : la sociologie se présente comme une discipline jeune, mais le goût de se rajeunir n'est pas en général un signe de jeunesse.

Admettons dès le point de départ que l'on trouve de la sociologie dans *La Guerre du Péloponnèse* de Thucydide, peut-être autant que dans beaucoup d'ouvrages spécialisés sur les relations internationales, admettons une fois pour toutes qu'un des plus grands livres de sociologie française soit *L'Esprit des lois*, même s'il n'est pas une seule des propositions de fait contenues dans le livre de Montesquieu qui n'appelle aujourd'hui des corrections en fonction de l'approfondissement du savoir.

La sociologie est toujours partagée entre ces deux intentions, scientifique d'une part, synthétique de l'autre, et selon les pays, les moments, les écoles, elle s'abandonne à l'intention scientifique et multiplie les enquêtes de détail ou bien, au contraire, elle veut maintenir l'intention synthétique et risque de se perdre dans la philosophie.

En dépit du danger de se perdre dans la philosophie, je ne conçois pas une sociologie qui se satisferait d'enquêtes de détail. Le propre de la compréhension de l'ensemble social, c'est de ne pas résulter et de ne pas pouvoir résulter d'enquêtes parcellaires.

Il y a plus. Si l'on multiplie les enquêtes parcellaires, comme si les questions générales ne se posaient pas, on finit par adhérer inconsciemment à une certaine conception. Prenons un exemple. La sociologie des relations industrielles aux États-Unis est soucieuse de réaliser la meilleure intégration possible du travailleur dans son atelier et dans son entreprise. Maints sociologues américains écartent dès le point

de départ les questions du régime de la propriété ou
de structure de la société. Or, ne pas poser ces questions (que l'on appelle idéologiques ou politiques),
c'est déjà les poser d'une certaine façon. En sociologie comme en philosophie, ne pas philosopher c'est
déjà philosopher. Le souci de saisir l'ensemble ne
doit pas être éliminé de la sociologie pour que celle-ci
reste elle-même. Si la sociologie s'épuise en enquêtes
de détail, elle devient simplement une technique de
recherches. Ajoutons que liée à une idéologie officielle,
elle se dégraderait en un système de justification.

On pourrait m'objecter que l'intention synthétique
sort d'une intention politique. J'y consens volontiers : il me paraît légitime que ceux qui traitent de
sociologie aient été soit des acteurs, soit des observateurs de la réalité politique. Thucydide, dont je par-
lais tout à l'heure, a écrit *La Guerre du Péloponnèse*
parce qu'il avait été victime de l'injustice des Athé-
niens ; grâce à l'échec, il a pu comprendre la lutte
entre Sparte et Athènes comme le déroulement nécessaire d'une dialectique des événements et des passions. Si Machiavel n'avait pas été injustement traité
par les Florentins, il n'aurait pas joui du loisir
nécessaire pour écrire les *Discours sur la première
décade de Tite-Live* ou *Le Prince*. Il est bon que les
sociologues ne soient pas sans intérêt politique, à la
seule condition qu'ils soient capables de le sublimer.

Après tout, observons les sociologues les plus
authentiques, les plus universitaires, Durkheim
et Max Weber ; l'un et l'autre ont été passionnés
de politique, au grand sens du terme. C'est Durkheim
lui-même qui disait que la sociologie ne vaudrait
pas une heure de peine si elle n'aidait à résoudre les
problèmes sociaux. Personnellement, je suis beaucoup moins pragmatique que Durkheim ; même
si *La Guerre du Péloponnèse* ne sert à rien, c'est-
à-dire si elle n'aide pas à prévenir les guerres, il est

heureux que Thucydide y ait consacré tant d'années. Je ne suis pas sûr que les livres de Durkheim nous rapprochent de la solution des problèmes sociaux, mais je suis heureux qu'ils aient été écrits. Durkheim, lui aussi, était possédé par le désir de comprendre la société à laquelle il appartenait. Il n'avait pas d'ambitions politiques au sens vulgaire du terme, il n'avait pas le désir de devenir député ou ministre, mais le désir de carrière politique, en France, n'est pas nécessairement une preuve d'ambition ; il est des circonstances où cette sorte d'ambition est une forme subtile de la modestie.

Max Weber lui aussi, et plus directement encore, était passionné de politique. Lui, aurait voulu être un dirigeant de parti ou un homme d'État, il a nourri la passion secrète d'être le chef, au sens noble du terme, celui qui guide ses concitoyens par l'autorité de sa personne, par la grandeur de son esprit. Mais, peut-être à cause de cette conception de la politique, Max Weber n'est jamais devenu un homme d'action. Incapable d'agir, il a cherché à comprendre sa société et toutes les autres sociétés. La sociologie des religions de Max Weber est sortie de l'étude consacrée au rôle du protestantisme à l'origine du capitalisme, et cette étude elle-même est née, dans la pensée de Max Weber, du malaise qu'il éprouvait dans la société rationaliste de notre temps. Il a pensé : nous subissons la loi du métier ; il y a quelques siècles les hommes voulaient une société fondée sur le métier. A partir de cette opposition, il a conçu le plan d'une étude comparée des religions et des économies, influence des religions sur le développement des économies ou influence des économies sur les phénomènes religieux.

Montesquieu également était profondément enraciné dans sa société : les problèmes qu'il s'est posés étaient ceux du xviiie siècle. Mais il a aussi écrit les

Lettres persanes, livre suprêmement sociologique puisque Montesquieu essaie de nous faire comprendre à quel point notre société est surprenante, aussi surprenante que les sociétés sur lesquelles nous projetons notre ironie.

Être enraciné dans une certaine société, en dégager des problèmes, mais simultanément se détacher d'elle pour la comprendre, pour la voir aussi surprenante que toutes les autres, peut-être est-ce là essentiellement l'attitude sociologique. Je parlerais volontiers de la réciprocité de la surprise : tu es incroyable mais je ne le suis pas moins. Pour atteindre à cet échange entre deux sociétés dont chacune se considère comme évidente, il faut d'abord être enraciné dans la sienne, mais ensuite être capable de s'en déprendre.

Cette capacité de comprendre la diversité des phénomènes sociaux ne définit pas encore la conscience sociologique en tant que telle. Cette formule s'applique tout autant à la conscience historique. L'historien est satisfait d'observer et, pour ainsi dire, de collectionner les diversités sociales ; il est comme le botaniste qui recueille les espèces rares dans son herbier. Le sociologue constate cette diversité, mais il voudrait la comprendre et en saisir la logique implicite. Peut-être avez-vous lu le livre de M. Lévi-Strauss, *Les Structures élémentaires de la parenté*, modèle de science sociologique. Il montre que la diversité extrême des formes de parenté, les modalités de prohibition de l'inceste, constituent des variations sur un petit nombre de thèmes fondamentaux. Constance des thèmes et diversité des réalisations concrètes, voilà exactement l'intelligibilité à laquelle tend le sociologue.

Sautons les millénaires pour parvenir à la société contemporaine. Un historien serait satisfait de comparer l'économie américaine et l'économie soviétique comme deux individus particuliers, deux économies de grands espaces, deux humanités lancées à la conquête de vastes plaines. Pour citer la formule fameuse de Tocqueville, une de ces deux sociétés fait confiance à l'initiative individuelle, l'autre compte essentiellement sur l'autorité de l'État, et toutes deux, d'une certaine façon, touchent au même but.

Un sociologue voudra, il doit vouloir quelque chose de plus : à savoir, retrouver les caractères communs à toutes les économies de notre époque, comprendre les deux types d'économie comme deux variations sur un même thème ou deux espèces du même genre. Toutes les économies modernes sont des économies qui veulent croître, qui appliquent les connaissances scientifiques à l'organisation du travail, qui impliquent une certaine répartition de la main-d'œuvre entre les différents secteurs. On peut multiplier les traits communs entre ces économies diverses et, en même temps, on doit déterminer ce qui les différencie.

Cette compréhension par confrontation doit être répétée pour les structures politiques. Finalement on ne peut pas ne pas établir, terme dernier ou espoir suprême, des types de structure globale. La sociologie veut, au-delà de l'analyse et de la définition du social, déterminer les types fondamentaux d'organisation sociale, *la logique souterraine de la vie en commun*. A ce point inévitablement, on retrouve l'objection : n'est-ce pas sortir de la science pour revenir à la philosophie ?

Par un curieux paradoxe, il semble que les théories générales de la société soient d'autant moins scientifiques qu'elles veulent l'être davantage. Prenons un exemple. Quand vous considérez une interprétation des sociétés à partir des régimes économiques, cette interprétation, si elle se donne pour une entre d'autres possibles, est acceptable. Elle est une certaine lecture des événements. En revanche, si elle voulait tout réduire à des phénomènes économiques et en même temps s'affirmer scientifique, elle cesserait du même coup de l'être, parce qu'elle prêterait à la réalité sociale une structure simplifiée que celle-ci n'a pas. C'est dans la mesure où ces théories acceptent leur particularité qu'elles sont scientifiques. C'est dans la mesure où elles prétendent être la reproduction fidèle, authentique, universellement valable, des structures sociales, qu'elles cessent de l'être.

Cette proposition est conforme à l'inspiration de Max Weber. Elle pose que les théories générales de l'organisation sociale sont, par nature, multiples et que chacune d'elles est liée à une certaine intention de l'observateur.

Dans l'*Introduction à la philosophie de l'histoire*, il y a vingt ans, j'avais accepté intégralement cette épistémologie relativiste. J'avais écrit que, en matière d'histoire, la théorie précède l'histoire et que la théorie est philosophique. Aujourd'hui j'en suis moins sûr et, après avoir suggéré, sur l'exemple d'une interprétation économique, à quel point il est dangereux de prêter une valeur universelle à une certaine lecture des phénomènes sociaux, je voudrais suggérer qu'il est à peine moins dangereux d'affirmer le relativisme des interprétations.

En effet, le relativisme, dans la pensée de Max Weber, était lié à l'idée qu'il se faisait du réel, idée elle-même issue d'une certaine philosophie néokantienne. Pour lui, toute réalité, toute réalité sociale, était informe, accumulation ou éparpillement de faits dispersés. Si le sociologue se trouve en face de faits incohérents, si c'est lui qui, à l'aide de ses concepts, crée l'ordre à l'aide duquel il comprend, l'interprétation ne peut pas se séparer du système de concepts,

et ce système lui-même de la situation particulière de
l'observateur. Mais il n'est pas vrai qu'une société
soit une multiplicité incohérente. La réalité sociale
n'est ni totale ni incohérente, et c'est pourquoi on ne
peut affirmer dogmatiquement ni là validité universelle d'une théorie des types sociaux, ni le relativisme
de toutes les théories. Si Max Weber avait raison, si
les faits sociaux étaient incohérents, alors toute interprétation serait surimposée aux faits et, pour cette
raison même, liée à la personnalité du sociologue. Si
la réalité sociale était toute structurée, si elle avait
une unité totale, ou bien si une partie de cette réalité
commandait toutes les autres, alors il y aurait une
théorie sociologique vraie, et une seule.

Au moins en première approche, la réalité sociale
n'est ni incohérente ni totale, elle comporte des multiples d'ordres partiels, elle ne comporte pas de
manière évidente un ordre global. Le sociologue ne
crée pas arbitrairement la logique des conduites
sociales qu'il analyse. Quand vous observez un système économique, et j'espère vous le montrer dans
la suite de ce cours, vous mettez au jour un ordre
qui est inscrit dans le système, et non pas surimposé
par l'observateur, mais cet ordre n'est pas univoque,
et il n'y a pas une seule façon de l'interpréter. Le
sociologue met au jour des ordres ou des régularités
qui sont dans l'objet, mais toujours il fait un certain
choix entre ces ordres et ces régularités. Plus il
tend à aller vers l'ensemble tout entier, plus il court
le risque d'exprimer l'intention politique qui l'a
animé au point de départ ou de découvrir le système
philosophique vers lequel il tend au point d'arrivée.

La conclusion provisoire de cette leçon introductive,
c'est donc le refus des deux dogmatismes, refus du
dogmatisme d'un système universel vrai des sociétés,
et refus de la relativité intégrale des interprétations
sociologiques. Au fond, si l'on suit le développe-

ment des théories sociologiques, on a l'impression
que l'histoire tend à confirmer l'analyse abstraite
que je viens d'esquisser. La sociologie se développe
d'abord par une accumulation de faits ; il y a un
progrès de la connaissance scientifique parce que
l'on connaît plus de faits et qu'on les connaît
mieux. Elle se développe ensuite par le renouvellement des problèmes, par la position de questions
nouvelles, exactement comme l'économie politique.
La *Théorie générale* de Keynes n'aurait pas existé
s'il n'y avait pas eu le chômage permanent en Angleterre durant les années 1930 ; la théorie sociologique
des religions de Max Weber n'aurait pas existé si
celui-ci n'avait pas été protestant, déchiré entre les
nécessités de la société rationnelle et l'aspiration à
des vérités religieuses. Et enfin il y a un troisième
mode de développement historique de la sociologie,
le progrès de la théorie. Ce progrès ne se confond ni
avec l'accumulation de faits, ni avec le renouvellement historique des problèmes, il est l'affinement
des instruments conceptuels à l'aide desquels on
essaie de comprendre la réalité sociale.

Nous sommes bien loin encore de disposer d'un
système de concepts sociologiques qui nous permette
de penser avec certitude l'ensemble des collectivités.
Il est possible que ce système de concepts universellement valables n'existe pas ou, tout au moins, il est
possible que le système de concepts universellement
valables soit à tel point formalisé qu'il cesse d'être
un instrument adapté à l'analyse des sociétés concrètes. Il reste que l'on ne peut supprimer de l'histoire de la sociologie et, par conséquent, de l'intention
actuelle des sociologues, ni la volonté de connaître les faits de plus en plus précisément, ni celle de
leur poser des questions toujours neuves, ni celle
d'affiner et de rendre plus rigoureux les systèmes
conceptuels à l'aide desquels on les interprète.

Pour terminer, je voudrais dire quelques mots d'un sujet classique : les relations entre la science et la politique, entre les jugements de fait et les jugements de valeur, entre l'Université où les bruits du dehors sont censés ne pas parvenir, et le reste de la société.

Sur le plan scientifique, ce qui me paraît essentiel c'est l'effort pour comprendre ou, si l'on a des passions, l'effort pour les surmonter. Après tout, dans la *Réforme intellectuelle et morale de la France*, Renan s'est efforcé de comprendre les Français, les différents groupes de Français, avec leurs réactions incompatibles aux événements, avec leurs systèmes de valeur contradictoires. J'imagine qu'un Renan, aujourd'hui, s'efforcerait de comprendre les réactions contradictoires et passionnées des Français depuis quinze ans. Or, comprendre les diverses attitudes des Français à l'égard de la France, c'est la condition même de l'exercice du métier de sociologue s'il ne veut pas tranformer les cours en exercices de propagande.

La volonté de comprendre n'implique pas le refus de juger. Au bout du compte il est impossible d'interpréter les phénomènes artistiques ou même politiques sans porter sur eux des jugements. Si, par exemple, on étudie les Aztèques, ce serait faire preuve d'un purisme inutile de se refuser à dire que telles de leurs mœurs sont cruelles. De même, il n'y a aucune raison de s'abstenir de porter des jugements sur nombre de phénomènes contemporains. Le chômage des sociétés capitalistes est cruel. Les camps de concentration sont des institutions cruelles. Ce qui est essentiel, c'est de comprendre que la science ne peut jamais indiquer quelles doivent être les décisions politiques, parce que chacune comporte *un coût*. A partir du moment où l'on se demande s'il convient de sacrifier celui-ci ou celui-là, ou encore

tant de personnes à tant d'autres personnes, on sort
de la science. C'est en ce sens que Max Weber avait
raison de dire qu'il y a une différence de nature entre
des décisions politiques qui comportent un engage-
ment au-delà de la science, et la science elle-même.

Dès que l'on confronte des sociétés fondamentalement différentes, les problèmes sont probablement
extra-scientifiques. Tel ethnologue nous dit qu'en
un sens les sociétés de Bororos sont aussi parfaites
que les sociétés modernes ; il a raison sur le plan où
il se place. Si le but des sociétés est de réaliser une
intégration des individus au groupe, les sociétés les
plus élémentaires peuvent être les égales des sociétés
supérieures, mais celles-ci développent d'autres productions, scientifiques, philosophiques, économiques.
Ces diverses sociétés ne développent pas également
les différentes productions. Lorsque l'on confronte
différentes sortes de sociétés, on ne peut pas formuler
au nom de la science des jugements catégoriques.

Le vrai danger, c'est que les sociologues sont toujours *partiels*, ils étudient une partie de la réalité en
prétendant étudier le tout. Ils ont tendance à remar-
quer surtout les beaux côtés des sociétés qu'ils préfèrent et les côtés sombres des sociétés auxquelles ne
vont pas leurs sympathies. Le sociologue devient
politique, même sans le vouloir, non pas en exprimant
de temps en temps un jugement de valeur — après
tout vous êtes libres d'en faire autant — mais en se
laissant aller au péché majeur du politicien, et hélas
aussi du savant, qui est de ne voir que ce que l'on a
envie de voir.

Il est facile de jurer ses grands dieux que l'on ne
fera ni politique, ni propagande. Le professeur n'est
pas un être désincarné. Il a beau dire qu'il a certaine
activité au-dehors, dont vous ignorez tout, et une
certaine activité ici qui vous regarde seule, ces deux
activités coexistent plus ou moins imparfaitement,

dans la même personne. Ce serait à la fois insincérité
et prétention d'affirmer qu'il n'y a pas de communications entre ces activités.

Comment conclure ? Le vrai danger, c'est la partialité non reconnue. J'aurais tendance à croire, mais
peut-être je plaide pour moi-même, que plus l'équa-
tion personnelle du professeur est connue, moins le
danger de partialité est grand.

Il est une deuxième réponse : le dialogue. Il n'y a
pas un seul professeur dans une université, il y en a
plusieurs, et, Dieu merci, ils ne sont pas d'accord.
Il y a aussi dialogue entre les étudiants et les professeurs. Évoquer le dialogue, dans un cours où l'on
parle seul, semble une manière de plaisanterie, mais,
après tout, si vous ne parlez pas ici, vous vous rattra-
pez au-dehors, et il y a bien des manières de poursuivre le dialogue avec le professeur. Je ne redoute
certes pas que vous renonciez au dialogue avec moi.
Aussi bien ce cours ne tend pas à vous enseigner ce
que vous devez penser, mais j'aimerais qu'il vous
enseignât deux vertus intellectuelles, dont la première serait le respect des faits et la deuxième le
respect des autres.

LEÇON II

Tocqueville et Marx

J'ai essayé la semaine dernière de vous montrer
que les questions que se posait le sociologue sortaient
de la réalité historique, qu'elles étaient une prise de
conscience du milieu social et que la sociologie elle-
même était un effort pour interpréter l'ensemble de
la société d'une part, pour mettre en place les diversités historiques de l'autre.

Aujourd'hui, j'essaierai de définir la question sociologique qui sera à l'origine de l'ensemble du cours.
A cette fin, je me reporterai à trois doctrines sociologiques de la première moitié du XIXᵉ siècle, celles
d'Auguste Comte, de Tocqueville et de Marx, plus
particulièrement celles de Tocqueville et de Marx.
La raison n'en est pas accidentelle. La plupart de
nos idéologies politiques et socialistes datent de la
première moitié du XIXᵉ siècle. Nous vivons encore
aujourd'hui sur le stock d'idées développées par
les penseurs de cette époque et rien n'est plus utile,
pour fixer l'originalité de notre situation actuelle,

2

que de nous reporter à la situation du siècle dernier.

Il y a un siècle, deux faits dominaient les réflexions des penseurs. L'un était la Révolution française, le deuxième était le développement des premières usines. Tous les sociologues de la première moitié du xixᵉ siècle ont donné une interprétation de la destruction de la monarchie française et du renversement de la hiérarchie sociale d'une part, du développement prodigieux des moyens de produire d'autre part. Les théories sociologiques se définissent par le sens qu'elles donnent à ces deux faits majeurs et c'est par rapport à eux que je voudrais essayer de caractériser la question d'Auguste Comte, celle de Tocqueville et celle de Marx.

La question d'Auguste Comte, disons la question de Saint-Simon-Auguste Comte, peut être définie assez simplement, si l'on se souvient du texte fameux où Saint-Simon imagine que subitement les cent meilleurs généraux, les cent meilleurs diplomates, les cent meilleurs conseillers d'État, etc. disparaissent. Que se passerait-il? dit-il. Rien, la société continuerait à fonctionner à peu près de la même façon. En revanche, supposons, dit-il, que les cent premiers ingénieurs, les cent premiers banquiers, les cent premiers entrepreneurs de la société disparaissent : tout le fonctionnement de la société serait paralysé. Cette image est destinée à fixer l'opposition entre deux types de société : d'un côté une société essentiellement politique et hiérarchique, ou, selon un autre vocabulaire, une société militaire, en face une société essentiellement économique ou industrielle, où les responsables de l'organisation collective sont les chefs de l'industrie, les savants, les ingénieurs, les techniciens. Mais cette première distinction ne définit pas adéquatement la question Saint-Simon-Auguste Comte, elle doit être complétée par le sens qu'Auguste Comte donne à la Révolution française.

Pour Auguste Comte, la Révolution française est l'expression d'un esprit qu'il qualifie de métaphysique ou de critique et qui, en tant que tel, est incapable de reconstituer un ordre social. Aussi le but que se proposent Saint-Simon et Auguste Comte est-il de fonder à nouveau le consensus social sur un ensemble de croyances communes. Aucune société, nous dit Auguste Comte, ne peut vivre si tous les membres de la société n'ont pas en commun un ensemble de valeurs et un système de croyances. Ces croyances communes, religieuses, ont été détruites par l'esprit métaphysique et critique, par l'esprit scientifique. Il est impossible de les reconstituer sous leur forme ancienne, mais il est indispensable de recréer un système de croyances qui servira de fondement à l'ordre nouveau. En d'autres termes, la Révolution française étant considérée comme destructrice, nous sommes maintenant en présence d'une société essentiellement économique qui manque d'un fondement religieux. Le fait des premières industries accepté, le fait de la Révolution française accepté, il reste à savoir sur quoi se fondera l'ordre nouveau, quels sentiments, quelles croyances soutiendront l'économie.

Pour Tocqueville, le fait majeur qui commande le devenir des sociétés est le mouvement démocratique. Le fait décisif n'est pas les premières usines qu'il a observées, qu'il connaît, mais le mouvement démocratique, qu'il définit par la décomposition de la hiérarchie aristocratique du passé et le rapprochement progressif des conditions des individus. Tocqueville est allé étudier la société américaine, non par hasard, mais parce que la société américaine lui présentait le meilleur exemple du mouvement démo-

cratique et lui offrait l'image des sociétés futures.
Aux États-Unis, il n'existe pas d'aristocratie héréditaire et les conditions des individus tendent constamment à se rapprocher. Par conséquent le problème sociologique qui domine toute son œuvre est
le suivant : le mouvement démocratique emporte
toutes les sociétés chrétiennes et occidentales, mais
quelle sera la nature de ces sociétés ? Quel sera l'État,
quel sera le régime politique qui se superposera à
ces sociétés, dans lesquelles les distinctions de conditions tendront à s'effacer ?

Marx prend également pour point de départ de sa
réflexion la Révolution française, mais pour constater
la contradiction entre les idées au nom desquelles a
été conduite la Révolution française et la réalité
sociale qu'il a sous les yeux. Au lendemain de la
Révolution subsiste le divorce entre la société et
l'État et surtout la dissidence des ouvriers par rapport à l'ordre économique. Marx voit, dans ses
ouvrages de jeunesse, un premier conflit entre une
société nouvelle et un État traditionnel, incapable
d'intégrer la société nouvelle, et un autre conflit, à
l'intérieur de cette société, entre les prolétaires exploités et les capitalistes exploiteurs. Par conséquent,
pour Marx, l'unité de la société et de l'État ne sera
pas reconstituée aussi longtemps que l'unité de la
communauté ne sera pas reconstituée à l'intérieur
de la société elle-même.

Ces trois penseurs nous posent trois questions qui
se posent encore aujourd'hui, bien que dans des
termes différents. La question d'Auguste Comte est à
peu près la suivante : Nous pensons, dans un certain
nombre de domaines, selon la méthode et la rigueur
scientifiques ; comment est-il possible, à l'âge de la
science de reconstituer l'unité de croyance religieuse ?
La problème de Tocqueville est : toutes les sociétés
occidentales modernes sont de tendance égalitaire ;

quelle en sera la nature sociale et politique? En troisième lieu, le problème de Marx est : La lutte de classes est installée au cœur de la société industrielle à cause du conflit fondamental qui oppose les ouvriers et les possesseurs de moyens de production ; à quelles conditions est-il possible de reconstituer une unité dans l'ordre économique et social?

Auguste Comte, Tocqueville et Marx ont en commun la philosophie de l'histoire caractéristique de la première moitié du xixᵉ siècle ; tous les trois sont convaincus que le mouvement qu'ils analysent est irrésistible. Irrésistible est le mouvement démocratique aux yeux de Tocqueville, irrésistible le déclin des religions traditionnelles et des croyances théologiques aux yeux d'Auguste Comte, irrésistible le mouvement qui produit et aggrave progressivement la lutte des classes aux yeux de Marx.

Nous prendrons ces trois thèmes pour point de départ afin d'étudier la structure des sociétés. Je laisserai de côté, cette année, le thème d'Auguste Comte, qui pourrait s'exprimer ainsi : société scientifique et reconstitution d'une foi collective. C'est peut-être le thème le plus profond mais le plus difficile aussi à traiter par des méthodes positives, probablement impossible à traiter sans se référer d'abord à une interprétation philosophique. Il nous restera les deux thèmes de Tocqueville et de Marx. Tocqueville ne se contente pas de spéculer sur l'irrésistible mouvement vers l'égalité sociale, il s'efforce d'établir quelles sont les conséquences inévitables et les conséquences possibles du fait majeur de l'égalité des conditions. Marx, de son côté, ne spécule pas seulement sur la lutte de classes, il s'efforce de saisir les lois du fonctionnement et les lois de transformation du régime capitaliste.

Le problème que je vais évoquer aujourd'hui est situé au point de rencontre du problème Tocqueville

et du problème Marx. C'est mon problème particulier que je vais définir à partir de ces deux auteurs,
en analysant plus précisément la manière dont Tocqueville d'une part, Marx de l'autre, formulent le
leur.

Tocqueville envisage essentiellement les aspects
sociaux et les aspects politiques des sociétés modernes
et son point de départ, je l'ai dit, est le mouvement
démocratique. Je voudrais vous lire quelques lignes
de Tocqueville pour vous faire entendre sa voix et
pour illustrer ces considérations abstraites.

« Partout, écrit-il, on a vu les divers incidents de
la vie des peuples tourner au profit de la démocratie.
Tous les hommes y ont aidé de leurs efforts, ceux qui
avaient en vue de concourir à ses succès, et ceux qui
ne songeaient point à la servir, ceux qui ont combattu
pour elle et ceux même qui se sont déclarés ses ennemis. Tous ont été poussés dans la même voie et tous
ont travaillé en commun, les uns malgré eux, les
autres à leur insu, aveugles instruments dans les
mains de Dieu. Le développement graduel de l'égalité
des conditions est donc un fait providentiel, il en a
les principaux caractères, il est universel, il est durable, il échappe chaque jour à la puissance humaine,
tous les événements comme tous les hommes servent
à son développement. Le livre entier que l'on va lire
a été écrit sous l'impression d'une sorte de terreur
religieuse, produite dans l'âme de l'auteur par la vue
de cette révolution irrésistible qui marche depuis tant
de siècles à travers tous les obstacles, et que l'on voit
encore aujourd'hui s'avancer au milieu des ruines
qu'elle a faites. »

Laissons de côté les expressions comme « fait providentiel » qui suggèrent une conception religieuse.
Le fait majeur est que les sociétés du passé étaient,
aux yeux de Tocqueville, des sociétés où chacun était
non pas dans une classe au sens moderne du terme,

mais à une place donnée de la hiérarchie, alors qu'aujourd'hui les conditions de tous tendent à se rapprocher.

La suppression des inégalités sociales paraît à
Tocqueville entraîner presque irrésistiblement l'accroissement des pouvoirs de l'État. En une société
démocratique, nécessairement les non-privilégiés,
les défavorisés feront appel à l'État pour atténuer
les conséquences de leur disgrâce. L'État ne peut pas
ne pas grandir dans une société démocratique parce
que le pouvoir n'est arrêté que par le pouvoir et qu'il
n'y a au fond qu'un seul pouvoir, l'État. D'où la
question : Étant admis que les sociétés modernes sont
démocratiques, quelle sera la nature politique de ces
sociétés ? Tocqueville lui-même répond : Les sociétés
démocratiques aboutiront à une tyrannie ou bien elles
resteront libres.

Si je voulais traduire ces idées en termes de sociologie moderne, je dirais : La variable « société démocratique » étant posée, il n'en résulte nécessairement
ni un régime parlementaire ni un régime tyrannique.
Ou encore, une société démocratique comporte en
tant que versions possibles, aussi bien la tyrannie
d'un seul parti que la rivalité de plusieurs. Il y a
donc certains faits qui découlent nécessairement de
l'égalité des conditions et d'autres qui n'en découlent
pas.

Donnons quelques exemples des conséquences, qui,
pour Tocqueville, sont inévitables.

Dans une société démocratique, nécessairement
l'emportera l'esprit d'entreprise. Le désir de richesse
prendra la place du désir de gloire ou de l'ambition.
Autrement dit, Tocqueville retrouve, en tant que
conséquence du fait démocratique fondamental, la
primauté des valeurs économiques qui, pour Saint-
Simon, était le fait premier. Une société où les conditions tendent à se rapprocher ne comporte pas le

même désir de gloire, la même ambition de puissance
qu'une société hiérarchique traditionnelle. Chacun,
dans une société égalitaire, sera donc en quête de
bien-être ou de richesse.

A ce sujet Tocqueville dit simultanément, en prenant la société américaine pour modèle, que les
Américains sont bien loin de refuser les inégalités de
fortune, mais aussi qu'une société démocratique
verra les efforts constants des non-privilégiés, des défavorisés pour réduire les inégalités. D'où finalement
une certaine perspective sur la société qui se rattache
à la tradition. Quand Tocqueville parle des classes,
par exemple, il n'est pas sans appeler la comparaison
avec Aristote ; il distingue les riches, les moyens et
les pauvres. C'est en termes de répartition des revenus, pour employer le jargon moderne, qu'il envisage
la structure d'une société démocratique.

D'autre part, Tocqueville, à la différence de Marx,
et je pense qu'il avait raison, croit que le mouvement
démocratique combiné avec la société industrielle
multipliera les rangs intermédiaires. A ses yeux, les
sociétés démocratiques seront caractérisées par le
gonflement du volume des classes intermédiaires
(classes au sens de catégories de revenus). Il y aura
de moins en moins de gens très riches. Il y aura encore
des gens très pauvres, mais le grand nombre sera au
niveau moyen. D'où il conclut curieusement, et
tout à fait contre les interprétations à la manière de
Marx, que les sociétés démocratiques seront agitées
et monotones, les hommes se disputeront avec une
passion croissante, mais ils seront en fin de compte
peu révolutionnaires. Il concevait une sorte de médio-
crité tumultueuse et sans profondeur. Tocqueville
écrit de manière telle que l'on ne sait pas toujours
s'il souhaite que les sociétés démocratiques soient
tranquilles ou révolutionnaires. Il subsiste un certain
romantisme de la grandeur chez Tocqueville. Les

sociétés bourgeoises, avant tout soucieuses de maintenir l'ordre établi, ne le séduisaient pas. Mais la tendance non pas vers l'égalisation des fortunes mais vers la réduction des inégalités extrêmes, avec une masse croissante attachée à l'ordre social, lui paraissait la plus forte.

Dans le spectacle de la société américaine, il avait été extrêmement frappé par le penchant au conformisme. La société américaine lui paraissait courir le risque de devenir tyrannique non pas tant par la montée soudaine d'un despote, qu'à cause de la puissance, diffuse et redoutable, de la majorité trop assurée de ses droits, hostile aux hérétiques. A ses yeux, les sociétés démocratiques inclinaient au conformisme ; or, il répugnait au conformisme intellectuel et moral, même si celui-ci exprime l'opinion du grand nombre.

Que disait Tocqueville des phénomènes qui frappaient Marx ? J'ai eu la curiosité de reprendre *La Démocratie en Amérique* pour lire les quelques pages consacrées aux phénomènes, qui, pour Marx, sont les plus importants.

Il y a un seul passage, à ma connaissance, dans *La Démocratie en Amérique* sur les crises industrielles. Il les constate comme tous les observateurs de l'époque. Il ajoute que les crises semblent liées à l'extraordinaire agitation des citoyens, à leur désir de créer, d'entreprendre, de s'enrichir, au mouvement perpétuel des hommes et des affaires : ces crises industrielles, ajoute-t-il, semblent faire partie intégrante de notre société, et il y a peu de chances de les en faire disparaître. Il ne voit pas dans les crises économiques le ressort du mouvement historique, il n'a pas le sens apocalyptique.

Aux États-Unis, Tocqueville en vient naturellement à observer les relations des ouvriers et des entrepreneurs, bien qu'à cette époque les États-Unis

fussent surtout composés de républiques agraires.
Qu'en dit-il? Sa première remarque, pleine de bon
sens, est d'une originalité faible. Dans les entreprises
industrielles qu'il a pu observer aux États-Unis aussi
bien qu'en Europe, il n'y a pas de communauté
entre les ouvriers et les entrepreneurs. Ce sont deux
mondes qui s'ignorent, deux mondes hostiles, les
ouvriers travaillent pour un entrepreneur qu'ils ne
connaissent pas et que souvent ils détestent. Ce fait
paraît déplorable à Tocqueville, mais ne lui paraît pas
fondamental, et il pense que cette hostilité s'atté-
nuera avec le temps. En revanche, il réfléchit sur la
signification de l'inégalité industrielle pour l'ensemble de la société. Chez Auguste Comte ainsi que
chez Saint-Simon, les industriels et les banquiers
sont les hiérarques de l'ordre nouveau, les dirigeants
du monde créé par l'industrie, les grands hommes
de la société nouvelle. Tocqueville observe une hiérarchie qui se reconstitue dans le monde industriel.
Les entreprises ont à leur tête des dirigeants qui
sont en même temps les propriétaires des moyens
de production (il n'emploie pas cette expression),
mais ces dirigeants constitueront l'aristocratie
la plus fragile, la plus précaire, la moins consciente
d'elle-même que l'on puisse imaginer. Les entrepreneurs, classe dirigeante de la société industrielle,
paraissent à Tocqueville, par référence aux sociétés
traditionnelles, une médiocre aristocratie. Les
entrepreneurs passent trop facilement de l'obscurité
à la grandeur et retombent de la grandeur dans
la misère, ils n'ont pas la durée, la solidité, la conscience d'un univers commun, d'une volonté commune
de valeurs, marques de la véritable aristocratie.

Tocqueville n'a aucunement méconnu les conflits
à l'intérieur du monde industriel, non plus que la
reconstitution d'une hiérarchie à l'intérieur de ce
monde industriel, mais il n'a pas cru qu'il sortait de

celui-ci un ordre comparable aux aristocraties du passé.

Il y a un dernier phénomène dont je voudrais dire un mot. Que dit Tocqueville au sujet des guerres ? Les guerres ont été, dans l'histoire de l'humanité, un des phénomènes majeurs. Les hiérarchies sociales ont été, dans une large mesure, le reflet de hiérarchies militaires. Le sociologue ne peut pas réfléchir sur la nature et la structure des sociétés industrielles sans songer au phénomène de la guerre.

Tocqueville parle des guerres que conduiront les démocraties et de l'attitude que les sociétés démocratiques adopteront à l'égard du phénomène guerrier. Il dit des choses pleines de bon sens : les sociétés démocratiques auront toujours grand-peine à commencer les guerres, car, dans une société où le souci principal est la richesse, les peuples répugneront à consentir en temps de paix les sacrifices nécessaires pour disposer d'un appareil militaire en bon état de fonctionnement. En revanche, une fois les guerres déclenchées, comme celles-ci sont foncièrement étrangères à la nature économique des sociétés, il y a grand risque que les démocraties soient incapables de les terminer. Tocqueville n'ignorait pas le double risque, dans l'âge démocratique, d'impréparation avant et d'obstination après le déclenchement du conflit. Et comme le nombre des hommes susceptibles de porter les armes se confond presque avec l'immense majorité des hommes des sociétés démocratiques, les armes et les guerres ne peuvent pas ne pas y jouer un grand rôle.

Essayons de voir maintenant quels sont les problèmes que Marx s'est posés par opposition à ceux de Tocqueville.

Tocqueville considère la Révolution française

comme un phénomène majeur, puisqu'il suit le mouvement vers l'égalisation des conditions à travers les siècles. Mais le mouvement a commencé bien avant la Révolution française et il se poursuit bien au-delà, et d'ailleurs il est susceptible de se produire dans d'autres pays sans qu'il y ait explosion révolutionnaire.

La révolution, aux yeux de Marx, a une signification autrement importante. Elle tient à un conflit fondamental à l'intérieur de la société prérévolutionnaire. Celle-ci comportait une structure d'origine féodale, elle se divisait en *états*, et, à l'intérieur d'elle-même s'étaient progressivement développés les moyens de production qui devaient faire sauter les cadres traditionnels. Dans la pensée de Marx comme dans celle de Tocqueville, la Révolution française est le résultat d'un mouvement prolongé à travers les siècles. Mais l'explosion violente elle-même était pour Tocqueville un accident fâcheux. Il aurait pu y avoir égalisation des conditions sans les violences qui ont marqué les années de la Révolution française et de l'Empire. En revanche, Marx a donné à l'explosion elle-même, à la rupture violente, une signification essentielle. Il a pensé que la négation de l'ordre ancien était le ressort du mouvement historique et que le passage d'un ordre à un autre ordre, loin de s'accomplir de manière progressive et continue, devait se faire par la violence. Le phénomène révolutionnaire appartient pour Tocqueville plutôt au passé qu'à l'avenir ; en revanche, pour Marx, le phénomène révolutionnaire a eu lieu une première fois dans le passé, au moment de l'avènement du troisième état ; l'avènement du quatrième état, le prolétariat, sera marqué à son tour par une révolution violente.

Pour Tocqueville, nous l'avons vu, les sociétés modernes sont essentiellement économiques, l'esprit d'entreprise y domine. Mais l'esprit d'entreprise, l'obsession des richesses et de la création des richesses n'est qu'un sous-produit de la révolution démocratique. Le fait initial, le fait majeur est l'effacement des inégalités héréditaires, l'égalité devant la loi. C'est parce que les hommes sont égaux devant la loi que leur activité principale devient une activité économique.

En revanche, aux yeux de Marx, le fait majeur est le développement de l'industrie, qui crée un conflit nouveau et fondamental, le conflit du prolétariat et des capitalistes. Tocqueville n'ignore pas ce conflit, mais celui-ci est, à ses yeux, un phénomène entre beaucoup d'autres, à l'intérieur de sociétés démocratiques animées par l'esprit d'entreprise. En revanche, pour Marx, le conflit du prolétariat et des entrepreneurs est le ressort du mouvement vers l'avenir. L'égalité que Tocqueville voit se développer progressivement n'interviendra, d'après Marx, qu'avec l'avènement du quatrième état.

Tocqueville et Marx cherchent tous les deux le principe dominant qui donne sa forme aux sociétés modernes. Tocqueville reconnaît dans l'esprit d'industrie, de négoce et d'argent, l'esprit de notre société. Marx aurait accordé que les sociétés modernes sont obsédées par le souci de faire de l'argent. Dans les textes de jeunesse de Marx, il y a des pages dignes à la fois d'un moraliste et d'un sociologue, sur la tyrannie que l'argent exerce sur les hommes et sur les valeurs humaines. Mais cette manière d'envisager la société moderne comme essentiellement démocratique et économique au sens de Tocqueville équivalait, aux yeux de Marx, à méconnaître l'essentiel : ces phénomènes sont l'expression ou l'effet de deux faits fondamentaux : les forces de production, c'est-à-dire l'équipement technique et l'organisation du travail et, d'autre part, les rapports de

production, les relations juridiques et sociales qui
s'établissent entre les individus en fonction de leur
rapport à la propriété des moyens de production.

La propriété des moyens de production, les
conflits qui en résultent ou les formes de production,
Tocqueville en parle, mais incidemment. Ainsi, il
écrit : A n'en pas douter les sociétés démocratiques
deviendront de plus en plus riches : puisqu'elles sont
obsédées par le désir de bien vivre, comment serait-il
concevable que la richesse ne s'accrût pas ? Mais il
en parle comme d'un fait qui va de soi, effet évident
de l'esprit des sociétés modernes.

En revanche, pour Marx, le sociologue manque
l'essentiel s'il ne part pas de ce qui est la base de
toutes les sociétés, à savoir l'état des forces de production d'où résultent les rapports de production,
puis la superstructure. Aussi est-ce à partir du phénomène des industries en cours d'expansion que
Marx édifie une théorie de la structure des sociétés,
une théorie des âges successifs de l'économie et des
sociétés humaines, et, finalement, une théorie du
développement des sociétés capitalistes modernes.

Cette différence de point de vue, à mon sens, s'explique assez aisément par la situation personnelle,
historique, des deux penseurs auxquels nous nous
référons.

Tocqueville est le descendant d'une vieille famille
aristocratique. Il pense que le fait majeur est précisément l'effacement de la distinction héréditaire des
états. Ses jugements de valeur sont dominés par ses
tendances libérales et un profond sentiment religieux. Tocqueville accepte sans enthousiasme le
mouvement irrésistible qui entraîne les sociétés
modernes vers la démocratie, il souhaiterait que la
religion pût stabiliser ces sociétés démocratiques, il
se préoccupe surtout de sauver les valeurs libérales
dans une civilisation égalitaire. On pourrait résu-

mer le problème Tocqueville dans la question suivante : Quelles sont les chances qu'une société démocratique conserve un régime libéral ?

Marx est un intellectuel, d'origine bourgeoise, enclin à la préférence révolutionnaire, en fonction du milieu même dans lequel il a vécu. L'atmosphère de l'Université de Berlin était hostile au régime conservateur de la Prusse de son temps. Dénué de toute inquiétude religieuse, il se pose, contrairement à Tocqueville, un problème philosophique autant que social.

Tocqueville, de tempérament religieux, d'esprit libéral, se préoccupe de sauver dans les sociétés démocratiques les valeurs spirituelles, tandis que Marx se préoccupe de découvrir dans le mouvement des sociétés industrielles la solution de ses propres problèmes philosophiques. La représentation de la société, réconciliée avec elle-même, se confond avec l'image d'une société où les oppositions de classes ont été surmontées, où existe à nouveau une communauté d'hommes qui se reconnaissent réciproquement.

Pourtant ces différences de situation n'empêchent pas Tocqueville et Marx de poser un problème sociologique à peu près semblable ; en tout cas, il n'est pas impossible de combiner les problèmes de l'un et de l'autre.

L'un et l'autre jugent que le développement des sociétés industrielles crée des conflits à l'intérieur du monde du travail, entre les travailleurs et les entrepreneurs. Une première question, fondamentale, se pose : Quel est l'effet du développement de la société industrielle sur les inégalités au sens le plus large du terme ? La suppression des inégalités héréditaires ou des inégalités de condition était largement un fait acquis à l'époque de Tocqueville comme à l'époque de Marx, mais Marx comme

Tocqueville avaient constaté que l'organisation du
travail recrée une nouvelle inégalité entre les entrepreneurs et les ouvriers. Un siècle après on peut
poser la question suivante : Qu'en est-il de cette
inégalité économique et sociale ? Jusqu'à quel point
le développement des sociétés industrielles a-t-il
tendu à atténuer les distinctions sociales et économiques, ou, au contraire, à les renforcer ?

Marx tenait pour essentielle la lutte des entrepreneurs et des ouvriers et, incontestablement, nous
retrouvons cette lutte des entrepreneurs et des
ouvriers dans la société actuelle. Il n'ignorait
pas les autres formes de lutte entre les groupes sociaux, il n'était pas entièrement convaincu que la
société industrielle reconstituerait d'elle-même, fût-ce
par une révolution, une communauté authentique.
Une formule de Marx, au moins, laisse entrevoir
deux possibilités, comparables aux deux possibilités de Tocqueville : socialisme ou barbarie. De même,
Tocqueville aurait dit : société démocratique à coup
sûr, mais peut-être tyrannique, peut-être libérale.
Ce qu'il y a pour nous de nouveau, ce sur quoi ni
l'un ni l'autre penseur ne mettaient l'accent autant
que nous le mettons aujourd'hui, c'est le développement de la richesse générale.

Pour Tocqueville le fait majeur était l'effacement
des distinctions, pour Marx le conflit entre les prolétaires et les entrepreneurs. Mais j'ai tendance à croire
que, pour nous, le fait majeur, celui que nous retrouvons aussi bien dans les sociétés industrielles du type
soviétique que dans les sociétés industrielles dites
occidentales, c'est le progrès de la productivité ou
encore l'augmentation de la valeur produite par
l'ensemble de la collectivité et par chaque individu
à l'intérieur de celle-ci. Ce fait majeur nous renvoie
à un autre que ni Marx ni Tocqueville ne mettaient
au premier plan, les variations du nombre. Si nous

prenons comme variable initiale le développement de la productivité, les conséquences qui en résultent pour l'ensemble de la collectivité seront fondamentalement autres selon que la population sera stationnaire, augmentera lentement ou augmentera très rapidement.

Il ne s'agit pas de mettre en lumière des faits que tel ou tel sociologue n'a pas vus, car les mêmes faits ont été vus par tous. Ce qui change, c'est l'accentuation des uns ou des autres ou la saisie du rapport entre les uns et les autres. Le problème dont je voudrais partir est le suivant : Étant admis que, dans les sociétés actuelles, occidentale et soviétique, nous observons un fait majeur, l'application de la science à l'industrie qui entraîne l'augmentation de la productivité et la croissance des ressources pour la collectivité tout entière et par tête de la population, quelles sont les conséquences qui en résultent pour l'ordre social?

Tocqueville, lui, se tournait vers l'égalisation des conditions et s'interrogeait sur ce que seraient les mœurs, la façon de penser et le régime politique d'une société où les conditions seraient égalisées. Personnellement je pars du fait que les sociétés actuelles considèrent l'activité économique comme l'activité principale et qu'elles refusent en théorie l'existence d'inégalités héréditaires. La primauté de l'économie et la suppression de l'aristocratie traditionnelle sont des faits acquis. Dans ces sociétés, l'augmentation de la richesse est devenue non seulement un fait constant, mais une exigence des masses et des gouvernements. Qu'en résulte-t-il pour la structure sociale? Quelles sont les inégalités que crée le développement des sociétés industrielles? Est-ce que ce développement accroît la force des classes moyennes, comme le pensait Tocqueville, ou aggrave les luttes de classes comme le pensait Marx?

Cette question est une manière d'éviter au point de départ l'opposition socialisme-capitalisme et de considérer socialisme et capitalisme comme deux modalités d'un même genre, la société industrielle. Mon voyage en Asie m'a convaincu que le concept majeur de notre époque est celui de société industrielle. L'Europe vue d'Asie n'est pas composée de deux mondes fondamentalement hétérogènes, le monde soviétique et le monde occidental, elle est faite d'une seule réalité, la civilisation industrielle. Les sociétés soviétiques et les sociétés capitalistes ne sont que deux espèces d'un même genre ou deux modalités du même type social, la société industrielle progressive.

Pourquoi mon cours porte-t-il sur « Société industrielle et stratification sociale » ? C'est que la stratification sociale est finalement le fait décisif. Une société n'est pas possible si ceux qui la composent n'ont pas entre eux des relations humaines. Le grand obstacle à la communauté, dans les sociétés complexes, ce sont évidemment les inégalités. A partir d'un certain degré d'inégalité, il n'y a plus de communication humaine ; et quiconque d'entre vous a pu visiter des sociétés, telles que celles de l'Inde, sait ce que signifie une certaine misère.

Ainsi, quand je pose le problème de la stratification sociale, je pose un problème qui est philosophique en même temps que sociologique. Le problème philosophique de la politique est celui de la communauté, celui d'un ordre vrai, acceptable aux membres de la collectivité. Je partirai donc de la notion de société industrielle comme du genre par rapport aux espèces des sociétés soviétiques ou des sociétés capitalistes, j'analyserai les caractères essentiels de la société industrielle et les différences entre les types de sociétés industrielles. J'essaierai de voir jusqu'à quel point les caractères de la société industrielle permettent de déterminer l'atténuation ou le renforcement des inégalités, les modalités de la stratification sociale, finalement dans quelle mesure le développement de la société industrielle a tendance à favoriser ou à prévenir la reconstitution d'une communauté. Le cours pourrait s'appeler : « De la lutte de classes » puisque la lutte de classes ne devient intelligible et pour ainsi dire sensée qu'à la lumière de l'analyse de la structure sociale.

Marx et Montesquieu

J'ai essayé, la semaine dernière, de vous expliquer le problème que je me suis posé et à partir duquel j'essaierai d'interroger les sociétés actuelles.

A la différence de Tocqueville, je ne me demande pas quelles sont les conséquences sociales de la suppression des inégalités de condition, mais quelles inégalités économiques et sociales la société industrielle tend à reconstituer. A la différence de Marx, je ne me demande pas quelles sont les conséquences sociales du régime capitaliste, mais quelles sont les conséquences sociales des sociétés industrielles en général. Les raisons pour lesquelles je formule le problème en ces termes sont d'ordre historique et d'ordre personnel.

Le schéma marxiste suggérait que le socialisme était pour ainsi dire l'héritier du capitalisme. Or l'expérience du xxᵉ siècle prouve que les régimes qui se baptisent eux-mêmes socialistes ne succèdent pas nécessairement aux régimes capitalistes, mais

que, dans une large mesure, ils remplissent la fonction que Marx lui-même attribuait au capitalisme,
à savoir le développement des forces productives.
Dès lors, si les régimes soi-disant socialistes sont un
substitut du capitalisme ou remplissent la fonction
que le marxisme attribuait lui-même au capitalisme,
il est normal que nous posions le problème en termes
plus généraux, que nous nous demandions quels sont
les traits communs à toutes les versions de la société
industrielle.

Mes raisons personnelles sont aussi simples. Je
suis parti, dans mes réflexions, du problème marxiste et progressivement j'ai retrouvé le problème
de Tocqueville. A l'origine, je me demandais quelle
est la nature du régime capitaliste et quelles sont les
lois de son devenir, puis j'en suis venu à me demander
quelles sont les caractéristiques propres des sociétés
à base démocratique, question qui fait partie de la
tradition de Tocqueville.

Aujourd'hui, nous allons envisager quelques problèmes de méthode. Je prends le terme de méthode
en son sens le plus général, c'est-à-dire le moyen
d'atteindre l'objet propre de la recherche et, en l'espèce, le moyen de saisir l'ensemble social.

La réponse marxiste au problème de la saisie de
l'ensemble, telle qu'on la trouve dans les livres de
Marx, s'appelle couramment matérialisme historique.
Je n'envisagerai ici qu'un aspect limité du matérialisme historique, ce que l'on pourrait et devrait
appeler l'interprétation économique de l'histoire, telle
que Marx la formule dans la préface de la *Contribution à la critique de l'économie politique*. Dans ce
texte célèbre, que Marx lui-même appelle un résumé
de ses conceptions les plus générales, il est dit que
chaque société est caractérisée et définie par un
certain état des rapports de production, état qui
correspond lui-même à un certain état du dévelop-

pement des forces productives. Sur l'infrastructure
constituée par les rapports de production se développent les phénomènes politiques, intellectuels et
religieux.

Marx distingue infrastructure économico-sociale
et ensemble de la société, il oppose la réalité humaine
vécue et la conscience que l'on en prend. Pour comprendre une société, il faut saisir la manière dont les
hommes vivent et non pas l'idée qu'ils se font de
leur propre existence ; il faut saisir l'être réel des
hommes dans le travail et dans l'organisation collective, et non pas les idéologies que les hommes se font
de leur propre société.

Dans les sociétés actuelles, les rapports de production capitaliste sont antagonistes : d'un côté les
détenteurs des moyens de production, de l'autre les
prolétaires exploités. Ces rapports de production
antagonistes impliquent une tension permanente et,
à partir d'un certain moment, ils entrent en contradiction avec les forces de production. Les forces de
production se développent, elles ne peuvent pas
trouver place dans les cadres sociaux et juridiques de
la société capitaliste et un moment viendra où la
contradiction éclatera en révolution. La classe op-
primée, c'est-à-dire la classe prolétarienne, est chargée pour ainsi dire par l'histoire, ou vouée par
l'histoire, à réaliser cette révolution.

Ce résumé rapide n'est rien de plus qu'un commentaire de la préface de la *Contribution à la critique
de l'économie politique* de Marx. Comment peut-on
interpréter ce texte et quelles conséquences peut-on
en tirer pour le problème de méthode ?

La première interprétation possible, que j'appellerai *moniste* ou métaphysique, n'est pas l'interprétation marxiste authentique, bien que certains textes
de Marx puissent la suggérer. Elle consisterait à
affirmer que les hommes sont intégralement définis

par le travail et par la manière dont ils organisent leur travail, que les régimes économiques se transforment en obéissant à un dynamisme propre, sans intervention de phénomènes extérieurs à l'ordre économique. Il n'est pas vrai que Marx nie la réalité ou l'efficacité des autres phénomènes. Lorsqu'il essaie d'interpréter le mouvement global de la société, il donne une place aux phénomènes intellectuels, politiques et religieux. Dans la dialectique de la lutte de classes intervient un moment essentiel : la prise de conscience par le prolétariat de sa situation. C'est parce que le prolétariat prend conscience, partiellement grâce aux philosophes, de sa situation de classe exploitée qu'il devient une classe révolutionnaire et peut renverser le système capitaliste. Si la prise de conscience par le prolétariat de sa situation est un des ressorts de l'histoire, l'interprétation moniste n'est pas conforme à la pensée authentique de Marx.

J'appellerai *anthropologique* la deuxième interprétation possible. Elle consiste à affirmer que les phénomènes économiques sont essentiels dans l'interprétation de toutes les sociétés, non parce que ces phénomènes ont une causalité plus efficace que les autres, mais parce que l'homme est essentiellement un être qui travaille. Dans la mesure où l'essence de l'homme s'accomplit dans le travail, la manière dont le travail est organisé devient la caractéristique de chaque société. Il n'est pas question d'un primat au sens causal, mais d'une primauté d'intérêt, d'une priorité existentielle, comme on dirait aujourd'hui. Si le travail définit l'essence de l'homme, il est normal que le sociologue concentre son attention, avant tout, sur le mode et l'organisation du travail.

Je ne discuterai pas cette interprétation, car elle ne concerne pas notre problème qui est la relation entre un aspect particulier de la société et l'ensemble de la société. C'est la troisième conception possible de l'interprétation économique de l'histoire, la conception *sociologique*, que je vais examiner.

Elle peut se subdiviser en deux versions. Selon une version simplement méthodologique, on affirme qu'il est utile, opportun, fécond pour la compréhension d'une certaine société, de commencer par l'analyse des forces de production, de l'organisation du travail en commun et de la structure des classes. Il s'agirait donc de suggérer une voie d'approche, de montrer les étapes de la recherche sans impliquer aucune affirmation dogmatique sur les relations entre l'organisation économique et le reste de la société. Cette version simplement méthodologique de l'interprétation économique de l'histoire ne soulève aucun problème. Il est parfaitement légitime, sans être obligatoire, de commencer l'étude d'une société par l'analyse des relations sociales ou de l'organisation du travail.

Selon une deuxième version possible de la conception méthodologique, à un certain état des forces de production d'abord, des rapports de production ensuite, répond nécessairement un certain état de la superstructure. Voici les difficultés qu'entraîne cette affirmation. Par forces de production Marx entend simultanément un certain développement de nos moyens techniques et une certaine organisation du travail en commun. Comme l'aurait dit Proudhon, le fait que vous conjuguez les efforts de plusieurs hommes est l'origine d'une force supplémentaire de production. Dès lors, si l'on part de la notion des forces productives et si l'on dit qu'à un état donné des forces productives correspond *nécessairement* un certain état des rapports de production, il faut démontrer que tout développement technique implique un certain état des rapports entre les classes ou du système juridique de propriété. Il suffit, me semble-t-il, d'analyser les faits pour voir que cette correspondance rigoureuse entre l'état des forces productives, les rapports de production et la superstructure n'existe pas.

Prenons un exemple. Vous pouvez avoir exactement la même organisation technique de la production agricole, que la terre soit la propriété individuelle d'un grand propriétaire, la propriété collective de coopératives de production, du type des kolkhozes ou la propriété de l'État. Autrement dit, à un même état de forces productives peuvent correspondre des relations juridiques différentes dans l'organisation de la production. Prenons le cas des usines modernes : rien ne ressemble autant à l'usine Citroën que l'usine Renault, il n'y a pas de différence technique substantielle dans l'organisation de la production selon que la propriété est individuelle ou collective. Si nous prolongions l'analyse, nous pourrions montrer qu'à une société divisée en classes sociales, classe des détenteurs des moyens de production et classe ouvrière, ne correspond pas nécessairement le même régime politique.

Ces remarques élémentaires ne sont nullement une réfutation de l'*interprétation économique de l'histoire* ; n'importe quel théoricien raisonnable de cette interprétation accepterait les faits que je viens d'avancer. Une discussion en profondeur devrait aller plus loin. Je veux seulement montrer, par ces réflexions initiales, que l'on ne peut pas partir de l'affirmation dogmatique de la *détermination* des rapports de production par les forces de production, ni de la *détermination* de la superstructure par les rapports de production. Le véritable problème est de chercher quelle est la marge de variation que laisse l'infrastructure : Étant donné un certain état de la science et de la technique, étant donné un certain état des forces de production, quelle est la marge de variation des rapports de production que l'on peut observer ?

Cette analyse initiale a pour but de substituer à une affirmation dogmatique possible une question de fait. On part d'une certaine variable et l'on voit jusqu'où va la détermination des autres phénomènes par cette variable.

Au-delà de cette substitution d'une question à une affirmation, je voudrais faire quelques remarques sur l'équivoque des concepts que j'ai employés jusqu'à présent. J'ai employé la notion de forces de production, notion classique du marxisme, mais dans laquelle il faut inclure simultanément l'application des connaissances scientifiques à la technique de production et une certaine organisation sociale, ou même politique, de la production. Or ces forces de production, qui devraient être la base de la société, absorbent en elles une fraction de ce que l'on appelle superstructure. D'où je tire simplement la conclusion que la distinction infrastructure et superstructure est une notion équivoque, difficilement utilisable, parce que l'ensemble de la réalité sociale, à mon sens, se situe sur le même plan. Il n'y a pas d'un côté une réalité matérielle et, de l'autre, une réalité idéologique. L'organisation économique qui constitue soidisant la base de la société porte déjà en elle une certaine connaissance scientifique, ainsi que souvent une certaine façon de penser le monde. Il faut donc considérer toutes les activités humaines comme significatives et ne pas essayer d'opposer une base d'ordre matériel à une superstructure d'ordre idéologique.

La notion de rapports de production est également équivoque. Elle comprend l'organisation de la production, disons, ce qui résulte directement des connaissances scientifiques et de la technique de production ; elle comprend aussi les rapports des différents individus à la propriété, le statut juridique de la propriété ; or nous avons vu qu'il y a dissociation possible entre l'organisation technique de la production et les rapports de propriété. Enfin, elle peut comprendre les rapports entre les groupes sociaux que l'on appelle les classes. Or cette troisième notion s'ajoute aux deux autres sans leur être rigoureusement liée, de telle sorte que les rapports de production peuvent englober presque toute la société, toute la structure sociale.

Un concept n'est jamais vrai ou faux, un concept est utile ou équivoque. Ce que j'ai voulu montrer, c'est que le concept de rapports de production est équivoque parce qu'il autorise plusieurs interprétations et englobe des phénomènes qui ne sont pas rigoureusement inséparables les uns des autres.

Quant aux types d'économie ou de société globale, vous savez que Marx distingue les modes de production asiatique, antique, féodal, capitaliste, et à l'horizon le socialiste. La société antique est caractérisée par l'esclavage, la société féodale par le servage, la société bourgeoise par le salariat. Définir une économie par le statut des travailleurs est possible, mais ce n'est pas la seule définition possible et il n'est pas démontré, au moins au point de départ, que l'ensemble des caractères de l'économie antique ou de l'économie féodale ou de l'économie bourgeoise puissent se déduire de cette caractéristique majeure.

Le régime de propriété privée et de concurrence devient-il à un certain moment une entrave au développement des forces productives et ce régime doit-il céder la place à un régime socialiste ? Ce n'est pas une question à laquelle je veuille répondre au début de ce cours, puisque tout le cours sera un effort pour donner réponse à cette question, suscitée par l'analyse de Marx. Lorsque Marx dit que les forces productives se développent de manière constante et qu'à partir d'un certain moment la propriété privée devient une entrave au développement des forces productives, il s'agit d'une affirmation de fait que j'essaierai de soumettre au contrôle de l'expérience historique et, en particulier, de l'expérience historique intervenue depuis Marx.

Cette analyse rapide autour des thèmes marxistes nous amène à des résultats négatifs. Nous ne partons pas d'une interprétation dogmatique des relations entre l'infrastructure ou la superstructure, ou, si l'on préfère, entre l'organisation de la production et l'ensemble de l'organisation sociale. Nous n'admettons pas comme évident que chaque société soit définie par un certain type d'économie et chaque type d'économie par le rapport des personnes dans le travail. Nous admettons qu'il y a des relations causales dans tous les sens, ou encore que, quelle que soit la variable dont on parte, on peut trouver des relations avec des phénomènes dépendants.

Cette conclusion comporte une difficulté ou un danger. Dans un système comme celui de l'interprétation économique de l'histoire, on sait quel est le phénomène primaire, on sait comment définir chaque système économique, chaque type de société. Si nous n'admettons aucun phénomène primaire ni aucune détermination unilatérale, n'allons-nous pas avoir une multiplication indéfinie de relations causales dans tous les sens, sans que l'on puisse établir une synthèse ?

Remarquons qu'il n'est pas inconcevable que la sociologie doive être strictement analytique. On peut concevoir une sociologie qui expliquerait jusqu'à quel point le milieu géographique ou le nombre des habitants ou la technique de production exercent une influence sur l'organisation de l'État, les relations de classes ou la religion ; une sociologie qui expliquerait quelle influence exerce une certaine religion sur les mœurs, l'organisation de la famille ou le système politique ; une sociologie strictement analytique, qui multiplierait les relations causales plus ou moins rigoureuses entre phénomènes isolés, sans prétendre atteindre l'ensemble.

C'est ce qu'entendait mon maître Léon Brunschvicg, lorsque dans *Le Progrès de la conscience dans la philosophie occidentale*, il déclarait que Montesquieu n'était pas l'ancêtre de la sociologie, mais le sociologue par excellence. A ses yeux, Montesquieu était essentiellement le sociologue analytique qui n'a pas la prétention de saisir d'un coup le système social, ni d'isoler une variable essentielle, ni de préciser comment un certain terme détermine tous les autres, mais qui dégage tous les rapports de solidarité ou de causalité sans privilégier aucun élément. Il n'est donc pas inconcevable d'élaborer une sociologie strictement analytique que nous pourrions opposer à la sociologie de type synthétique que j'ai esquissée à partir des textes de Marx.

Je pense qu'il existe une solution intermédiaire. Je vais essayer de la faire sortir d'une réflexion sur *L'Esprit des lois* de Montesquieu. Je pense que, dans un langage faussement clair, souvent avec des équivoques, ce livre célèbre suggère l'essentiel de la méthode de penser nécessaire à une sociologie qui n'aurait ni la prétention totalement synthétique de la sociologie marxiste, ni la résignation à la pure analyse que nous venons d'analyser.

La pensée de Montesquieu est difficile à saisir. Elle s'exprime souvent sous forme d'épigrammes et l'on a de la peine à mettre en accord les formules, toujours brillantes, qui se succèdent dans les différents chapitres de *L'Esprit des lois*. Le mot de loi lui-même est pris dans l'œuvre de Montesquieu dans deux sens différents, d'une part le rapport nécessaire qui dérive de la nature des choses (la loi au sens naturaliste ou déterministe du terme), d'autre part, l'objet de l'étude, la législation elle-même, c'est-à-dire les commandements de la société. Montesquieu connaît évidemment la distinction entre les lois établies par l'État ou par le droit d'une collectivité et les rapports de causalité (ou lois) qui expliquent ces lois juridiques ou politiques, mais il semble parfois jouer sur ces deux sens du mot loi, de sorte que l'on ne voit pas toujours en quelle acception il utilise le mot.

Toute activité sociale s'exprime sous forme de règlement, est soumise à des commandements. Ces commandements collectifs sont des lois. Qu'il s'agisse de religion, de politique ou d'économie, ces activités s'expriment en lois, de telle sorte que Montesquieu, en étudiant les lois, étudie tous les aspects, tous les secteurs de la société, ce qui ne va pas sans difficulté.

Une autre raison encore de difficulté tient à la notion de nature chez Montesquieu. La nature est, selon les passages du livre, celle des sciences naturelles modernes ou celle d'Aristote, définie par une finalité. Quand Montesquieu parle de la nature humaine, souvent il veut désigner ce que l'homme est en lui-même, essentiellement, de manière universelle, ce qui correspond à son essence ou à sa vocation. Dans d'autres cas, la nature qu'il étudie se prête à une explication causale et, par conséquent, se ramène à des phénomènes naturels, au sens où la physique moderne prend ce terme. En fin de compte Montesquieu connaît les lois causales qui expliquent la législation de telle ou telle société, mais aussi les lois morales qui résultent de la nature de l'homme ou des commandements divins. Il connaît enfin les lois politiques qui résultent nécessairement de l'essence des différents régimes politiques.

Je voudrais essayer d'expliquer ces différentes sortes de lois, car elles nous révéleront nombre de complexités qui s'attachent à l'analyse des sociétés.

Si l'on observe les coutumes, les mœurs ou les lois positives des différentes sociétés à la manière naturaliste, on constate qu'innombrables sont les lois politiques ou religieuses mises en pratique dans telle ou telle société, à telle ou telle époque, et on risque de glisser vers un relativisme intégral. L'organisation de la vie de famille ou de la vie politique varie de société à société. Ces variations s'expliquent par des causes naturelles, mais il est impossible de déterminer quelle est l'organisation juste ou vraie, puisque chacune de ces organisations légales est le résultat nécessaire d'un ensemble de causes.

Montesquieu ne va pas jusqu'au bout de ce relativisme naturaliste, et il connaît les lois universelles, supérieures aux lois positives expliquées de manière causale. Je vous rappelle cette formule fameuse : « Dire qu'il n'y a rien de juste ni d'injuste que ce qu'ordonnent ou défendent les lois positives, c'est dire qu'avant que l'on eût tracé le cercle tous les rayons n'étaient pas égaux. » Cette formule célèbre revient à assimiler les lois universelles de la justice aux vérités universelles de la géométrie, ce qui implique que, dans la pensée de Montesquieu, il existe une nature humaine supra-historique, définie par certains traits qui permettent de caractériser une institution comme juste et une autre comme injuste. Il y a des institutions qui sont conformes à la nature humaine, au sens aristotélicien ou finaliste, il y en a d'autres qui ne le sont pas. Montesquieu, bien qu'il veuille faire une science de la société, ne s'abandonne pas à l'extrême de l'explication causale et oppose aux lois positives qu'il explique de manière déterministe des lois tirées de l'analyse de la nature humaine, qui posent des vérités de justice universelle.

De plus, entre les lois supra-historiques de la justice

que Montesquieu peut déduire de l'essence humaine ou lui rattacher, et les lois positives ou les mœurs qu'il explique de manière causale, s'intercale un terme intermédiaire, le type de gouvernement. Montesquieu prêtait la plus grande importance à la distinction des trois types de gouvernement, république, monarchie et despotisme, il en distinguait les natures, il en prétendait trouver les principes, le sentiment qui les fait mouvoir, qui les fait vivre et il montrait le lien de chacun de ces types avec un certain état, comme nous dirions aujourd'hui, démographique, économique et religieux, des sociétés. Les républiques sont faites pour de petites sociétés où les inégalités économiques sont faibles. La monarchie, où un seul gouverne selon des lois fixes et établies, suppose des sociétés plus larges, avec des distinctions de groupes, chacun étant fidèle à sa fonction et à l'honneur qui lui est propre. Enfin le despotisme, où un seul gouverne sans règle et sans loi, est fait pour les vastes sociétés, où la toute-puissance d'un seul n'est limitée par rien, sinon à la rigueur par la religion.

L'analyse des formes de gouvernement appartient à un type que nous appellerions, dans la sociologie moderne, l'analyse significative ou l'analyse compréhensive. Quand Montesquieu décrit la république ou la monarchie, il fait exactement ce que Max Weber, parmi les modernes, appelle l'élaboration d'un type idéal ; chaque forme de gouvernement a son essence qui la fait être ce qu'elle est. Les différents aspects de la société doivent être conformes à la spécificité du ype : la politique extérieure, l'organisation juridique, tout doit s'accorder avec la nature du gouvernement considéré. L'analyse significative des formes de gouvernement est intermédiaire entre la pure analyse de relations causales indéfiniment multipliées et le caractère synthétique de l'explication des sociétés à partir d'un facteur primaire.

De plus, Montesquieu écrit cette phrase étonnante,
qui lui a été si souvent reprochée : « Il s'en faut que le
monde intelligent soit aussi bien gouverné que le
monde physique, car comme celui-là a aussi des lois
qui par leur nature sont invariables, il ne les suit pas
constamment comme le monde physique suit les
siennes. » La majorité des interprètes de Montesquieu
a trouvé qu'opposer la rigueur des lois qui s'appliquent au monde physique, à la non-rigueur des lois
qui s'appliquent au monde historique et social, était
commettre une confusion fondamentale : ou bien il
s'agit de lois causales et il n'y a pas d'exception, ou
ce ne sont pas des lois causales et de quoi parlons-
nous ?

Personnellement, je crois que les critiques n'ont pas
compris la pensée de Montesquieu que la sociologie
moderne nous aide à comprendre. Max Weber constitue un type idéal du régime capitaliste. Il montre
comment doit fonctionner le régime capitaliste à
l'état pur, il découvre les lois du fonctionnement de
ce régime, mais il ajoute immédiatement : la réalité
historique n'est pas rigoureusement conforme à la
représentation schématisée ou purifiée de ce type
d'économie, de ce type de gouvernement que je viens
de constituer. C'est ce que veut dire Montesquieu
quand il écrit que les hommes, parce qu'ils sont intelligents, n'obéissent pas toujours aux lois. Voici
une interprétation possible de l'idée : Nous savons
par l'analyse significative ce qu'est une démocratie,
nous savons que les inégalités sociales ne doivent pas
y être trop grandes ; mais, comme les hommes sont
intelligents, ils peuvent prendre des décisions ou rédi-
ger des codes contraires à la nature du régime considéré, autrement dit, ils sont capables, grâce à leur
intelligence, de rendre impossible le fonctionnement
d'un certain régime. Sur ce point Montesquieu a
raison. Il est parfaitement vrai que les hommes étant

intelligents (ou peut-être insuffisamment intelligents)
sont capables de violer les règles nécessaires au fonctionnement d'un régime donné, ce qui ne signifie pas
que les violations des règles de fonctionnement du
régime démocratique ou du régime capitaliste n'ont
pas eu de causes. Partis d'une analyse compréhensive
du fonctionnement d'un régime, nous avons composé
une espèce de type idéal de celui-ci. C'est par rapport
à ce type idéal que nous pouvons constater que
l'essence du régime n'est pas toujours respectée ou
que des accidents en modifient le fonctionnement
dans un cas particulier. En d'autres termes, Montesquieu, avec l'analyse des formes de gouvernements,
nous donne la notion de ce que j'appellerai les *ensembles intelligibles* ou les *relations significatives à
l'intérieur d'un ensemble.* Il est impossible d'analyser
une société sans se reporter à des ensembles significatifs, au système constitué par les conduites liées
des hommes dans l'ordre politique ou l'ordre économique.

L'Esprit des lois tout entier devient alors compréhensible et ordonné. Montesquieu part de l'opposition entre les lois positives et les lois supra-historiques ; il fait intervenir comme deuxième aspect les
formes de ce gouvernement qui sont les ensembles
intelligibles que compose le sociologue à partir de la
réalité observée ; il montre ce qu'implique chaque
sorte de gouvernement pour l'organisation de la
famille, de la politique extérieure, de la politique intérieure. Dans la troisième et la quatrième partie, il
étudiera des relations strictement causales, par
exemple l'influence qu'exerce le climat ou le terrain
sur les sociétés concrètement considérées. On pourra
ainsi fixer à la fois les lois supra-historiques liées à la
nature de l'homme, les lois intelligibles qui sont liées
à la structure d'un régime donné, les relations causales qui tiennent aux liens entre le climat, la nature

du terrain, le nombre des hommes et l'organisation
de la collectivité. On pourra trouver, enfin, les accidents, c'est-à-dire l'intervention de phénomènes qui
surviennent pour rompre l'organisation cohérente
d'une société donnée.

On pourrait encore formuler cette pluralité de jugements de Montesquieu dans les termes suivants : il
y a des jugements de causalité parcellaire : quelle
action exerce le climat sur les hommes et sur les
sociétés, dans tel ou tel point du monde ? Il y a les
jugements de solidarité entre deux ou plusieurs phénomènes : par exemple il n'y a de république, au sens
où Montesquieu prend le terme, que dans les petites
sociétés, les cités antiques étant modèles de la République. Il y a ensuite les jugements d'adaptation ou
de conformité qui fixe une relation intelligible entre
deux termes, saisis à l'intérieur de l'ensemble que l'on
a constitué : la vertu est le principe de la démocratie,
un régime où les inégalités sont faibles entre les
hommes et où tous les individus sont citoyens ne peut
fonctionner que si les hommes ont conscience de
leurs devoirs de citoyens, si les citoyens sont amou-
reux des lois et de la patrie. Enfin, il y a les jugements
que l'on peut porter ou non sur une idée supra-historique de la justice : l'exemple le plus célèbre en est le
chapitre que Montesquieu consacre à l'esclavage.
Il ne se réfère pas explicitement à la notion de la justice, comparable à l'égalité des rayons d'un cercle,
inscrite dans le cœur de l'homme avant qu'il y ait
des sociétés, mais, tout en expliquant le phénomène,
il n'hésite pas à le déclarer contraire à la vocation de
l'humanité.

En termes abstraits la sociologie de Montesquieu
présenterait donc les caractères suivants : elle implique une solidarité entre les différents éléments de
la réalité sociale ; c'était là la découverte fondamentale de Montesquieu aux yeux d'Auguste Comte ou

de Durkheim. Montesquieu a vu que tout se tenait dans une société, que climat, nombre des habitants, religion, mœurs, manières, constitution, tout est lié et forme un ensemble. Montesquieu a eu également le mérite de ne pas poser le principe d'un élément déterminant qui commanderait tous les autres. Chaque société comporte une solidarité des facteurs sans que l'un des facteurs détermine les autres. Il a reconnu les déterminants principaux de l'ordre social et les a énumérés. Ce sont d'abord le climat et le terrain, l'entourage naturel ou géographique de chaque société. Il accorde une immense importance au nombre des habitants et c'est là, vous le savez, une notion qui a joué un rôle décisif dans la sociologie de Durkheim et qui en joue encore dans la sociologie actuelle. Il considère ensuite la production et les modes de production, enfin il énumère les mœurs, les manières et la religion.

Montesquieu a reconnu qu'il y avait une structure intelligible de chaque type. Il a défini les types par la politique et non par l'économie. Je réserve aujourd'hui la question de savoir s'il vaut mieux définir les types sociaux à partir de la politique ou à partir de l'économie, mais n'oublions pas que, chez Montesquieu, la primauté de la politique est beaucoup plus anthropologique que causale. Montesquieu constitue ses types par référence à la politique parce que, à ses yeux, l'homme est essentiellement un animal politique, parce que l'activité politique, la manière dont les hommes se gouvernent, est à ses yeux le phénomène essentiel. Le danger de la méthode des structures intelligibles est de confondre celles-ci avec la réalité. Les économistes ont parfois commis cette erreur, les sociologues également.

Le dernier aspect de la sociologie de Montesquieu qui n'est pas explicite mais que l'on peut faire sortir d'un certain nombre de textes, est la comparaison

entre les types et probablement la possibilité de
rapporter les différents types, politiques et sociaux, à
une sorte de modèle universel de l'ordre social.

Montesquieu a reconnu deux origines à l'unité de
ces ensembles sociaux. La première est la nature du
gouvernement. Comme je vous l'ai dit, la référence
au mode de gouvernement comme à la cause de
l'unité est une vérité anthropologique et non pas
une vérité causale. Mais il y a, chez Montesquieu,
une autre conception de l'unité sociale, qu'il appelle
l'*esprit général d'une nation*. Cette notion est celle
qu'utilise Tocqueville, dans son livre sur la démocratie en Amérique. Tocqueville essaie de faire sortir tous
les aspects de la société d'une certaine représentation
de la démocratie américaine. Cette notion — la démocratie américaine comme principe d'explication et fondement de la singularité de la société américaine —
est conforme à la pensée de Montesquieu. Tocqueville avait lu et étudié *L'Esprit des lois* avec la plus
grande attention et, à n'en pas douter, il a voulu
montrer comment on pouvait comprendre une société tout entière à partir de l'esprit général qui
l'anime.

Si cette analyse est exacte, j'ai tendance à croire
que Montesquieu sociologue est plus près de la vérité
que ne l'est Durkheim. Je voudrais, pour terminer
cette leçon très rapidement, vous rappeler quelques-
unes des critiques que Durkheim adresse à Montesquieu.

Durkheim reproche à Montesquieu d'avoir exagéré
le rôle de l'individuel et d'avoir écrit que les lois du
monde humain étaient moins bien respectées que les
lois du monde physique parce que les hommes étaient
intelligents. Il voyait là une sorte de contradiction
avec le principe de l'explication déterministe. J'ai
essayé de vous montrer que Montesquieu ne commet-
tait pas cette erreur grossière.

Quant au rôle de l'individuel, une phrase de Durkheim vous expliquera pourquoi il ne l'accepte pas et pourquoi, à mon sens, il a tort : « S'il est vrai que des mêmes citoyens sous l'autorité d'un autre chef un autre État peut sortir, la même cause dans les mêmes circonstances aura le pouvoir d'engendrer des effets différents. Les causes sociales n'auront donc pas de liens rationnels. » Cette phrase est typique d'une certaine façon de penser la réalité sociale et la sociologie. Lorsque la cause est individuelle, lorsque la cause est l'action d'une personne, on sortirait de l'ordre rationnel. Relisons attentivement la phrase : « Si des mêmes citoyens sous l'autorité d'un autre chef un autre État peut sortir, la même cause aura le pouvoir d'engendrer des effets différents », une telle phrase n'est-elle pas contradictoire ? Si les citoyens sont soumis à un autre chef, la cause n'est plus la même, ou la même cause n'agit pas dans les mêmes circonstances. Les chefs des États font partie de la réalité sociale au même titre que les masses, et l'on ne peut pas plus affirmer que nier, au point de départ, l'efficacité des personnes ; il est vrai qu'une personne ne peut pas transformer à elle seule la structure d'un État, mais, à mon sens, la sociologie aurait grand tort de poser à l'avance, de manière dogmatique, la non-action des facteurs individuels. C'est la recherche elle-même qui doit montrer jusqu'à quel point les facteurs individuels peuvent agir.

Durkheim reproche à Montesquieu d'établir une distinction exagérée entre les mœurs et les lois, d'affirmer que la part d'arbitraire est plus grande dans les lois que dans les mœurs et finalement que les lois du monde humain peuvent ne pas être respectées. Montesquieu partant de l'essence d'un régime montre qu'une certaine institution n'est pas accordée à celui-ci, or c'est précisément ce jugement d'accord ou de non-accord entre un certain phénomène et l'essence du régime que Durkheim n'accepte pas. Mais que Durkheim va-t-il mettre à la place de cette relation entre un ensemble intelligible, politique et économique, et un phénomène particulier ? Il met à la place la distinction du normal et du pathologique ; il veut, lui aussi, déterminer si un certain phénomène est accordé ou non à l'ordre social, mais, comme il se refuse à concevoir la compréhension de la structure intelligible des régimes, il est réduit à la seule distinction entre normal et pathologique, le normal étant le phénomène qui se produit le plus fréquemment à une certaine étape de développement dans une société d'un certain type. Or, substituer au jugement de conformité ou de non-conformité dans le style de Montesquieu le jugement sur le normal et sur le pathologique n'est pas accomplir un progrès scientifique, mais, à mon sens, plutôt une régression. La distinction du normal et du pathologique est plus équivoque, plus difficile à reconnaître que le jugement d'accord ou de non-accord d'un phénomène donné avec l'essence d'un régime.

Pourquoi le normal est-il difficile à déterminer ? C'est que le normal, selon Durkheim, est ce qui est le plus fréquent à une certaine étape de développement d'une société d'un certain type. Voilà qui suppose que l'on ait établi une classification des types de société, énuméré les étapes par lesquelles passent les différentes sociétés. Rien ne prouve qu'il y ait une distinction simple entre les types de société, que les sociétés d'un certain type parcourent toutes les mêmes étapes. Il y a même des raisons sérieuses de penser que telle ou telle société peut sauter telle ou telle étape. Enfin la notion de normal, définie exclusivement par la fréquence, est une notion naturaliste, que personne n'accepte authentiquement. La notion de non-conformité à l'essence d'un régime est, en réalité, plus positive que la prétendue notion positive du normal, qui représente l'application illégitime à la réalité sociale et humaine de conceptions qui, dans la biologie même, sont étrangement équivoques.

LEÇON IV

Histoire et progrès

A la fin de la précédente leçon, je vous avais résumé
quelques critiques que Durkheim adressait à la
conception de Montesquieu. J'en ai laissé une de
côté, qui va nous servir de point de départ pour la
leçon d'aujourd'hui.

Durkheim, après Auguste Comte, reproche à
Montesquieu d'avoir méconnu la notion de progrès,
et je voudrais vous dire quelques mots sur les relations entre la sociologie positive et la notion de progrès.

Le progrès, dit-on, implique un jugement de valeur, l'affirmation de la supériorité des sociétés
actuelles sur les sociétés du passé : or, par principe,
une connaissance scientifique ne doit pas porter de
jugement de valeur, par conséquent la notion de
progrès se trouve automatiquement exclue.

A ce raisonnement d'ascèse ou de pureté scientifique s'ajoutent des arguments d'ordre historique.
Au siècle dernier, les Européens gouvernaient une

grande partie du monde, bien convaincus de leur
mérite, tant les hommes ont coutume d'attribuer à leur vertu la supériorité de leur puissance.
Aujourd'hui ce que l'on appelle l'impérialisme est
en régression ; les peuples que gouvernaient naguère
les Européens sont libres ou en voie de le devenir.
Les Européens maintenaient leur règne à travers
le monde grâce à la force militaire. Or, cette supériorité militaire a disparu et les peuples de couleur se
croient aujourd'hui capables de tuer aussi efficace-
ment que les peuples d'Europe. Enfin, ces derniers,
qui étaient fiers de leurs techniques, ont découvert
que celles-ci comportaient un passif, n'allaient pas
sans exiger certains sacrifices et ils s'interrogent sur
le bilan final. Ainsi le souci d'objectivité se joint à
une conscience historique de crise, pour que la sociologie européenne ou occidentale ne se risque plus à
parler de progrès.

Mais cette notion servait à mettre en place les
diversités historiques dans le cours du temps, et,
inévitablement, les sociologues continuent à prati-
quer cette mise en place. Ceux mêmes qui déclarent
s'abstenir de tout jugement de valeur, comme les
sociologues américains, combinent, non sans quelque
naïveté, la foi en l'excellence de leur culture avec
l'affirmation que l'on ne peut pas porter de jugement
sur les valeurs relatives des diverses cultures.

De plus, des sociologues, comme Auguste Comte
ou Durkheim, utilisaient la notion de progrès, en
une acception positive. Auguste Comte était convaincu que l'on pouvait découvrir un ordre fondamental de toutes les sociétés humaines et que le devenir
des sociétés servait simplement à une réalisation
plus parfaite de cet ordre fondamental. Durkheim
pensait que l'on pouvait classer les diverses sociétés
d'après leur degré de complexité et il avait tendance
à ne pas dissocier complexité et civilisation.

Il y a donc un problème positif de la notion de progrès : comment peut-on mettre en perspective les différentes étapes de l'histoire, ou encore, quelles sortes de relations peut-on et doit-on établir entre les différents moments d'un devenir ? Cette question se subdivise en deux interrogations. La première serait : Y a-t-il des activités humaines dans lesquelles la supériorité des sociétés actuelles sur les sociétés passées soit immédiatement évidente ? La deuxième question serait : Peut-on établir cette même hiérarchie dans le temps, pour les sociétés globales ? A la première question, je tâcherai de donner réponse. Quant à la deuxième, j'essaierai simplement de montrer comment elle se pose.

Au point de départ une première idée s'impose, simple et fondamentale : certaines activités humaines ont un caractère tel que l'on ne peut pas ne pas reconnaître une supériorité du présent sur le passé et de l'avenir sur le présent. Ce sont les activités dont les produits s'accumulent ou dont les résultats ont un caractère quantitatif.

L'histoire humaine implique, par essence, la conservation. Elle n'est pas seulement transformation, elle suppose que les hommes vivent dans des institutions, créent des œuvres et que ces institutions et ces œuvres durent. L'histoire existe parce que la conservation des œuvres humaines pose aux différentes générations la question d'accepter ou de refuser l'héritage du passé. Le rythme du devenir, selon les secteurs de la vie sociale, dépend de la nature de la réponse d'une génération à l'œuvre des générations précédentes.

La conservation permet le progrès lorsque la réponse d'une génération à la génération précédente consiste simultanément à conserver l'acquis antérieur et à y ajouter. Quand il y a accumulation du passé et de l'actuel, lorsque l'on peut concevoir la succession du temps comme une addition progressive d'œuvres, alors, de manière strictement positive, on parle de progrès, chaque génération possédant plus que la génération précédente.

L'activité progressive par nature est évidemment l'activité scientifique. Par essence, la science est une activité telle que les vérités établies demeurent valables pour les générations suivantes, à leur degré d'approximation. Le devenir de la science est une addition de savoir. En revanche, l'activité artistique, par essence, est étrangère à la notion de progrès, parce qu'elle ignore l'accumulation. Non que l'on ne puisse aimer simultanément l'art roman et l'art gothique, l'art chinois et l'art grec, mais les différentes formes d'art ou les différentes œuvres ne s'additionnent pas, elles se juxtaposent comme des créations originales, elles sont diversité pure.

Cette opposition est exagérément simplifiée ; il y a dans l'histoire de la science des éléments qui ne s'additionnent pas. Chaque théorie scientifique a été pensée dans le cadre d'une philosophie, quelquefois dans le cadre d'une représentation mythologique du monde. Les conceptions d'ensemble dans lesquelles prennent place, à chaque époque, les vérités scientifiques, s'opposent ou se combinent, elles ne s'additionnent pas les unes aux autres comme les propositions scientifiques elles-mêmes.

Il n'est pas vrai non plus que, dans le domaine esthétique, il y ait pure et simple diversité, sans aucune progression. Considérons une série dans le devenir artistique ou un moment tenu traditionnellement comme l'épanouissement d'un certain art. Nous avons pris l'habitude de voir la sculpture grecque évoluer vers sa forme parfaite, celle du ve siècle ; nous avons pris l'habitude de mettre en perspective les formes de l'art du Moyen Age jusqu'à un épanouissement, le style gothique du XIIIe siècle.

Il n'est donc pas exclu, à l'intérieur d'un certain style artistique, de retrouver un devenir où s'esquisse une hiérarchie de valeur entre l'antécédent et le moment postérieur. Mais apparaît aussi la précarité de ces jugements de valeur appliqués à l'ordre artistique ; aujourd'hui nous ne voyons pas un devenir vers une forme parfaite dans l'évolution qui a mené des églises romanes vers les églises gothiques, les églises romanes nous paraissent l'expression d'une certaine humanité, d'une certaine vision du monde, une œuvre originale que l'on peut préférer ou non au style gothique, mais qui ne représente pas une simple introduction à un style parfait. Rien ne montre mieux la difficulté de retrouver des hiérarchies projetées dans le temps, en matière artistique, que le renversement de valeur en ce qui concerne les rapports entre l'esquisse et l'œuvre achevée. André Malraux a montré qu'à l'heure présente il nous arrive de préférer les esquisses aux œuvres achevées. Par exemple, les grands tableaux de Rubens nous semblent parfois ennuyeux, alors que les esquisses du même peintre portent la marque du génie. Ainsi, même lorsque nous apercevons un passage de l'imperfection apparente à la perfection, il est possible qu'une sensibilité renouvelée renverse les relations de valeur.

Ce qui reste caractéristique de l'ordre du progrès, c'est l'ordre du devenir scientifique, avec la formule fameuse de Pascal : « L'humanité entière est comparable à un homme qui apprendrait continuellement. » On a parlé de progrès au siècle dernier parce que l'on était convaincu que la signification, la grandeur de l'existence humaine était de connaître. Or les connaissances scientifiques au siècle dernier et encore en notre siècle progressaient et s'accumulaient ; on passait de ces progrès en un domaine particulier à une affirmation du progrès en général.

On peut parfaitement passer du progrès scientifique au progrès technique. En matière de technique,
la notion d'accumulation n'est pas simple. Quand
il s'agit de science, on remet en place les vérités
partielles dans un système plus approfondi ou plus
précis ou plus développé. Quand il s'agit de technique, on abandonne certains moyens techniques
pour en inventer d'autres. On ne peut donc pas en
ce cas parler, au sens rigoureux du terme, d'accumulation. Mais on peut parler de progrès, parce qu'il
y a une mesure simple du développement de la
technique : le degré dans lequel l'homme est capable
d'utiliser à son profit les forces naturelles, ou encore
la quantité d'énergie dont chaque individu d'une
société peut disposer. En ce sens la progression des
sociétés contemporaines par rapport aux sociétés
du passé est évidente, éclatante. Il y a donc un
double domaine où la progression est un fait d'expérience, parce qu'elle résulte de l'essence même de
l'activité considérée : la science et la technique.

Le progrès dont je viens de parler est exclusivement un progrès *de droit* et non pas un progrès *de
fait*. J'entends par là que, dans le passé, il n'y a
pas eu développement régulier en chaque siècle des
connaissances et des moyens techniques. Selon les
moments, il y a eu stagnation, progression, oubli.
Rien n'est définitivement acquis. La progression
que je viens de définir est liée à l'essence de l'activité considérée. Elle n'implique rien sur ce qui se
passe effectivement. Si demain arrivait une catastrophe telle une guerre atomique, une partie de
l'acquis scientifique et technique dont nous dispo-
sons aujourd'hui pourrait disparaître. Vous connaissez peut-être l'apologue imaginé par l'historien anglais Toynbee : une guerre apocalyptique menée
avec des bombes A et H aboutit à la destruction de
toutes les formes de société organisée. Les survivants

de l'espèce humaine, des Pygmées au centre de l'Afrique, s'écrient : « Dire qu'il va falloir tout recommencer ! » Il y a progrès de droit en matière scientifique parce qu'on y peut mesurer la progression par rapport à un critère simple sans recourir à des jugements de valeur discutables, il n'en résulte pas que dans le passé et dans l'avenir la progression ait été nécessaire ou soit assurée.

Les anthropologues suggèrent qu'il y a eu trois grandes révolutions technologiques. La première est à l'origine de l'espèce humaine, lorsque celle-ci apprit à utiliser le feu et les outils les plus simples ; elle se situe il y a plusieurs centaines de milliers d'années. Une seconde période s'ouvrit il y a quelque dix mille années lorsque l'homme apprit à cultiver les plantes, à domestiquer les animaux. Ce fut l'origine des sociétés néolithiques, puis des civilisations. La troisième révolution technologique est celle au milieu de laquelle nous nous trouvons.

L'irrégularité du progrès technique est un des faits majeurs de l'histoire. Entre l'Antiquité et le monde d'hier, les différences de possibilités techniques étaient médiocres. Ainsi César pour aller de Rome à Paris mettait à peu près le même temps que Napoléon. Il y eut un grand nombre d'inventions techniques, mais qui ne modifiaient pas les caractères fondamentaux des sociétés humaines. La proportion respective des hommes qui travaillaient la terre et de ceux qui vivaient dans les villes n'a pas été décisivement modifiée entre l'Antiquité et le xviie ou le xviiie siècle. Un bourgeois de Rome ne disposait pas de ressources très inférieures à celles d'un bourgeois du siècle de Louis XIV. En revanche, entre le mode de vie de ce dernier et celui du bourgeois actuel, la distance est immense.

Science et technique sont donc des activités qui, par essence, progressent, mais dont le progrès de fait a été inégal selon les périodes de l'histoire. D'où résultent deux problèmes différents : Quelles activités de l'homme sont de nature telle qu'elles comportent un progrès mesurable, sans jugement de valeur ? D'autre part, que faut-il penser du cours de l'histoire pris globalement ?

Nous laisserons de côté la possibilité ou l'impossibilité de parler de progrès dans la religion et l'art. Disons seulement qu'il s'agit de phénomènes uniques, dont l'essence est d'être originaux, de telle sorte que l'on peut comparer ces expressions diverses de l'âme de chaque société ou de chaque peuple, mais que l'on ne peut pas établir une hiérarchie, ni affirmer la supériorité de l'actuel sur le passé. Nous considérerons uniquement deux domaines tout proches du domaine technique, l'économie et la politique, et nous poserons la question de savoir si on peut ou non parler de progrès dans ces deux activités.

On peut parler, au sens positif du terme, de progrès technique quand on dispose d'une mesure quantitative ou encore quand l'objectif de l'activité technique peut être défini de manière équivoque. Si l'on dit que le but de l'activité technique est de disposer du maximum d'énergie ou de manier de la manière la plus efficace les forces naturelles, on a défini la fin unique de l'activité considérée. En revanche, et c'est là le point sur lequel l'économie diffère essentiellement de la technique, il est impossible de définir un objectif unique ou univoque de l'activité économique.

On pourrait dire que le progrès économique se mesure par la quantité de valeur produite par chaque individu ou, comme on le fait souvent dans la théorie économique actuelle, que la progression de l'économie se définit par l'augmentation des ressources collectives en proportion de la population.

Mais l'économie n'a pas pour fin de produire le

maximum de biens, mais de résoudre le problème de la pauvreté fondamentale de l'humanité, d'assurer au plus grand nombre possible d'individus une condition humaine. Or, il n'est pas démontré que la condition de l'homme dans le travail s'améliore au fur et à mesure qu'augmente la production par tête de la population, ni que la répartition des biens disponibles entre les individus soit nécessairement plus équitable au fur et à mesure que se développe la richesse collective.

Il en résulte une différence, à mon sens fondamentale, entre un type d'activité que l'on pourrait dire univoque, comme l'activité technique, rapportée à une fin exclusive, et les activités humaines complexes, qui doivent être soumises à une multiplicité de considérations. A partir du moment où jouent des considérations multiples, on n'est jamais sûr que le jugement fondé sur une sorte de considération coïncide avec le jugement fondé sur une autre sorte. Il n'y a pas de preuve que l'organisation la plus efficace pour augmenter le plus vite possible la quantité des ressources collectives, soit simultanément l'organisation qui répartisse le plus équitablement les biens disponibles. En termes abstraits, une économie efficace n'est pas nécessairement une économie juste. Une répartition équitable des biens n'est pas nécessairement celle qui favorise la croissance la plus rapide. Je n'affirme pas qu'il y ait incompatibilité entre ces objectifs, mais seulement que, dans le domaine économique, n'existe plus la simplification de l'objectif caractéristique de la science et de la technique, qui permet de parler de progrès en faisant abstraction de tout système de préférence. D'autre part, même si l'on arrivait à concilier les critères internes à l'ordre économique, l'économie est faite pour les hommes. Or toute organisation de l'ordre économique comporte une multiplicité de

conséquences sur la vie privée et la vie publique des
sociétés, sans que l'on puisse affirmer a priori que
l'organisation économiquement la plus efficace soit
en même temps la plus favorable aux valeurs humaines que l'on veut cultiver.

La croissance du revenu national ne consiste pas
simplement à produire de plus en plus de biens de
même catégorie, mais à modifier sans cesse l'organisation de la production, donc la répartition des travailleurs entre les branches de l'économie ; pour
qu'une économie croisse vite, il faut que l'outillage
soit rapidement renouvelé, par conséquent il faut que
beaucoup d'entreprises soient liquidées et que
d'autres surgissent.

Une économie à croissance rapide est une économie
en perpétuelle révolution. L'économie dont la croissance a été la plus rapide, parmi les économies du
monde occidental, est l'économie américaine. Or,
celle-ci a comporté des transferts de main-d'œuvre
d'un point à un autre des États-Unis. Tous les économistes diront que la croissance économique
suppose la mobilité des facteurs de production. Ce
langage abstrait, traduit dans le concret, signifie
qu'il faut transporter, d'un point à un autre du
pays, les hommes ou les machines.

Autrement dit, à supposer même, ce qui n'est pas
le cas, que l'on puisse définir, à l'intérieur de l'ordre
proprement économique, une hiérarchie de progrès,
en fonction d'un but comme l'accroissement des
ressources collectives par tête de la population, ce
jugement partiel ne permettrait pas encore de juger
les sociétés globales. La meilleure preuve de cette
précarité du jugement fondé sur la seule économie
est le changement d'attitude psychologique, la modification des jugements moraux que nous portons
aujourd'hui sur notre propre civilisation technique.
Au xviiie siècle, probablement encore au siècle der-

nier, la conviction était à peu près générale que la prodigieuse expansion des moyens de produire était une garantie de l'amélioration des sociétés humaines. Beaucoup de nos contemporains, dont je ne fais pas partie, se portent à l'autre extrémité et auraient tendance à croire que la civilisation technique, en tant que telle, est haïssable. Puisque je veux ici montrer qu'il n'y a pas, en ces matières, de jugement scientifique, il me suffit de faire allusion à un livre que vous connaissez tous, le livre de Bernanos qui s'appelle *L'Homme contre les robots*, caractéristique d'une attitude de refus à l'égard de la civilisation technique. Ajoutons que ce refus se rencontre plus souvent dans les sociétés qui profitent déjà du progrès technique que dans celles qui l'ignorent et, de même, plus souvent dans des classes sociales dont le niveau de vie est suffisant que dans celles qui sont du mauvais côté de la barricade.

Il n'en reste pas moins que le jugement de progrès en matière économique est doublement précaire, puisqu'il y a une pluralité de critères à l'intérieur de l'ordre économique lui-même et une pluralité de critères extérieurs à l'ordre économique.

Le problème est probablement à la fois plus intéressant et plus complexe quand il s'agit de la politique.

Là encore, il y a quelques dizaines d'années, les Européens avaient une tendance à croire que la supériorité de leur régime démocratique sur les régimes du passé était une évidence. Guizot pouvait écrire une histoire de l'humanité, où les différents régimes aboutissaient à la démocratie parlementaire comme à leur épanouissement ou à leur accomplissement.

Cette supériorité des régimes représentatifs n'est plus aujourd'hui admise comme évidente. Les Occi-

dentaux ne sont plus sûrs de leur supériorité en ce
domaine, où il est évidemment encore plus difficile de découvrir un critère unique ou un objectif
essentiel. Par ailleurs, il me paraîtrait absurde de
croire que la politique est comparable à l'activité
artistique, où il convient simplement de comprendre
les diversités, de les juxtaposer, en renonçant une
fois pour toutes à les mettre en perspective hiérarchique.

Le devenir politique me paraît être de l'ordre dialectique. La politique peut être ramenée à un petit
nombre de problèmes fondamentaux, les différents
régimes politiques peuvent être considérés comme des
réponses diverses à un problème unique, et l'on passe
d'un régime à un autre, non pas comme du mal au
bien, non pas comme de l'inférieur au supérieur,
mais comme d'une solution à une autre solution,
chacune comportant certains avantages et certains
inconvénients. La conciliation de tous les avantages,
l'exclusion de tous les inconvénients n'est rien de
plus qu'une idée de la raison située à l'horizon de
l'histoire.

En termes plus simples, je pense que le problème
politique se ramène aux données suivantes : la politique est la théorie ou l'art de faire vivre les hommes
en communauté, la théorie ou l'art d'assurer l'existence et la durée des groupes organisés. Les sociétés
complexes comportent nécessairement une diversité
de tâches dont la complexité et la dignité varient
grandement. D'autre part la politique a pour fin
immanente de faire participer tous les hommes à la
communauté. L'antinomie fondamentale de l'ordre
politique, dont tous les régimes apparaissent comme
des solutions imparfaites, c'est la volonté de concilier la diversité des tâches, l'inégalité des pouvoirs
et des prestiges, avec une participation de tous les
hommes à la communauté. Il n'y a pas de société

qui n'essaie de réaliser cette participation de tous
à la vie politique, mais il n'y en a pas non plus qui
puisse assurer à tous l'égalité dans la tâche accomplie
ou dans le prestige accordé. Toutes les sociétés et
tous les régimes sont un effort pour concilier la hiérarchie avec l'égalité, la hiérarchie de pouvoir avec
l'égale dignité humaine.

Les sociétés humaines ont cherché à résoudre
cette contradiction dans deux directions. L'une consiste à consacrer, à sanctifier l'inégalité sociale, à
mettre chacun dans une catégorie déterminée et à
faire accepter par tous l'inégalité essentielle des
places occupées : la forme extrême en est le système
des castes. L'autre solution consiste à affirmer
l'égalité politique des hommes dans la démocratie
et à pousser le plus loin possible l'égalisation sociale
et économique.

Ces deux solutions sont imparfaites. La solution
hiérarchique aboutit rapidement à exclure de l'humanité les hommes situés dans les castes inférieures.
La solution démocratique comporte une permanente
hypocrisie, car aucune société n'a jamais pu égaliser
ni les tâches, ni les revenus, ni les prestiges des
individus. L'ordre de l'égalité est inévitablement
un ordre formel que chaque pouvoir établi essaie
d'exalter tout en dissimulant les inégalités réelles.

Toutes les sociétés démocratiques sont hypocrites
et elles ne peuvent pas ne pas l'être. A notre époque,
on ne peut établir de régime autoritaire qu'au nom
de la démocratie, parce que tous les régimes modernes
sont fondés sur le principe égalitaire. On n'établit
un pouvoir absolu qu'en prétendant libérer les
hommes. Tocqueville avait déjà fait cette remarque
avec une insurpassable clarté, il y a un siècle. Il
avait expliqué que si, à notre époque démocratique,
surgissaient des régimes autoritaires, ceux-ci invo-
queraient le peuple et l'égalité. Puisque les sociétés

actuelles sont à la fois complexes et nombreuses,
elles ont besoin d'un système complexe d'autorité
dans l'organisation du travail et dans l'État. Il y a
une sorte de permanente contradiction entre la
volonté égalitaire et la hiérarchie de fait. Toutes
les sociétés de notre époque essaient de concilier,
chacune à leur manière, leur principe avec les
nécessités collectives.

Si nous voulons réfléchir raisonnablement sur
les possibilités concrètes de notre époque, nous
devons admettre que l'inégalité est liée inévitablement à la structure de notre société et ne pas nous
contenter d'opposer aux organisations existantes
des revendications absolues. Ce jeu est efficace dans
la propagande journalistique et personne ne s'en
abstient entièrement dans cet ordre d'activité, mais,
pour comprendre, il faut partir de l'idée qu'aucun
régime n'a le monopole de l'hypocrisie, et mesurer
le degré jusqu'où chacun de ces régimes pousse ces
procédés, à la fois fâcheux et indispensables.

Cette aporie fondamentale de l'ordre politique
n'est pas la seule, et, à partir de celle-ci, je voudrais
vous en signaler deux dont la portée à la fois philosophique et historique me paraît considérable.

Il y a une contradiction dans la double exigence
que les gouvernements soient sages et agissent
conformément aux désirs des gouvernés. Il est
nécessaire que les gouvernés reconnaissent ceux
qui les gouvernent. Mais, si l'on souhaite que les
gouvernants ne fassent rien d'autre que d'exécuter
la volonté des gouvernés, ou bien l'on postule la
sagesse des gouvernés, ce qui est un acte de foi
difficile, ou bien on postule qu'il vaut mieux obéir
à la volonté des gouvernés même si cette volonté
est déraisonnable. Les sociétés actuelles n'ont pas
encore trouvé de solution parfaite à cette aporie.
La vérité est que l'on doit penser la politique en ne

faisant abstraction ni du consentement des gouvernés ni de la sagesse des gouvernants. Il va de soi que, lorsque nous sommes tout à fait convaincus qu'une mesure devrait être prise et que nous constatons que les gouvernants ne la prennent pas par souci de l'opinion publique, nous déclarons qu'ils sont des démagogues et nous leur reprochons de ne pas se conduire en hommes d'État, c'est-à-dire nous leur reprochons de suivre la volonté de ceux qui les ont élus. Ce qui ne nous empêche pas, à la page suivante, d'affirmer qu'il importe que les gouvernants exécutent la volonté de ceux qui les ont élus puisque là est le principe même de la démocratie.

Aucun régime politique n'a trouvé de solution définitive à la contradiction du gouvernement sage et du gouvernement par consentement, tous les régimes existants représentent une conciliation possible entre les deux principes. On pourrait dire que le régime français tient un compte plutôt excessif de la volonté des gouvernés, s'il ne fallait ajouter que cette volonté des gouvernés n'est probablement pas la volonté des citoyens en tant que tels, mais plutôt les volontés multiples et particulières de groupes. Une démocratie qui fonctionne bien est celle qui a trouvé le moyen de donner l'impression au peuple que les gouvernants exécutent sa volonté, tout en laissant la possibilité aux gouvernants de faire prévaloir la sagesse. Cette analyse est d'ailleurs une amplification grossière, car il n'y a aucune raison pour que les gouvernants soient toujours plus sages que les gouvernés. Mais, dans l'ordre de la réflexion politique, on peut dire qu'il y a deux principes contradictoires, qui, dans l'histoire de la philosophie politique, ont été revendiqués par des écoles différentes. Les uns ont voulu que le principe suprême soit le consentement des gouvernés ; la volonté générale a été conçue comme l'origine

ultime de tout pouvoir. D'autres, comme les philosophes classiques de l'Antiquité, ont cru que la fin
véritable de la politique était le bien et non la
soumission des gouvernants aux exigences des
gouvernés. Les gouvernants doivent commander
de manière telle que les citoyens soient à la fois de
bons citoyens et des citoyens vertueux.

Je voudrais enfin vous dire un mot de l'aporie
de la puissance de la collectivité et de la justice
sociale.

Il serait souhaitable que les sociétés fussent
d'autant plus puissantes militairement qu'elles
sont plus justes à l'intérieur d'elles-mêmes. Mais,
sans pessimisme excessif, on peut dire que l'histoire ne démontre pas que la collectivité qui veut
atteindre au maximum de puissance doive simultanément être la plus démocratique dans ses institutions politiques ou la plus égalitaire dans la
répartition des revenus. La puissance d'une nation
dépend d'une organisation militaire. L'organisation
militaire, au moins jusqu'à notre époque, était
telle qu'elle était souvent contradictoire avec l'idée
que nous pouvons nous faire d'un ordre équitable.
A nouveau, voici la nécessité de concilier et l'impossibilité de concilier définitivement un ordre,
qui doit être simultanément équitable et capable
d'assurer la survie de la collectivité. Aucune collectivité ne peut survivre si elle ne possède un minimum
de puissance. Puissance et justice *peuvent* être des
revendications contradictoires.

S'il s'agit d'un devenir de la politique, on ne peut
donc considérer ni qu'il s'agit d'un progrès *unili-
néaire*, comme dans l'ordre scientifique ou technique,
ni d'une pure et simple diversité, comme dans l'ordre
de l'art. Il y a un devenir qui est susceptible d'être
ordonné, qui est intelligible mais dialectique ; certains problèmes sont posés de manière permanente

dans toutes les sociétés, chaque société donne une certaine réponse à ce problème ; l'homme, être essentiellement insatisfait, aperçoit les imperfections de la solution existante et réagit par les réformes, la révolte ou la révolution, jusqu'au point où il donne une autre solution au même problème, solution qui sera elle aussi imparfaite, mais qui peut à tel ou tel égard marquer une progression. La possibilité d'une solution définitive n'est pas exclue, au moins à titre d'hypothèse intellectuelle. On peut concevoir la conciliation de toutes ces exigences, étant entendu que, jusqu'à présent, il n'y a eu dans la réalité historique que des conciliations imparfaites.

Il me reste, maintenant, à vous dire quelques mots de la manière dont se pose le problème à propos des sociétés globales.

A notre époque existe une représentation que j'appellerai unitaire, dont le type le plus simple est la représentation marxiste . D'après les marxistes, l'ensemble de l'humanité tend vers un régime unique, la société sans classes, grâce à la propriété collective des instruments de production. Les diversités de culture doivent progressivement s'atténuer, les cultures diverses doivent toutes aboutir à un même régime politique et social.

A cette représentation unitaire du devenir historique s'oppose la représentation pluraliste dont la philosophie de Spengler et celle de Toynbee sont les exemples caractéristiques. Pour les philosophes pluralistes de ce type, il existe des cultures *essentiellement* différentes, trop étrangères les unes aux autres pour avoir une histoire commune.

Il n'est pas question de discuter ici ces deux représentations. Je ne voudrais qu'indiquer l'origine de cette opposition fondamentale.

Il n'est pas vrai qu'il y ait une pluralité radicale

de l'histoire humaine. Il n'est pas vrai qu'il y ait une radicale impossibilité pour une culture de comprendre les autres. Il n'est pas vrai que, historiquement, les différentes cultures soient absolument séparées. Au contraire, à notre époque, les cultures sont en contact croissant ; pour la première fois, l'histoire est universelle.

Une philosophie comme celle de Spengler ou de Toynbee définit une culture avant tout par la façon de penser, par l'âme ou par la religion. Dans la philosophie de Toynbee, en particulier, c'est la religion qui constitue le principe à la fois de l'unité et de l'originalité de chaque culture. Si l'on prend pour origine de chaque culture des phénomènes qui ressortissent à l'ordre de la diversité, on ne doit pas s'étonner que la conclusion soit le pluralisme. Autrement dit, c'est le choix de l'activité humaine décisive qui détermine la représentation générale de l'histoire.

Dans le cas de la représentation marxiste, l'activité choisie est l'activité économique. On imagine une solution du problème économique pour le jour où les considérations multiples que j'ai analysées s'accorderaient en une synthèse harmonieuse.

Donc la représentation, unitaire ou pluraliste, dépend du choix de l'élément considéré comme primordial, c'est une décision d'ordre philosophique. Selon l'idée que l'on se fait de la fin de l'existence humaine, l'histoire humaine est considérée comme tendant à assurer aux hommes une existence juste ou vertueuse, ou tendant à faire surgir des œuvres, ou enfin comme ayant pour but ultime le salut des âmes individuelles. La représentation de l'histoire marxiste donne pour but à l'aventure humaine l'exploitation efficace des forces naturelles afin d'assurer des relations humaines conformes à la justice. Une représentation de l'histoire telle celle de Malraux donne pour fin à l'aventure humaine la création d'œuvres d'art. Pour le chrétien, la fin ultime de l'histoire humaine est le salut des âmes individuelles par-delà cette terre. J'exclus de ce cours le problème de l'unité ou de la diversité fondamentale de l'histoire, dans la mesure où ce problème n'est que la projection sur le plan de l'histoire d'une opposition proprement philosophique.

En revanche, ce qui relève de l'enquête positive, ce qui ressortit à l'analyse sociologique, est le degré de diversité des sociétés ayant le même équipement technique. A partir de la prochaine leçon, je compte prendre pour objet la notion de société industrielle, la notion d'un ordre économique lié à un développement de la technique. Or il est de l'essence de la recherche positive de se demander dans quelle mesure un état de la technique et de l'économie produit ou ne produit pas un type de société, égalitaire ou inégalitaire, égalitaire ou hiérarchique. Je partirai du fait majeur qui unifie à notre époque toutes les sociétés, à savoir le développement des moyens de produire, je chercherai l'organisation ou les diverses modalités d'organisation de l'économie qui en résultent, et je me demanderai dans quelle mesure la vie des hommes en société est déterminée par l'organisation de la technique et de l'économie.

Première partie

SOCIÉTÉ INDUSTRIELLE
ET CROISSANCE

De la société industrielle

Les quatre premières leçons de ce cours ont constitué une sorte d'introduction générale, non pas
seulement au sujet que je traite cette année, mais
à un mode d'enseignement. A partir d'aujourd'hui,
je vais essayer de caractériser ce que j'appelle la
société industrielle et simultanément les divers
types de sociétés industrielles : il s'agit d'isoler
les caractères communs à toutes les sociétés industrielles et ceux qui spécifient chacune d'elles.

On peut penser à une définition simple de la
société industrielle : société où l'industrie, la grande
industrie, serait la forme de production la plus
caractéristique. Une société industrielle serait celle
où la production s'opère dans des usines ou des entreprises industrielles, Renault ou Citroën par exemple.

A partir de cette définition élémentaire, on pourrait effectivement déduire nombre des caractères
d'une économie industrielle. Tout d'abord on observe
que l'entreprise est radicalement séparée de la

4

famille. La séparation du lieu de travail et du cercle
familial n'est nullement universelle, même dans
nos sociétés. Les entreprises artisanales et un grand
nombre des entreprises paysannes montrent que la
séparation du lieu de travail et de l'entreprise d'un
côté, de la famille de l'autre, n'est pas une nécessité
historique.

En second lieu, une entreprise industrielle introduit un mode original de division du travail. Effectivement elle implique non seulement la division
qui a existé dans toutes les sociétés, entre les secteurs de l'économie, entre les paysans, les commerçants et les artisans, mais un type de division intérieur à l'entreprise, une division technologique du
travail qui est une des caractéristiques des sociétés
industrielles modernes.

En troisième lieu, une entreprise industrielle
suppose une accumulation de capital. Une civilisation industrielle exige que chaque ouvrier travaille
sur un capital important et que celui-ci se renouvelle.
De la notion de société industrielle peut sortir la
notion d'économie progressive. On pourrait citer,
à cette occasion, la formule fameuse de Marx :
« Accumulez, accumulez, c'est la loi et les prophètes. »
Marx lançait cette formule pour caractériser la
société capitaliste. Nous savons par l'expérience
historique actuelle que l'accumulation du capital
ne caractérise pas seulement les sociétés capitalistes,
mais toutes les sociétés industrielles. Staline sans
aucun doute aurait pu appliquer à sa propre société
la formule de Marx.

A partir du moment où le travailleur a besoin
d'un capital important, en voie d'expansion, une
quatrième notion est introduite, celle du calcul
rationnel. Dans une grande entreprise comme celles
que j'ai citées, il est nécessaire de calculer en permanence, calculer pour obtenir le prix de revient le

plus bas, pour renouveler et augmenter le capital. Aucune société industrielle moderne ne peut se soustraire à ce que les économistes bourgeois comme les économistes marxistes appellent le calcul économique. Nous aurons l'occasion de voir dans quelle mesure le mode de calcul varie selon le régime mais, au point de départ, on peut dire que toute société industrielle implique un calcul économique rigoureux sans lequel les pertes de richesses et d'énergie seraient immenses.

Je dis calcul économique et non pas calcul technique. Pour prendre un exemple de la distinction nécessaire entre le calcul technique et le calcul économique : l'entreprise des Chemins de Fer français, techniquement une merveille, est financièrement en déséquilibre permanent. Je ne dis pas que le déséquilibre soit l'effet de la perfection technique, mais l'introduction des perfectionnements techniques doit être soumise au calcul. Il faut savoir s'il est rentable de remplacer un aiguillage qui n'est pas du dernier modèle par un aiguillage encore plus perfectionné. Si la question se pose du remplacement d'une machine à l'intérieur d'une entreprise particulière comme les chemins de fer, elle se pose de même pour l'ensemble des moyens de transport. Comment répartir les ressources entre les chemins de fer et les transports routiers? Dans un calcul plus vaste, comment répartir l'ensemble des ressources de la collectivité entre les différents usages? Dans une économie industrielle, on ne peut jamais réaliser simultanément tout ce que la technique rend possible.

La presse cite souvent des exemples tenus pour caractéristiques des défauts de la société dans laquelle nous vivons. En fait, il n'y a aucune chance qu'on emploie à chaque instant tous les procédés techniques les plus perfectionnés, car cela supposerait des ressources en capital illimitées. Par définition, vous observerez toujours des retards, dans certains secteurs, par rapport aux possibilités techniques. Pour savoir quels sont les procédés techniques que l'on doit employer, il faut procéder à un calcul économique.

Enfin, le cinquième caractère que l'on peut tirer de la notion des entreprises industrielles est la concentration ouvrière sur le lieu du travail. Du coup surgit la question de la propriété des moyens de production.

Il y a concentration ouvrière dans toute société industrielle, quel que soit le statut de propriété des instruments de production. Mais naturellement, lorsque d'un côté se trouvent des centaines ou des milliers d'ouvriers et de l'autre un petit nombre de propriétaires, le problème ne peut pas ne pas se poser de la relation entre ces propriétaires et les ouvriers concentrés. Toutes les sociétés industrielles impliquent une certaine organisation des masses ouvrières et une mise en question de la propriété individuelle des moyens de production.

L'idée de la propriété collective est vieille comme le monde, aussi vieille que les sociétés complexes, aussi vieille que les civilisations connues. Il y a toujours eu, à certaines époques, des hommes qui protestaient contre l'inégalité qu'entraînait la propriété privée, et qui rêvaient d'une propriété collective qui mettrait fin aux inégalités. Mais il serait absurde de confondre le rêve socialiste séculaire avec le problème socialiste des sociétés industrielles, car c'est la première fois qu'existent d'immenses concentrations ouvrières, la première fois que les moyens de production semblent dépasser par leurs dimensions les possibilités de la propriété individuelle et, par conséquent, posent la question de savoir à qui ils doivent appartenir.

On peut donc tirer un certain nombre des caractères de nos sociétés industrielles de cette notion
élémentaire de la société industrielle.

Pourtant cette analyse me paraît superficielle
et je voudrais essayer de l'approfondir en caracté-
risant sommairement ce qu'est un système économique, de manière à passer en revue les différents
points de vue auxquels on peut se placer pour
l'observer, ce qui permettra de caractériser plus
rigoureusement l'espèce de société industrielle qu'est
la société capitaliste.

La notion même *d'économique* est difficile à préciser. Il y a deux types de définition. Ou bien on se
réfère aux besoins des individus et on appelle
économique l'activité qui tend à satisfaire les
besoins des hommes. Mais cette définition est
peu satisfaisante. D'abord, il y a des besoins tels que
le besoin sexuel, dont on peut dire que la satisfaction implique une activité économique en tant
que telle ; ensuite l'on n'a jamais pu énumérer de
manière rigoureuse les besoins des hommes. On
pourrait dire, de manière apparemment paradoxale
mais au fond banale, que l'homme est un animal
pour lequel les besoins qui peuvent paraître non
essentiels sont aussi urgents que les besoins dits
essentiels. A partir du moment où les besoins fondamentaux, tels ceux de nourriture et de protection, sont satisfaits, d'autres besoins d'ordre
social, besoin de reconnaissance, de prestige, de
puissance surgissent, de telle sorte qu'il est impossible de dire que tels besoins sont économiques et
que tels autres ne le sont pas.

La deuxième sorte de définition se réfère à la
signification de l'activité économique, ou encore,
pour employer le langage de Max Weber, au sens
que les hommes dans leur conduite donnent à l'économie. En ce cas, on appelle économie l'administra-

tion de ressources rares ou encore la relation des moyens aux fins à atteindre, dans la mesure où les moyens sont rares et susceptibles d'usages alternatifs.

Cette définition de l'économie par la caractéristique significative de l'activité est satisfaisante pour les sociétés développées. Dans nos sociétés, les buts que se proposent les individus sont multiples et explicites. Les besoins ou les désirs augmentent perpétuellement. Les moyens de les satisfaire sont nombreux, et ils comportent des usages alternatifs. En particulier, l'usage de la monnaie et la généralisation de la détermination monétaire des biens introduit la notion de choix, d'usages alternatifs des moyens et de multiplicité des buts. La monnaie est une sorte de moyen universel d'atteindre les buts que chacun peut se proposer.

La difficulté de cette définition de l'économie à partir de l'administration onéreuse de moyens rares est que, dans les petites sociétés, dans les sociétés archaïques, il semble presque impossible d'isoler l'activité qui correspondrait à ce choix rationnel des moyens en vue de fins déterminées. Dans les sociétés les plus simples, les moyens ne font pas l'objet d'un calcul alternatif, les besoins ou les buts sont largement déterminés, une fois pour toutes, par la coutume ou par des croyances religieuses. On a peine à isoler le calcul économique ou le calcul de l'usage rationnel de moyens rares. Dans les sociétés primitives, le secteur économique, l'activité économique ne sont pas séparés de l'ensemble social. Les conduites économiques des hommes ne sont pas isolables, parce que les fins comme les moyens sont déterminés par des croyances, qui nous paraissent extra-économiques.

La difficulté de chacune de ces deux définitions n'est pas insurmontable si l'on veut bien se souvenir que les concepts supra-historiques doivent avoir un caractère formel et que, pour retrouver l'histoire, il faut spécifier ces concepts formels.

L'homme en tant qu'animal doit évidemment satisfaire certains besoins élémentaires afin de survivre. L'homme en tant qu'homme, dès que les sociétés existent, connaît des besoins non biologiques, qui ne sont ni moins urgents ni moins exigeants que les besoins dits élémentaires. Toutes les sociétés sont pauvres et ont à résoudre un problème que nous appelons un problème économique. Ce qui ne signifie pas que toutes les sociétés ont conscience du problème économique, c'est-à-dire de l'administration rationnelle des moyens rares. Toutes les sociétés ont une économie *en soi*, mais elles n'ont pas toutes une économie *pour soi* ; plus simplement, toutes les sociétés ont une économie et résolvent leur problème économique, mais elles ne le posent pas toutes en termes explicites.

Dans les sociétés où il n'y a pas d'isolement de l'activité économique, on est tenté de considérer comme exclusivement économique la satisfaction des besoins élémentaires. Mais ce n'est qu'un usage. En fait, dans ces sociétés, il y a bien des besoins élémentaires que l'on peut appeler économiques, mais il y a surtout le non-isolement de l'activité économique.

Mais, de toute façon, une économie, même dans une société dite primitive, comporte la *production*, la *circulation des biens* et la *consommation*.

La production, c'est-à-dire l'effort ou le travail pour recueillir les fruits de la terre ou pour transformer les matières premières, existe depuis que l'homme a quitté le paradis terrestre. La condition de l'homme est telle qu'il ne peut vivre qu'en satisfaisant ses besoins et qu'il ne peut satisfaire ses besoins que par un certain travail.

Ce travail peut être considéré à trois points de vue principaux :

1° *Point de vue technologique :* de quels outils dispose l'homme ou la société que l'on étudie ?

2° *Point de vue juridique :* à qui appartiennent les outils et, en particulier, la terre ?

3° *Quelle est l'organisation sociale, administrative, du travail en commun ?*

La notion marxiste de rapports de production est équivoque, parce qu'elle ne sépare pas rigoureusement le point de vue technologique, le point de vue juridique et le point de vue social ou administratif. Ces distinctions sont fondamentales, nous aurons l'occasion de le voir, car on ne peut pas comprendre les problèmes économiques de notre époque si l'on ne distingue pas d'une part ce qu'il y a de commun à toute production technologiquement déterminée, d'autre part les différences juridiques qui résultent de la propriété des instruments, ainsi que les différences administratives qui résultent ou non de ces différences juridiques.

La deuxième phase de tout système économique est celle que l'on peut appeler la circulation, à savoir l'échange et la répartition.

Le problème de l'échange naît du fait que, même dans les sociétés les plus simples, il y a une activité sociale ou collective de production. Il n'existe pas de société où tous ceux qui ont produit des biens les gardent pour eux, il y a toujours un minimum d'échange d'où découle un problème de commerce et de répartition. Nous devons étudier un système économique au point de vue du mode des échanges, au point de vue du système qui permet les échanges, c'est-à-dire du système monétaire, et enfin au point de vue de la répartition des biens ou du degré d'égalité ou d'inégalité de la consommation.

Enfin, toute économie a pour fin de satisfaire des

désirs ou des besoins ; le but dernier est la consommation. Étudier une économie par rapport à la consommation, c'est chercher d'abord ce que la société
veut consommer, c'est-à-dire quels sont les buts
qu'elle se propose, quels sont les biens auxquels elle
tient et qu'elle veut obtenir. Dans une société complexe, étudier la consommation, c'est déterminer
le niveau auquel se situe la consommation d'une
société globale, ou d'une certaine classe, ou de certains individus, et également essayer de déterminer
comment, à partir d'une certaine quantité de ressources, les individus répartissent leur consommation en fonction de leurs désirs, ce qui amène à différencier ce que l'on appelle le *niveau de vie*, notion
quantitative, et le *mode de vie*, notion qualitative.

Un ensemble économique peut être saisi synthé-
tiquement à partir de diverses considérations :

1) La division du travail et le type de division du
travail dans la société globale.

2) L'esprit ou les mobiles de l'activité économique.

J'introduis ici, immédiatement, une distinction
banale mais nécessaire : on peut produire directement en vue de satisfaire des besoins ou produire
en vue de vendre sur le marché, c'est-à-dire de faire
des bénéfices. Il n'y a pas de paysan de France qui
ne produise partiellement pour ses propres besoins
et partiellement pour vendre sur le marché. Ces
deux mobiles peuvent être appliqués soit à un ensemble partiel, soit à un ensemble total. Nous avons
des sociétés où domine l'activité directe en vue de
satisfaire les besoins, et des économies où domine
le mobile du profit, où les hommes travaillent essentiellement pour vendre sur le marché et pour faire
des bénéfices.

3) Le mode de régulation ou le type d'organisation du système économique.

Dans toute économie, il faut déterminer les objectifs, répartir les moyens et, finalement, mettre en équilibre ce que l'on produit et ce que l'on achète.

Il y a au moins deux types simples de régulation de l'économie, l'une est la régulation par décision centrale ou planifiée, l'autre est la régulation par les mécanismes du marché. Ce sont des types abstraits. Une grande entreprise industrielle comme les usines Renault est dirigée centralement, elle établit des plans de production pour l'année mais éventuellement pour quelques années. Mais ces plans sont soumis à révision parce que la vente des automobiles Renault n'est pas planifiée et n'est pas planifiable, elle dépend des désirs des consommateurs. Tous les ensembles économiques comportent un mélange de régulation par décision centrale et de régulation par ajustement des offres et des demandes sur le marché.

Le type idéal d'une économie planifiée est celui d'une économie où des planificateurs décideraient, au début de l'année, la totalité de ce que l'on va produire, la totalité des revenus attribués aux différents individus et, par conséquent, réaliseraient l'accord entre la production et la demande par décision centrale du bureau de plan. Je n'ai pas besoin de vous dire qu'une économie totalement planifiée n'a jamais existé et ne peut pas exister. Mais il y a des différences extrêmes dans les degrés de planification ou dans les degrés de jeu des mécanismes du marché. Les différences des sociétés industrielles dépendent, dans une large mesure, non pas de l'opposition schématique entre marché et planification, mais de la part qui est faite au marché et de la part faite à la planification.

4) La part respective des fonctions de l'État et des initiatives des individus dans le système économique.

Je n'aime pas l'opposition de l'économie indivi-

duelle et de l'économie étatisée parce qu'elle est
équivoque et combine deux critères clairs. Il y a
un critère clair, la propriété des instruments de
production, propriété individuelle ou collective,
et un autre critère clair, le mode de régulation
de l'économie. La notion de rôle de l'État, utilisée
vulgairement, doit se subdiviser en un certain nombre
de critères plus précis.

Entre ces différents points de vue auxquels on peut
étudier un ensemble économique, quels sont les plus
importants?

Je ne vais pas essayer de faire une théorie générale des types d'économie, car le but de ces leçons
est de vous suggérer une manière de penser les problèmes sociologiques. Il m'importe plus de vous
montrer le caractère problématique de la plupart
des distinctions entre les types d'économie que de
vous imposer une classification parmi d'autres.

Constatons que pour la protohistoire et la pré-
histoire, les historiens, les ethnologues ou les archéo-
logues se réfèrent d'ordinaire à ce que j'ai appelé
le point de vue technologique. Effectivement, pour
les débuts de l'espèce humaine, c'est la qualité et
la quantité des outils disponibles qui déterminent
non pas la manière totale dont les hommes ont vécu,
mais la marge à l'intérieur de laquelle peuvent varier
les différentes formes d'existence humaine.

En ce qui concerne les sociétés historiques complexes, que Spengler et Toynbee ont étudiées et
qu'ils ont appelées civilisation ou culture, elles comportent toutes au minimum l'élevage et l'agriculture. Le point de vue strictement technologique est
insuffisant parce que, à partir d'une même technologie, dérivent différentes modalités de propriété
des instruments de production et de rapports de
classes. On ne peut pas, dans le cours du développement des sociétés historiques, mettre en relations

chacune des transformations avec un changement
technologique. Ce que la technologie permet, ce sont
des appréciations vastes et vagues. Supposons, par
exemple, qu'aux États-Unis 7 % de la population
active soient employés dans l'agriculture et 45 %
dans l'industrie, le reste dans le secteur tertiaire.
Cette répartition exige une force productive, pour
employer une expression marxiste, qui n'existait
pas avant la période moderne. Une certaine quantité
d'énergie disponible fixe une certaine marge de variation pour les sociétés mais n'en détermine pas dans
le détail l'organisation. Les sociétés modernes
semblent appartenir à un type nouveau, original,
précisément en raison de leur potentiel énergétique.
On emploie vulgairement la notion d'esclave méca-
nique, c'est-à-dire à peu près l'énergie que représente
le travail normal d'un homme huit heures par jour
pendant 300 jours. La société française de 1938 disposait par tête de travailleur de 15 esclaves mécaniques ; à la même époque la Grande-Bretagne en
avait 36, les États-Unis 55. Si vous multipliez ces
chiffres par 10, vous concevez un type de société
original par rapport à toutes les sociétés connues
dans le passé.

Les classifications de types de société se réfèrent
à tel ou tel des points de vue que j'ai énumérés. Une
des plus célèbres est celle d'un économiste allemand,
Karl Bücher, qui avait considéré que l'histoire économique se ramenait à la succession de trois étapes,
l'économie domestique fermée, l'économie urbaine
et l'économie nationale. Une classification de cet
ordre se réfère à la sphère de la circulation et prétend
caractériser une économie en se référant à l'exten-
sion de la sphère à l'intérieur de laquelle circulent
les produits. On peut retrouver nombre des caractères historiques concrets à partir de là, mais il
n'y a pas succession rigoureuse de ces trois types.

De plus, ce sont à la fois des types partiels et des types qui s'appliquent aux sociétés globales.

D'autres classifications se réfèrent aux moyens utilisés par le calcul économique et pour l'échange : l'économie naturelle, l'économie monétaire et l'économie de crédit.

Une dernière classification, dont je veux dire un mot parce qu'elle est célèbre, est celle de Marx que vous trouverez dans la préface de la *Contribution à la critique de l'économie politique*. Marx avance que l'on peut distinguer le mode de production asiatique, le mode de production antique, fondé sur l'esclavage, le mode de production féodale, fondé sur le servage, enfin, le mode de production capitaliste, fondé sur le salariat.

La classification de Marx prend pour centre de l'analyse historique la relation des hommes à l'intérieur de la production. On peut faire sortir nombre des caractéristiques des économies antique, médiévale et moderne, des trois notions d'esclavage, servage, salariat, mais certainement on ne peut pas en faire surgir tous les caractères des économies. Aussi ne vous proposerai-je pas une nouvelle classification. L'énumération des critères avait essentiellement pour but de vous montrer que, pour comprendre un ensemble économique, il faut se placer à plusieurs points de vue. Dans l'état actuel de nos connaissances, nous ne pouvons pas affirmer qu'un critère est dominant et suffit à déterminer l'ensemble de l'économie.

Une économie où il y a salaire, c'est-à-dire séparation des employeurs et des employés, peut caractériser l'économie de l'Inde actuelle aussi bien que celle des États-Unis. Dire que, dans les deux cas, l'économie est fondée sur le salariat est d'un intérêt limité car les deux pays sont tellement différents que c'est la distinction entre les formes de salariat plutôt que la communauté du salariat qui devrait retenir notre attention. Ce que l'on doit chercher c'est, à partir d'un certain critère, à fixer la marge de variation.

En effet, supposons que, selon la méthode marxiste, nous disions : Les économies capitalistes modernes sont fondées sur le salariat. Il y a donc séparation entre l'ouvrier et l'instrument de production ; l'instrument de production appartient à un entrepreneur ou à un capitaliste et l'ouvrier ne possède rien que sa force de travail. Le problème scientifique est le suivant : Quels sont les caractères que l'on retrouve dans toute économie où il y a séparation de l'entrepreneur et des salariés et quelles sont les marges de variation des économies fondées sur le salariat ?

Rappelons ce que nous avons dit de toute économie industrielle : l'entreprise est séparée de la famille, il en résulte un type original de production, une division technique du travail, une accumulation de capital et le caractère progressif de l'économie, le calcul économique devient inévitable et il s'ensuit une concentration ouvrière.

Maintenant que nous avons passé en revue les différents critères possibles, nous pouvons nous poser la question : Ces cinq caractères se retrouvent aussi bien dans une économie soviétique que dans une économie capitaliste. Sur quoi portent les oppositions ? Ou encore, en quoi consistent les différences entre les espèces de sociétés industrielles ?

Les oppositions entre ces deux types d'économie portent essentiellement sur deux points :

1) *La propriété des instruments de production :* dans une économie capitaliste les instruments de production appartiennent à des particuliers et non pas à l'État.

2) *Le mode de régulation.* Schématiquement on peut dire que, d'un côté, la répartition des ressources est déterminée souverainement par le bureau du plan

et que, de l'autre côté, la répartition des ressources est déterminée par les décisions des individus sur le marché, ou encore que l'équilibre entre l'offre et la demande est obtenu dans un cas par la planification, dans l'autre cas par approximation sur le marché.

Cherchons les conséquences de ces oppositions fondamentales, à partir desquelles nous trouverons des sous-oppositions.

On peut et l'on doit se demander dans quelle mesure les relations entre hommes associés pour produire varient, c'est-à-dire dans quelle mesure les relations entre les ouvriers et les dirigeants de la production sont différentes dans un système de propriété privée et dans un système de propriété publique. Dans quelle mesure les mobiles de l'activité économique sont-ils différents selon le mode de régulation adopté ? Ou encore, plus précisément, dans quelle mesure le mobile du profit joue-t-il un rôle semblable ou différent dans les deux systèmes ?

En combinant les différents critères que je vous ai énumérés aujourd'hui, on peut dire que le régime capitaliste est celui :

1) Où les moyens de production sont l'objet d'appropriation individuelle.

2) Où la régulation de l'économie est décentralisée, c'est-à-dire que l'équilibre entre production et consommation n'est pas établi une fois pour toutes par décision planifiée, mais progressivement, par tâtonnements, sur le marché.

3) Où employeurs et employés sont séparés les uns des autres, de telle sorte que les uns ne disposent que de leur force de travail et les autres sont propriétaires d'instruments de production, d'où la relation appelée salariat.

4) Où le mobile prédominant est la recherche de profit.

5) Où, comme la répartition des ressources n'est

pas déterminée de manière planifiée, il y a fluctua-
tion des prix sur chaque marché partiel, et même
dans l'ensemble de l'économie, ce que l'on appelle,
dans le langage de la polémique, l'anarchie capitaliste. Puisque la régulation est non centralisée, il est
inévitable que les prix des produits oscillent sur le
marché en fonction de l'offre et de la demande, il est
intelligible que le niveau général des prix lui-même
oscille sur le marché en fonction de l'excès ou de
l'insuffisance de la demande globale par rapport à
l'offre globale et que par conséquent, de temps en
temps, il y ait ce que nous appelons des crises (régulières ou non régulières).

En fait, il n'y a aucune société capitaliste qui soit
totalement, idéalement, capitaliste. Dans la société
française, actuellement, une partie de l'industrie est
propriété collective. D'autre part, il n'est pas vrai
que, dans un système capitaliste, tous les sujets économiques soient animés par le seul désir de profit.
Nous ne cherchons qu'à marquer les caractères les
plus fondamentaux d'un régime capitaliste à l'état
pur.

Pourquoi le régime capitaliste apparaît-il à un
certain nombre d'hommes comme le mal en soi ?
Jusqu'à présent je n'ai porté aucun jugement de
valeur mais il faut maintenant comparer ce régime
aux autres modes de régulation possibles, aux autres
modes de propriété et de production possibles.

Quelles sont les critiques fondamentales contre
une économie capitaliste ? Il y a, sur ce sujet, une
part de mode intellectuelle. Il y a un siècle, l'anticapitaliste faisait scandale, aujourd'hui, ce serait
plutôt celui qui ne se déclare pas anticapitaliste, qui
ferait scandale. Personnellement je ne suis ni l'un ni
l'autre, mais je voudrais passer en revue, pour essayer
d'analyser le régime capitaliste de plus près, les arguments principaux de l'acte d'accusation.

Il me semble qu'on lui reproche fondamentalement *d'abord* de comporter, en tant que tel, l'exploitation ouvrière, ensuite d'être un système immoral, fondé sur la recherche du profit ; troisièmement d'aboutir à une extrême inégalité des revenus ; quatrièmement d'être dominé par l'anarchie, c'est-à-dire par la non-planification, par la non-répartition volontaire des ressources et des revenus et, par conséquent, de comporter en permanence le risque de crises.

Un dernier argument, que j'examinerai plus tard, est celui de l'autodestruction du capitalisme ; d'après une certaine perspective, un régime comme celui que j'ai défini, fondé sur la propriété privée des instruments de production et sur la régulation décentralisée, serait condamné à se détruire lui-même. Aujourd'hui nous allons examiner rapidement le premier argument. Nous nous référerons, sans le développer, à l'argument classique de Marx dans *Le Capital*, à savoir la théorie de la plus-value, dont l'idée générale de l'exploitation est dérivée. Les théoriciens actuels de l'exploitation n'ont pas tous lu *Le Capital*, mais, vous le savez, quand une idée est devenue populaire, il n'y a aucun besoin de se reporter au texte original.

Si l'on entend qu'il y a exploitation dès qu'existe l'inégalité de rétribution, il va de soi que l'organisation des grandes entreprises capitalistes implique exploitation, car l'inégalité des revenus y est évidente. On peut même dire, sans montrer un pessimisme excessif, que les revenus ont tendance à augmenter au fur et à mesure que les travaux deviennent plus agréables. Les travaux les plus vulgaires, les moins qualifiés, ceux qui nous paraissent les plus odieux, sont les plus mal payés. Ajoutons d'ailleurs que cette caractéristique n'est pas jusqu'à présent limitée aux seules sociétés capitalistes, mais se retrouve dans toutes les sociétés connues, y compris la société soviétique.

Si nous laissons de côté le simple fait de l'inégalité, l'idée d'exploitation tourne autour de la notion de plus-value. Réduite à l'essentiel, l'argumentation est la suivante : l'ouvrier produit par son travail une certaine quantité de valeur, or il reçoit, dans son salaire, une valeur inférieure à celle qu'il a produite. L'argumentation peut être compliquée en utilisant la théorie de la valeur travail et la théorie marxiste du salaire. Je laisse de côté cette théorie, qui nous conduirait trop loin. Il n'en reste pas moins que le nœud de l'argumentation est le suivant : l'ouvrier par son travail produit une certaine quantité de valeur, il reçoit une contrepartie inférieure à ce qu'il a produit et le reste va aux bénéfices des capitalistes.

Il faut commencer par reconnaître la part de vérité de l'argumentation. L'ouvrier reçoit dans son salaire, la masse ouvrière reçoit globalement une valeur inférieure à celle qu'elle a produite. Mais il ne peut pas en être autrement dans une économie du type moderne. L'économie moderne, que nous avons définie comme une économie progressive, suppose que la collectivité ne consomme pas chaque année la totalité de la valeur qu'elle produit. Dans une économie totalement planifiée, il y aurait également une plus-value, c'est-à-dire une fraction de la valeur produite par les ouvriers qui ne leur serait pas restituée sous forme de salaire, mais qui reviendrait à la collectivité. La collectivité utiliserait cette valeur supplémentaire en fonction de son plan et répartirait cette valeur supplémentaire entre les différents secteurs pour l'investir.

Dans l'économie soviétique, le surplus de valeur créé par l'ouvrier au-delà de son salaire va à la collectivité tout entière, qui le répartit en fonction des décisions du bureau du plan. Dans une économie capitaliste, lorsqu'il y a propriété individuelle des

instruments de production, ce surplus de valeur passe
par l'intermédiaire des revenus individuels des entrepreneurs. Je considère ainsi une économie capitaliste à l'état pur et je suppose que les fonds nécessaires aux investissements viennent de l'épargne
individuelle, des surplus des revenus individuels non
consommés par leurs détenteurs. Dans les deux cas,
il y a surplus investis. Dans un système planifié
soviétique, le réinvestissement de ce surplus de valeur est décidé et réparti par le bureau du plan, dans
un système d'économie capitaliste ce surplus devra
être réinvesti par l'intermédiaire des revenus
individuels.

Quels sont les inconvénients possibles du système
où le surplus de valeur passe par les revenus individuels ?

Ce surplus de valeur destiné à être investi pour
élargir l'appareil de production risque d'être con-
sommé par les détenteurs de ces revenus. Si, dans un
système capitaliste, les capitalistes recueillent des
profits considérables et les utilisent à des dépenses
de luxe, le système est détestable. Si, dans un
système capitaliste, la plus grande partie des revenus
qui vont aux capitalistes est réinvestie, il n'importe
pas que les revenus passent par les individus pour
retourner ensuite dans les différents secteurs de
l'économie. Le premier problème est donc de savoir
quelle est la fraction de ce surplus de valeur con-
sommé par les privilégiés. Le deuxième problème est de
savoir quelle est l'efficacité relative du système de
production privée et du système de production collective. Le troisième est de savoir si la répartition
des investissements par décision du bureau du plan
est meilleure ou moins bonne que la répartition des
investissements par le marché des capitaux, par emprunt des capitaux sur le marché.

Une question se pose encore à propos de l'exploi-

tation et du surplus de valeur. Que représente, dans
une économie capitaliste moderne, du type de l'économie américaine, le surplus de valeur qui va aux
capitalistes ?

J'ai relevé pour vous une statistique de la répartition des dépenses totales des sociétés capitalistes
américaines, en 1953. Sur le total, les salaires représentent 76,9 % ; 12,4 % vont à l'État sous forme
d'impôts ; 5,2 % sont réinvestis directement dans
l'entreprise, et il reste 5,5 % pour les actionnaires.

Dans une société capitaliste développée, la proportion des profits distribués aux actionnaires est dérisoire comparée au volume total des salaires, des
impôts et du réinvestissement direct dans l'entreprise.

Pourquoi ce pourcentage est-il si faible ? Deux
facteurs limitent la possibilité des dépenses de luxe
et de non-réinvestissement. D'abord la concurrence. Dans une économie concurrentielle, il faut réin-
vestir des capitaux pour développer l'outillage de
façon à ne pas être dépassé dans la lutte entre les
différents producteurs. L'autre facteur qui joue est
la pression des syndicats ouvriers. Les observateurs
pessimistes auxquels j'appartiens ont toujours tendance à croire que le volume de l'exploitation est
directement proportionnel à la capacité qu'ont les
hommes d'exploiter leurs semblables. Plus une classe
sociale détient une position qui lui permet d'exploiter
les autres classes, plus cette classe exploitera effectivement les autres classes. Dans le cas d'une société
capitaliste peu développée, appelée aujourd'hui sous-
développée, où existe un petit nombre de capitalistes,
qui n'ont pas l'esprit capitaliste mais l'esprit de
dépenses ostentatoires, le salariat est parfois un système d'exploitation détestable à la fois pour les exploités et pour la société dans son ensemble : les
salaires sont au-dessous du niveau qui serait compa-

tible avec les ressources collectives et les gros revenus ne sont pas réinvestis. En revanche, dans d'autres sociétés où règne le même principe du salariat, il peut y avoir une répartition tout autre des revenus individuels et le surplus de valeur créé par l'ouvrier retourne à la société dans son ensemble.

Il n'en reste pas moins que le système capitaliste comportera toujours, aux yeux d'un grand nombre de critiques, l'inconvénient que le surplus de valeur passe par les revenus individuels. Mais, si l'on se réfère au problème du niveau des revenus, le fait est que la qualité, l'efficacité de la production et de l'organisation comptent infiniment plus que le volume des profits. Rappelez-vous les chiffres que j'ai donnés: 76,9 % de salaires, 12,4 % pour l'état, 5,5 % pour les actionnaires. Supposez qu'il n'y ait plus de distribution aux actionnaires, l'augmentation des salaires qui en résulterait serait dérisoire à côté de l'augmentation des salaires que permet chaque année l'augmentation de la productivité.

Les types de société industrielle

Dans la précédente leçon, j'ai commencé par présenter quelques caractères de la société industrielle, j'ai ensuite essayé de vous expliquer quels étaient les différents critères que l'on pouvait utiliser pour caractériser un système économique, et enfin j'en suis venu à l'analyse de la société industrielle de modalité capitaliste.

A la fin de la dernière leçon, je vous avais indiqué quels étaient les arguments que l'on faisait valoir de manière générale pour condamner la modalité capitaliste en tant que telle. Le premier argument que j'avais examiné était l'argument de l'exploitation ouvrière, j'avais essayé de vous montrer non pas du tout qu'une société capitaliste ne comporte pas d'exploitation de la main-d'œuvre, mais qu'elle ne comporte pas cette exploitation en tant que telle.

Le deuxième argument de l'anticapitalisme est l'esprit de profit. Il est vrai qu'une société capitaliste où les moyens de production sont propriété indivi-

duelle, où chaque entreprise s'efforce de s'assurer
des revenus supérieurs à ses dépenses comporte, par
essence, l'influence de l'esprit de profit. Mais, pour
que l'on puisse discuter du bien-fondé de la condamnation du régime en tant que tel, il faut examiner de
plus près le rôle que joue l'esprit de profit.

D'une part, l'esprit de profit peut être considéré en
tant que mobile individuel du sujet économique. En
deuxième lieu, le profit peut être considéré, dans le
cadre de l'entreprise, en tant que remplissant une
fonction économique. Il est vrai qu'une société industrielle de type capitaliste implique que les sujets économiques s'efforcent d'augmenter leurs gains monétaires. On peut même ajouter que, dans une société
capitaliste, il y a une certaine proportionnalité entre
le prestige d'un métier et les revenus qu'il permet d'obtenir. Mais il ne faut pas simplifier à l'excès.

D'abord, il n'est pas vrai que, même dans une
économie capitaliste à l'état pur, le mobile du profit
joue seul. Il ne manque pas de métiers où l'on n'observe pas de correspondance rigoureuse entre le
prestige et le niveau des revenus. Dans un métier
que je connais bien, par exemple celui du journalisme,
souvent le prestige est en raison inverse des revenus.
Bon nombre des spécialistes les mieux payés, par
exemple ceux qui font du « rewriting », ne jouissent
pas de prestige. Les publications qui payent le mieux
sont celles qui ont un grand tirage et sont méprisées
par l'élite. D'autre part, les grands fonctionnaires
reçoivent des rétributions moyennes mais ne s'en
situent pas moins à un niveau relativement élevé de la
hiérarchie sociale. Cela dit, lorsqu'une certaine pro-
fession n'assure de manière durable que des revenus
médiocres, elle tend à perdre, peu à peu, son prestige.

En deuxième lieu, il est certain qu'à partir d'un
certain niveau de revenus le mobile du profit joue

de moins en moins. Si nous considérons, par exemple, une grande entreprise industrielle américaine, en haut de la hiérarchie, le manager cesse de viser le profit, souvent de grands managers privés entreront au service de l'État, deviendront ministres, avec des traitements dérisoires comparés à ceux qu'ils recevaient dans le secteur privé.

Le deuxième aspect du problème est plus important. Dans une société industrielle capitaliste, la comptabilité des entreprises doit consigner, au bout de l'année, un excédent des revenus sur les dépenses. En ce sens, il faut qu'il y ait un profit. Mais ce fait n'est pas propre à la société capitaliste : dans tout régime économique, il faut que l'entreprise, au bout de l'année, ait un bilan excédentaire.

Je me souviens d'avoir eu une discussion, pendant la guerre, avec un de mes amis devenu depuis un ministre socialiste, sur l'opportunité de nationaliser tel secteur de l'industrie. Je lui demandais pourquoi il souhaitait nationaliser une certaine industrie. Il me répondait : Pour qu'elle puisse accepter un déficit. Il est vrai qu'une entreprise publique a la possibilité d'accepter le déficit et que celui-ci peut être utile afin de réduire le prix d'un service ou d'une marchandise, et de favoriser ainsi le développement industriel. Encore faut-il ne pas abuser de cette tolérance. Si un grand nombre d'entreprises étaient en déficit, cela signifierait simplement que le rendement du système est mauvais. Que les entreprises soient publiques ou privées, la notion de profit jouera donc un rôle, et, une fois de plus, il faut déterminer si ce rôle est différent selon que les entreprises sont privées ou publiques, selon le mode de fonctionnement du système.

Revenons au mobile individuel. Dans une économie planifiée, il existe une monnaie (vous ne pouvez pas éviter une monnaie, nous verrons tout à l'heure

pourquoi) et le désir d'un revenu monétaire élevé
continuera à jouer un rôle. Dans une économie
planifiée de type soviétique, les salaires, sauf certains salaires agricoles, sont payés sous forme de
quantités de monnaie ; le désir d'obtenir le revenu
monétaire le plus élevé n'y semble pas moins vif
que dans une économie capitaliste.

Il est possible que des mobiles non monétaires
aient une part plus grande dans l'économie soviétique que dans l'économie capitaliste, que l'émula-
tion et les distinctions sociales (héros du travail,
décoration) continuent à inciter les ouvriers soviétiques à l'effort. Quel que soit le rôle de ces mobiles
que nous appellerons non monétaires, si les revenus
sont distribués en monnaie, presque tous les sujets
économiques désireront, pour les raisons les plus
simples et les plus humaines, avoir le revenu monétaire le plus élevé possible. Aussi longtemps qu'il y a
une monnaie, il y a des prix ; les prix des différents
objets sont inégaux, les revenus monétaires les
plus élevés permettent d'acquérir certaines des bonnes choses de l'existence. De plus, des revenus monétaires apportent du prestige. Il serait souhaitable
à certains points de vue, moral ou religieux, qu'il
n'y ait aucune relation entre le montant des revenus
et le prestige. On peut rêver d'une société où le
pauvre serait révéré comme modèle d'ascétisme.
On connaît des exemples dispersés, ici et là, de
cette séparation radicale entre prestige et fortune.
Sans faire preuve d'un mauvais esprit, j'ajouterai
que, dans nombre d'Églises, il s'est établi une certaine proportionnalité entre la place de chacun dans
la hiérarchie ecclésiastique, le niveau des revenus et
celui du prestige. Dans toutes les sociétés, ceux qui
n'ont pas les moyens d'acquérir les biens considérés
comme supérieurs ne peuvent s'élever en haut de la
hiérarchie.

Cela ne signifie pas qu'il n'y ait pas de différence entre la fonction de l'esprit de profit dans une société de type capitaliste et dans une société de type soviétique. En ce qui concerne le mobile individuel, la différence est de degré plutôt que de nature. A l'intérieur de l'entreprise, dans toutes les sociétés modernes, le calcul du profit doit intervenir en tant que garantie du bon fonctionnement de l'entreprise. La différence, c'est que dans une économie planifiée on peut consacrer de grandes ressources à une branche industrielle qui ne fait pas de bénéfices ; dans une société capitaliste, l'absence de bénéfices est le signe soit que l'entreprise est mal gérée soit que la demande diminue. Le profit remplit une fonction, il contribue à déterminer la répartition des ressources nationales ; dans une société planifiée, au contraire, la répartition des ressources nationales est déterminée du centre, sans référence au profit que l'on peut obtenir. Mais, le jour où l'on tiendra compte des désirs des consommateurs, la répartition planifiée des ressources nationales sera influencée par la réponse des sujets économiques qui s'exprimera plus ou moins dans le montant des profits.

Je ne suggère pas que le rôle joué par l'esprit de profit dans les sociétés industrielles soit entièrement souhaitable. Il est loisible de déplorer que la civilisation industrielle soit accompagnée par l'obsession des revenus monétaires et d'y voir une régression par rapport à des sociétés traditionnelles où le niveau de vie était fixé une fois pour toutes. Les sociétés modernes sont d'une certaine façon immorales, puisque les professeurs de morale nous expliquent que le désintéressement est la marque même de la moralité ; or le mobile du profit est fondamental dans le fonctionnement de n'importe quel système industriel moderne. Les théoriciens politiques du

passé considéraient qu'une bonne société était celle
où les hommes étaient vertueux ; le sociologue d'aujourd'hui a tendance à penser qu'une bonne
société est celle qui utilise les vices des individus en vue du bien commun. C'est une définition qui n'est pas sans comporter quelque danger.

Le troisième argument contre la société capitaliste
est qu'elle comporte un large degré d'inégalité dans
la répartition des revenus. Si l'on déclare souhaitable
que les revenus soient distribués de manière à peu
près égale, alors le système capitaliste est mauvais,
car il comporte une mesure inévitable d'inégalité
des revenus. La mesure de cette inégalité n'est
peut-être pas fixée une fois pour toutes. Dans certaines sociétés industrielles de type capitaliste elle
a été réduite. Mais il en est une autre qui semble
liée de manière essentielle à la propriété individuelle
des instruments de production, c'est l'inégalité
dans la répartition du capital. Que cette inégalité
soit constante ou non, tout système qui laisse aux
individus la propriété des moyens de production,
qui accepte la concurrence des individus en vue du
profit maximum, ne peut pas ne pas comporter
une inégalité substantielle d'abord du capital et
ensuite des revenus.

L'inégalité du capital peut être atténuée théoriquement grâce aux droits prélevés par le fisc sur l'héritage. On devrait parvenir à diminuer les concentrations individuelles de fortune, si, à chaque génération,
on en reprenait une partie par l'impôt. En ce qui
concerne l'inégalité des revenus, l'essentiel est de
savoir quelle part représentent les revenus du capital
dans l'ensemble des revenus. Si les revenus du capital
représentent une part faible dans l'ensemble des
revenus distribués, le facteur principal d'inégalité
devient l'inégalité des salaires et des traitements

à l'intérieur du système industriel lui-même (¹).
Dans un pays comme la France les revenus du
capital représentent aujourd'hui entre 5 et 7 % du
total des revenus individuels ; dans un pays comme
l'Angleterre où la proportion des revenus du capital
est plus élevée, elle peut monter jusqu'à 10 à 15 %.
En France, où le revenu du capital proprement dit
représente quelque 5 % des revenus individuels,
l'inégalité dans la répartition des fortunes n'affecte
décisivement qu'une minorité de la population.
Quant à l'inégalité des rétributions, elle existe
dans toute économie moderne, capitaliste, ou planifiée, avec une différence cependant : dans une
économie planifiée on peut *concevoir* la suppression
presque radicale des inégalités de salaires ; on peut
concevoir un système industriel planifié où l'écart
de revenus serait étroit entre ceux qui sont situés au
bas de la hiérarchie et ceux qui sont situés au plus
haut. Durant les premières années du système soviétique, les revenus des membres du parti communiste
ne pouvaient pas dépasser un certain niveau qui étai.
fixé en fonction du salaire d'un ouvrier qualifié ; on
peut donc *imaginer* un système planifié qui réduirait
au minimum l'inégalité des revenus. Mais cette possibilité abstraite n'est pas nécessairement une probabilité sociologique, et, en l'état actuel des choses,
ce n'est pas une réalité.

Dans le système soviétique actuel, l'inégalité
des salaires entre le manœuvre et l'ouvrier qualifié
est plus forte que la même inégalité dans le système
américain. L'inégalité des soldes entre le simple
soldat soviétique et le général soviétique est beaucoup
plus considérable que la même inégalité entre le simple soldat et le général américain. Ce qui signifie

---

1. Il faut tenir compte également des plus-values du capital et
des revenus mixtes.

simplement que le régime capitaliste comporte, en tant que tel, l'inégalité parce que celle-ci est conforme à l'essence d'un régime fondé sur l'activité individuelle, qu'un régime planifié, en théorie, permet d'atténuer cette inégalité, mais qu'en fait la pratique dépendra de la conception des dirigeants du plan. Quelle sera cette conception? Plusieurs considérations interviennent. Les dirigeants peuvent penser que l'égalité est bonne en soi : dans ce cas ils réduiront l'inégalité; ils peuvent penser aussi que l'inégalité est utile à la collectivité, qu'elle incite à produire le plus possible et en ce cas ils auront tendance à augmenter l'inégalité.

Enfin, ils porteront un jugement sur la valeur des services qu'ils rendent à la collectivité. Quelle idée se font-ils de la part du revenu national qui doit légitimement leur être attribuée? Il y eut une époque, au début du régime soviétique, où les bolcheviks étaient convaincus que la marque du socialisme était l'égalité des revenus. Puis ils ont considéré que l'idée d'égalisation des revenus était un préjugé petit-bourgeois ; la marque du socialisme était l'incitation au maximum de production, fût-ce en élargissant l'éventail des salaires. Par conséquent, ce qu'il convient de comparer, ce n'est pas la réduction théoriquement possible des inégalités dans un système et le maintien inévitable des inégalités dans un autre, c'est la mesure réelle des inégalités dans les différents systèmes concrets. Rien d'autre part ne permet d'affirmer que l'expérience soviétique soit susceptible d'être généralisée à tous les systèmes planifiés.

Il faut ajouter que l'inégalité des richesses dans la société capitaliste comporte certaines conséquences qui peuvent être condamnées en tant que telles. D'abord, l'existence de concentrations de fortunes permet à une petite fraction de la population de vivre sans travailler. Il est loisible de protester avec énergie contre une inégalité qui n'a pas l'air d'être ou qui n'est pas fondée sur le travail alors que l'on accepte une inégalité justifiée, au moins en apparence, par les fonctions remplies et les services rendus.

En deuxième lieu, un système de concentration des fortunes comporte une certaine transmission de celles-ci et il est permis de penser que l'inégalité à supprimer n'est pas tant l'inégalité des revenus que l'inégalité au point de départ. En sens contraire, on fait valoir que dans une société où n'existe aucune propriété individuelle importante, tout dépend de la fonction. La villa, l'automobile, les revenus, tout ce que possède le directeur d'entreprise soviétique dépend de sa fonction. Si, pour une raison ou pour une autre, il est précipité du haut de son poste, il perd tout à la fois. Un socialiste qui s'appelait Proudhon, à la fin de sa vie, pensait que la propriété individuelle était la condition nécessaire à l'indépendance de l'individu par rapport à l'État. Plus vous supprimez la propriété individuelle et plus vous livrez l'individu à la discrétion de l'État. Cela dit, si vous pensez que l'État est bon, que les idées dont il s'inspire sont les vraies, plus il aura de pouvoir, plus vous serez satisfait — aussi longtemps du moins que vous serez du même côté que ceux qui gouvernent l'État.

La conclusion minimum que l'on doit tirer de ces considérations, c'est que le problème de l'inégalité ne peut pas se trancher par oui ou par non, par bon ou par mauvais. Il y a une inégalité proprement indispensable dans toutes les sociétés connues comme incitation à la production. Il y a une inégalité qui est probablement nécessaire comme condition de la culture afin d'assurer à une minorité la possibilité de se livrer aux activités de l'esprit, ce qui ne laisse pas d'être cruel pour ceux qui n'en ont pas le loisir. Enfin, l'inégalité, fût-ce l'inégalité de propriété,

peut être considérée comme la condition d'un minimum d'indépendance de l'individu par rapport à la
collectivité.

Le quatrième argument portant condamnation
du capitalisme est ce que l'on appelle l'anarchie
capitaliste.

Remarquons d'abord que lorsque les anticapitalis-
tes disent *anarchie capitaliste* et les économistes *mécanismes du marché*, ils désignent la même chose ; dans
un cas avec un vocabulaire scientifique et dans l'autre
avec une nuance péjorative. Quand les économistes
disent mécanismes du marché, ils entendent que
l'équilibre entre l'offre et la demande s'établit spontanément entre acheteurs et vendeurs sur le marché,
que la répartition des ressources collectives est déterminée par la réponse des consommateurs aux offres
de produits sans planification d'ensemble et qu'il peut
se créer des déséquilibres sur des marchés partiels
ou même sur le marché global. Quand les antica-
pitalistes disent anarchie capitaliste, ils veulent dire
qu'il n'y a pas de plan ; qu'il y aura des oscillations
de prix, des oscillations de production, et ainsi de
suite. Tout le problème est de savoir quelle est l'ampleur de l'anarchie capitaliste et dans quelle mesure
la planification permettrait de faire fonctionner le
système sans frottement.

Je me bornerai à un petit nombre de considérations élémentaires. Toute économie industrielle est
complexe, toute économie industrielle comporte la
dispersion des travailleurs entre un grand nombre de
branches de la production, entre un grand nombre
d'entreprises, une perpétuelle transformation des
modes de production, de la répartition des travailleurs
entre les différentes branches, de l'importance relative
des entreprises. Dans le système soviétique comme
dans le système capitaliste, vous observez cette
transformation permanente des structures qui est

l'essentiel de ce que l'on appelle la croissance économique. Il serait souhaitable que cette transformation
constante s'opérât de manière harmonieuse, mais
le fait est que dans tous les systèmes économiques
connus cette transformation s'opère de manière
brutale, avec des à-coups et des ratés. Comme
celui d'une machine à vapeur, le rendement d'un
système économique n'est jamais parfait. Dans un
système économique capitaliste, vous constatez
souvent le non-emploi complet des moyens de production, machines ou main-d'œuvre. De même,
dans une économie planifiée, la coordination, théoriquement possible, échoue parfois pour diverses
raisons, de telle sorte qu'il y a, ici ou là, des moyens
de production non employés.

Il est vrai qu'un régime capitaliste comporte ce
que Marx appelait une armée de réserve industrielle.
D'après Marx, la transformation permanente des
modes de production obligeait continuellement à
faire sortir du circuit un certain nombre d'ouvriers
qui, disponibles, pesaient sur le marché du travail
et sur le niveau des salaires. Toute économie capitaliste comporte, à chaque instant, un nombre minimum
d'ouvriers inemployés, ceux qui passent d'un métier,
tombé en désuétude, à un autre métier ou d'une
entreprise en déclin à une autre entreprise. Pour
supprimer entièrement cette armée de réserve dans
une société industrielle développée, il faudrait une
planification intégrale de la main-d'œuvre. Autrement dit, dans une société industrielle moderne,
il faut choisir entre une armée de réserve industrielle et la suppression de la liberté de choisir
son métier. Ou vous planifiez la main-d'œuvre, et,
dans ce cas, il faut imposer aux ouvriers qui ont
perdu leur métier dans telle partie du système économique d'aller vers l'endroit où ils trouveront du
travail, ce qui implique la suppression ou l'élimina-

5

tion du libre choix de l'emploi ; ou bien vous laissez
chacun choisir librement son emploi, et la répartition
de la main-d'œuvre se fera en fonction de la demande,
en fonction des salaires que les travailleurs pourront
obtenir dans les différents emplois, et il y aura à
chaque instant un certain volant de travailleurs
en chômage. Tout le problème est de savoir jusqu'où
va cette masse de travailleurs sans emploi. S'il s'agit
d'un grand nombre de chômeurs, alors le régime est
injustifiable ; le capitalisme, s'il comportait en permanence une fraction importante de la main-d'œuvre
non employée, serait évidemment condamné. Mais
dans les périodes de non-crise, la fraction de la main-
d'œuvre inemployée dans les systèmes français,
anglais, américain, tombe aujourd'hui au-dessous de
3 %, souvent même au-dessous de 2 %. Dans ce cas-
là, l'armée de réserve industrielle cesse d'être un
facteur décisif. Le vrai problème devient celui des
crises.

Est-ce que les crises générales de surproduction
sont liées *essentiellement* à une économie de marché ? C'est un problème considérable que je n'ai pas
la prétention de traiter en quelques mots. Mais finalement la discussion sur l'anarchie capitaliste se
ramène à l'interrogation suivante : Est-ce qu'un
régime économique qui fonctionne grâce aux mécanismes du marché implique les phénomènes que l'on
appelle vulgairement crises, c'est-à-dire, *en apparence*, un excès de la production globale sur la demande globale ? Si ce déséquilibre entre l'offre globale et la demande globale revient fréquemment et
dure longtemps, le régime effectivement est condamné. Si, d'autre part, les crises allaient en s'accen-
tuant ou en s'aggravant avec le développement du
capitalisme, là encore le régime serait condamné.
Dans les années 1930, l'expérience de la grande crise
de 1929 à 1933 incitait les économistes au pessimisme ;

l'expérience de la prospérité presque continue depuis
1945 les incite à l'optimisme. La conclusion provisoire, c'est qu'il n'est pas démontré que l'instabi-
lité liée à la structure même d'une économie de marché soit telle qu'elle condamne le régime lui-même.

La conclusion à laquelle je veux arriver est simple,
banale, mais c'est une conclusion de méthode à laquelle je tiens. Il ne faut pas condamner un régime
économique dans l'abstrait et en lui-même, il ne faut
pas non plus l'exalter en tant que tel. J'ai discuté
les arguments qui fondent la condamnation essentielle
du régime capitaliste et je vous ai montré la limite des
différents arguments. J'aurais pu prendre l'argumentation inverse des économistes libéraux qui partent de
la notion abstraite de l'équilibre. Dans l'état d'équilibre, par définition, la production est au maximum,
la répartition des moyens est déterminée par les
désirs des consommateurs ; par conséquent, un régime abandonné à l'automatisme du marché serait
par lui-même le meilleur. Cette argumentation me
paraît tout aussi fragile que l'argumentation contraire. Dans un cas, on condamne le régime capitaliste en se servant de représentations schématiques
et, dans l'autre, on l'exalte en se servant d'une représentation également schématique. Une comparaison
historique et politique n'est valable que si elle porte
sur les régimes concrets tels qu'ils fonctionnent. Il
ne suffit pas de dire que la planification permet de
supprimer tous les vices du système capitaliste ;
bien sûr, si l'on se donne par la pensée des planificateurs doués de toute-puissance et de toute-bien-
veillance, par définition les vices du capitalisme disparaîtront. Mais l'expérience n'incite pas à penser que
la bienveillance résiste longtemps à l'exercice de la
puissance.

Il ne serait pas plus raisonnable de se donner par la
pensée un régime parfait grâce à la concurrence pure,

pour la simple raison que la concurrence ne fonctionne jamais à l'état pur, qu'il n'y a jamais de mécanisme parfait, que la répartition des revenus à partir de laquelle fonctionne la concurrence peut être injuste et que, enfin, ce qui assure le profit d'un individu ou d'un groupe peut, à plus long terme, entraîner des conséquences fâcheuses pour la collectivité.

Donc, premier principe de méthode, si vous voulez penser raisonnablement sur les réalités économiques et sociales, gardez-vous de substituer au régime concret le type idéal que vous en construisez. Vous pouvez, à volonté, construire le type idéal d'un capitalisme abject et le type idéal d'un capitalisme parfait.

Je voudrais examiner maintenant l'argumentation contraire, qui prétend condamner le régime économique planifié en tant que tel. Les deux arguments massues contre une économie planifiée sont les suivants :

La planification intégrale implique le despotisme ou la tyrannie, tout au moins suppose le pouvoir absolu des planificateurs. Ensuite il est impossible de se livrer à un calcul économique en régime de planification, ou tout au moins le calcul économique y serait encore plus imparfait qu'en régime capitaliste.

Reprenons le premier argument. La planification intégrale implique-t-elle un pouvoir absolu des détenteurs de l'État ? L'argumentation est à peu près la suivante : La planification intégrale suppose la répartition par le Bureau du Plan des ressources de la collectivité et des revenus. Si nous considérons en pensée un système de planification intégrale, les statisticiens, les experts du Bureau du Plan ou les maîtres de l'État décident : Cette année la part du revenu national consacrée aux investissements sera, mettons de 20 %, la part consacrée à la consomma-

tion sera de 80 % ; sur ces 80 % nous allons attribuer
10 % aux dépenses d'administration et aux dépenses
militaires ; il restera 70 % pour la consommation
populaire et nous fixerons les ressources des différents groupes de la collectivité en fonction de la politique de salaires. Effectivement, si la politique de
salaires est planifiée, vous déterminez presque directement le revenu de tous et de chacun. Par exemple,
dans le système soviétique actuel, l'État détermine
presque souverainement le revenu de la classe paysanne en fonction des prix qu'il accorde aux kolkhozes pour les produits alimentaires. Il reste un
certain volant de revenus qui va aux paysans, en
fonction du marché libre sur lequel les revenus des
kolkhoziens dépendent des sommes que les citoyens
soviétiques sont prêts à payer pour acheter les produits alimentaires en dehors des magasins d'État.
Mais si nous supposons un système intégralement
planifié, on peut dire que c'est le Bureau du Plan qui
déterminera souverainement la répartition des ressources collectives entre les différents emplois, la
répartition du revenu national entre les différents
groupes. Supposons un tel système de planification
intégrale, avec le droit pour les différents groupes de
la société de s'organiser ; en permanence la bataille
fera rage entre les représentants des ouvriers, les
représentants des paysans, les représentants des différents secteurs industriels, pour déterminer la répartition juste des ressources nationales. Si l'État fixe
par décret d'en haut le revenu de tous et de chacun,
la seule façon d'assurer le fonctionnement du système,
c'est que l'État ne demande pas trop souvent aux
administrés ce qu'ils pensent.

L'argumentation comporte évidemment une part
de vérité. Il me paraît difficile de concevoir la combinaison d'une économie intégralement planifiée et du
régime politique français. Mais je dois avouer que

je prends les deux exemples extrêmes ou les deux
types idéaux, le type idéal d'une économie planifiée
et le type idéal d'un pouvoir dispersé. On n'a pas
besoin d'être sociologue pour découvrir l'impossibilité de combiner une économie totalement planifiée
et un pouvoir tout à fait impuissant. Ce qui est en
question, c'est la possibilité de maintenir certains
éléments de la démocratie avec une répartition autoritaire des ressources nationales. Ce que l'on appelle
démocratie dans les sociétés modernes, pour utiliser
une idée de Schumpeter, c'est l'existence de plusieurs partis rivaux, candidats à l'exercice du pouvoir. La question se poserait à peu près en ces termes :
Peut-on avoir une répartition autoritaire des ressources nationales et plusieurs partis qui se disputent
l'exercice du gouvernement ? Après tout, nous avons
observé, dans les pays occidentaux en guerre, une
combinaison de cette sorte. Même dans l'Angleterre
d'après guerre, une large mesure de planification a
coexisté avec le maintien d'un régime parlementaire
et de la pluralité des partis. Ce qui me paraît décisif,
c'est de savoir dans quelle mesure ce que font les
gouvernants déplaît aux gouvernés. Si vous répartissez les ressources nationales en réservant 30 % des
ressources totales aux investissements ou aux
dépenses militaires, évidemment il est préférable de
ne pas avoir plusieurs partis qui se disputent le
pouvoir, car il y en aura un au moins qui trouvera
que l'on dépense trop pour la défense de la collectivité. Si vous utilisez la planification pour accélérer
l'industrialisation, alors, incontestablement, il est
difficile de combiner la rivalité des partis avec
la planification. En revanche, si vous vous donnez
par la pensée une économie planifiée, avec un très
haut degré de productivité, avec un très haut
niveau de richesse générale, si les controverses
portent sur 10 % de plus ou de moins pour les

différents groupes de la société, il n'est pas inconcevable de maintenir simultanément une économie planifiée et la compétition des partis pour l'exercice du pouvoir.

Ce qui empêche d'aboutir à une conclusion catégorique, c'est que notre expérience des régimes planifiés est limitée. Nous connaissons les régimes semi-planifiés du temps de guerre. Or, en temps de guerre, le problème unique c'est de distraire le maximum de ressources disponibles en vue de la guerre. Nous connaissons les régimes économiques semi-planifiés du type du III⁰ Reich, mais, dans ce cas, le pouvoir était autoritaire avant qu'il commençât à planifier et il est devenu planificateur parce qu'il était autoritaire, et non l'inverse. Il reste l'expérience soviétique, mais le pouvoir absolu du parti communiste a précédé la planification intégrale et le parti avait une conception dogmatique de ce que devait être une économie. De plus, l'économie planifiée soviétique avait besoin d'un pouvoir absolu parce que, dans un grand nombre de secteurs, elle faisait évidemment ce que les administrés ne souhaitaient pas. Dans l'agriculture, l'État a décidé la collectivisation des terres, or les paysans russes comme les paysans du monde entier ne souhaitaient pas la collectivisation des terres. Le régime soviétique a voulu pousser l'industrialisation le plus rapidement possible et il a été obligé de réduire la consommation. Dans ces conditions, la tension entre les gouvernants et les gouvernés devait être extrême et l'expérience soviétique n'est pas non plus concluante.

Si l'on suit cet argument, on arrive à une conséquence curieuse. Certains observateurs de la Russie soviétique affirment volontiers que le régime soviétique deviendra de moins en moins despotique au fur et à mesure que le niveau de vie s'élèvera. La cause décisive du caractère despotique de la planification soviétique n'aurait pas été la planification elle-même mais ce que les dirigeants soviétiques ont voulu faire de la planification. Je ne prétends pas trancher la question, mais vous suggérer autant de prudence, pour condamner la planification en tant que telle, que pour condamner le capitalisme en tant que tel. N'y voyez pas la preuve d'un scepticisme enraciné. La condition, pour se faire des opinions raisonnables, c'est d'abord de savoir de quoi il s'agit et de ne jamais oublier que tous les systèmes sont des solutions imparfaites d'un problème qui jusqu'à présent n'a pas trouvé de solution parfaite et qui peut-être n'en comporte pas.

Les types de société industrielle (suite)

J'ai commencé, dans les deux dernières leçons, à définir la société industrielle et à caractériser les types de société industrielle. J'étais parti d'une définition volontairement insuffisante de la société industrielle, j'ai énuméré les critères que l'on pouvait utiliser pour caractériser un système économique. J'ai ensuite adopté une définition abstraite du système capitaliste et du système planifié. Pour me rapprocher du concret, j'ai discuté les arguments contre le régime capitaliste et j'ai essayé de montrer que la plupart des arguments ou portaient sur tout régime économique moderne ou devaient être précisés en fonction du mode particulier de réalisation du type idéal de la société capitaliste.

A la fin de la dernière leçon, j'ai mentionné le premier argument avancé contre une économie planifiée en tant que telle, selon lequel une planification centrale de l'économie exclut la démocratie politique. J'avais indiqué qu'une économie planifiée implique, en effet, une concentration d'autorité plus grande qu'un régime économique où les décisions sont décentralisées, mais j'avais noté que l'on ne pouvait pas poser *en principe* que toute planification économique excluait la compétition des partis en vue de l'exercice du pouvoir et que l'essentiel était probablement l'écart entre les désirs des gouvernés et la volonté des gouvernants. Si un pouvoir politique veut accélérer l'industrialisation au-delà de ce que les gouvernés abandonnés à eux-mêmes toléreraient, s'il veut modifier fondamentalement le mode d'exploitation de l'agriculture, il est obligé de recourir à des procédés despotiques, puisque, par définition, il veut imposer des mesures que les gouvernés n'accepteraient pas spontanément.

Mais on ne peut pas passer de ces remarques, presque évidentes, à la formule générale : Toute planification économique exclut la compétition des partis et la démocratie.

Une deuxième forme de l'argument — la planification exclut la démocratie — se présente ainsi : La loi est, par essence, une règle universelle qui ne se réfère pas à une personne ou à un groupe particulier, mais qui est valable pour tous les citoyens. Or, en un régime d'économie planifiée, l'État ne cesse de donner des ordres, qui concernent telle entreprise ou tel groupe en vue d'une action déterminée. L'État planificateur ne peut donc pas être simplement l'État de la loi, celui qui fixe les règles selon lesquelles se déroule la compétition entre les individus, c'est un État de commandement, comparable au commandement militaire, où la distinction entre la loi, règle générale, et l'ordre particulier donné à un individu, tend à disparaître. Si la loi, au sens universel, disparaît ou si elle se confond avec les décisions particulières de l'administration, il en résulte que l'État de droit, tel que nous le concevons, le régime constitutionnel tel que nous l'interprétons, sont à peu près exclus dans un système de planification économique.

Par définition, l'État planificateur entre dans le détail de la vie économique, beaucoup plus qu'un État qui se borne à codifier les règles de la compétition économique. Là encore, il s'agit d'une évidence et non pas d'une théorie.

Mais, si nous prenons l'exemple des tentatives de planification dans les régimes de démocratie occidentale, on ne saurait dire que la planification quasi totale, telle qu'elle a été réalisée en Grande-Bretagne pendant la guerre, ou partielle dans les années qui ont suivi la guerre, ait radicalement supprimé l'ordre légal. La difficulté est que, dans un système de planification intégrale, l'entrepreneur est simultanément obligé en théorie de respecter des lois et d'exécuter le plan. Or, nous savons par de multiples témoignages que ces deux obligations sont souvent contradictoires. L'exécution du plan suppose que l'entrepreneur reçoive la main-d'œuvre et les matières premières dont il a besoin. Mais si telle entreprise est déficiente et que les fournitures de matières premières ou de machines sont en retard, les directeurs d'autres entreprises devront choisir ou de ne pas respecter les lois ou de ne pas exécuter le plan. D'après tous les témoignages, les directeurs d'entreprises soviétiques dans ce cas n'hésitent pas, car ils savent que le maximum de risques vient de la non-exécution du plan. Ainsi un système d'économie planifiée de manière autoritaire, s'il ne fonctionne pas à la perfection, suppose une certaine marge d'illégalité, ou, pour employer des expressions du monde occidental, un marché noir des matières premières ou même d'ouvriers qualifiés, également, au niveau de la consommation, un marché noir des produits rares. Là encore, il ne s'agit pas d'une opinion ou d'un jugement de valeur. Vous lisez constamment dans la presse, même favorable au système soviétique, que, pour telle représentation très prisée ou tel livre classique mis en vente à des milliers d'exemplaires, les billets de théâtre ou les exemplaires du livre disparaissent rapidement et peuvent ensuite être acquis à un prix supérieur au prix légal. Il n'en résulte pas que le système fonctionne mal, cette marge de marché noir est, au niveau des entrepreneurs, le signe de l'imperfection de toute planification complexe ; au niveau des consommateurs, elle résulte de l'inégalité entre le pouvoir d'achat et les biens offerts, en termes occidentaux de l'inflation. Il y a plus de quantité de monnaie disponible sur le marché soviétique qu'il n'y a de biens à acheter, dès lors les règles universelles de l'économie s'appliquent, et les biens rares sont susceptibles d'avoir deux prix, le prix officiel fixé par les autorités et le prix non officiel qui correspond au rapport entre l'offre et la demande. Il y a d'ailleurs, pour un grand nombre de produits, deux prix officiels, puisque les produits alimentaires en particulier peuvent s'acheter soit au prix fixé par l'État dans les magasins d'État, soit au prix libre sur le marché kolkhozien.

D'autre part, quand un individu contredit aux règles de l'économie, il manque en même temps à ses obligations vis-à-vis de l'État. Aussi ne faut-il pas s'étonner qu'un système d'économie planifiée tende à multiplier les sanctions politiques dans la mesure même où il réduit les sanctions économiques. On pourrait dire, en simplifiant et en grossissant, que les purges remplacent les faillites. Quand les chefs ne peuvent pas être éliminés par les mauvais résultats obtenus sur le marché économique, ils sont éliminés par les décisions du pouvoir politique. Quelle méthode est préférable ? On peut en discuter. Mais il faut reconnaître, avec pessimisme mais avec franchise, qu'un régime où n'existent ni sanctions politiques, ni sanctions économiques fonctionne certainement mal.

Le deuxième argument que l'on peut faire valoir contre un système d'économie planifiée est que le calcul économique y est impossible. Sur ce point, qui est plus difficile et dont la technicité dépasse ce qu'il est possible de traiter dans ce cours, je ne vous indiquerai qu'un petit nombre d'idées qui ne peuvent être démontrées ici. Les premiers théoriciens socialistes n'avaient pas compris la portée de l'argument. Ce sont les économistes libéraux et en particulier les néo-libéraux comme L. von Mises et Fr. von Hayek qui ont mis l'accent sur la difficulté d'un calcul économique rationnel, lorsqu'il n'y a plus de marché, c'est-à-dire lorsqu'il n'y a plus de prix libres.

Les socialistes ont été obligés de réfléchir longuement sur la manière dont ils pourraient se passer du mécanisme des prix. Au début, beaucoup pensaient qu'un système d'économie planifiée pouvait se passer totalement de monnaie, et répartir directement les marchandises entre les sujets sans l'intermédiaire d'une monnaie et sans le libre choix des consommateurs sur le marché. Les socialistes ont reconnu, avant même l'expérience, qu'une économie complexe comme l'économie moderne n'était pas convenable avec un système d'échanges en nature. Ils ont reconnu qu'un calcul économique en heures de travail n'était pas praticable, ne serait-ce qu'en raison de la perpétuelle transformation du nombre d'heures de travail nécessaire pour produire une marchandise.

A l'heure présente les théoriciens, libéraux et socialistes, me semblent être d'accord sur les propositions suivantes :

1) Une économie planifiée moderne comporte une monnaie, au moins aussi longtemps que la phase du

communisme intégral, l'abondance absolue n'est pas
atteinte. Si la répartition des ressources collectives
doit répondre aux désirs des individus, il faut que
les revenus soient payés en monnaie et que les individus aient le droit de choisir sur le marché entre les
différents biens qui leur sont offerts.

2) Il semble que les planificateurs eux-mêmes
soient d'accord qu'il est impossible de concevoir,
dans un système planifié, une décision proprement
économique sur la répartition des ressources collectives entre la consommation et l'investissement. Du
moment où le montant de l'épargne et par suite des
investissements n'est pas déterminé sur un marché
où se rencontrent des individus libres, il faut que la
décision d'épargner une fraction de la production
nationale et de l'investir soit prise par les planificateurs. Autrement dit, et c'est la deuxième idée simple
et fondamentale, la répartition des ressources entre
consommation et investissements est dans le régime
planifié une décision *politique* prise par les planificateurs en fonction de ce qu'ils considèrent comme
l'utilité de la collectivité, utilité qui exprime un
jugement sur le rythme auquel il convient d'élargir
les moyens de production. J'ajoute que, même dans
un régime de type capitaliste occidental, les gouvernants interviennent pour modifier la répartition
spontanée des ressources entre consommation et
investissements.

3) Le troisième point, le plus difficile, est de savoir
comment les planificateurs font le choix entre les
investissements. Et là il est, me semble-t-il, impossible de donner une réponse catégorique parce qu'il
y a plusieurs solutions théoriques du problème et
que l'on ne sait pas avec précision quelle est la solution adoptée en Russie soviétique. On n'est même
pas sûr qu'il y a une solution unique. En théorie on
peut concevoir que la répartition économiquement

rationnelle des investissements soit déterminée, en
fonction des choix des consommateurs sur le marché
des biens finaux et de la décision prise par les planificateurs d'investir une certaine fraction des ressources nationales. On peut remonter des prix des
objets de consommation, tels qu'ils sont influencés
par les décisions des consommateurs, jusqu'aux
investissements de base. Mais ce calcul est en fait
extrêmement complexe, même en théorie, et en
pratique il n'a guère joué de rôle en U. R. S. S.

Il n'a pas joué de rôle, parce que jusqu'à présent
les biens de consommation offerts sur le marché ont
toujours été inférieurs au pouvoir d'achat distribué.
Il y a eu depuis 1928, c'est-à-dire depuis le début
des plans quinquennaux, une inflation permanente
en U. R. S. S. et les prix des objets de consommation
semblaient avoir été fixés non en fonction des préférences des consommateurs mais en fonction des
possibilités de la production.

Les calculs semblent avoir été faits en fonction de
plusieurs considérations assez simples. Tout d'abord
les planificateurs soviétiques se trouvent dans un
monde où existent les économies de marché. Dans
une large mesure, jusqu'à une date récente, ils imi-
taient les économies capitalistes, et pouvaient se
servir des résultats des calculs économiques capitalistes. Dans certains cas, ils se contentaient de calculs
essentiellement techniques, ils se donnaient un
objectif de production de charbon, d'acier ou de
pétrole, et répartissaient les ressources en fonction
de ce qui leur paraissait techniquement le plus efficace. Disons que, dans une large mesure, ils ont procédé par approximation, calculant quelquefois le
rendement technique et d'autres fois les économies
de main-d'œuvre.

La difficulté de dire comment sont calculés les
investissements en régime planifié ne signifie pas

que ces calculs soient pires que dans une économie
libérale où les entrepreneurs font ces calculs mais
peuvent se tromper. Ils font ces calculs en fonction
de prix qui peuvent osciller rapidement, et leurs
calculs peuvent se révéler faux à échéance. En outre,
ce qui correspond à l'intérêt à court terme de l'entrepreneur ne correspond pas nécessairement à l'intérêt
à long terme de la collectivité. L'exemple le plus
simple de cet écart possible entre l'intérêt de l'entrepreneur privé et l'intérêt de la collectivité, c'est, en
agriculture, la dévastation de certaines terres aux
États-Unis par les procédés de culture employés.
Ces procédés donnaient des bénéfices considérables
durant quelques années, mais ils avaient des conséquences funestes sur la capacité future de production.

La conclusion de ces analyses préliminaires est
qu'il n'est ni facile, ni impossible, de gérer une économie planifiée. Le fait est que l'économie planifiée
soviétique fonctionne, qu'elle produit, qu'elle augmente sa production rapidement. Le prix payé pour
cette augmentation est grand, l'expérience prouve
au moins qu'un système où les mécanismes du
marché sont réduits à peu de chose n'est pas paralysé.

Ces analyses préliminaires nous ont conduits à
reconnaître sinon des similitudes d'*institutions*, du
moins des similitudes de *fonctions* entre les deux
espèces de sociétés industrielles. Toutes les sociétés
industrielles sont progressives, elles veulent calculer
rationnellement, elles tiennent les désirs des individus pour illimités. Il faut donc ne pas condamner
ou exalter une espèce de société industrielle en tant
que telle, ne pas porter de jugements sur les types
idéaux, mais sur les régimes concrets, sur les unités
historiques.

Nous allons maintenant procéder à la dernière
étape de cette analyse, c'est-à-dire passer des abs-

tractions aux régimes concrètement et historiquement définis.

La détermination des régimes concrets présente d'extrêmes difficultés. En effet, il faut au moins tenir compte de trois considérations différentes ; il faut tenir compte d'abord des critères proprement économiques que j'ai énumérés dans l'avant-dernière leçon et dont les principaux sont le *statut de propriété* et le *mode de régulation* ou le type d'organisation. Mais il faut tenir compte aussi de ce que j'appellerai l'*étape du développement économique* de la société considérée. Le régime de l'U. R. S. S. est déterminé partiellement par la volonté de planification intégrale, mais aussi par le fait qu'il traverse une phase de développement économique que les systèmes occidentaux ont traversée soit il y a un demi-siècle, soit il y a un siècle. En troisième lieu, tout système économique concret est influencé par des facteurs géographiques et démographiques, qui en sont les conditions matérielles, et par des éléments moraux et politiques. Il n'est pas tellement facile de savoir si la bureaucratie soviétique est l'effet de la planification, de la tradition russe ou d'une volonté révolutionnaire. Peut-être le système soviétique est-il déterminé simultanément par ces trois facteurs. Si l'on veut essayer de définir concrètement les systèmes et de les comparer, il faut ne négliger aucune de ces considérations multiples.

Ces réserves faites, j'essaierai de caractériser les économies dites capitalistes.

Je laisserai de côté les économies que l'on appelle aujourd'hui sous-développées, comme celle de l'Inde, parce qu'elles n'appartiennent pas globalement au type industriel de société. L'Inde compte nombre d'usines, analogues à celles de l'Occident, mais celles-ci n'occupent qu'une faible minorité de la main-d'œuvre, environ 2 millions 1/2 à l'heure pré-

sente. Le mode de production industrielle ne représente encore qu'un secteur limité de l'ensemble
économique de l'Inde. Donc je m'intéresserai exclusivement aux économies capitalistes de l'Europe
occidentale et des États-Unis.

Au point de vue de la production, le type dominant est celui de l'entreprise capitaliste, surtout
dans l'industrie. Mais, en Europe occidentale, des
entreprises nationalisées coexistent avec des entreprises de propriété privée. En France, l'ensemble des
charbonnages appartient à l'État, aux États-Unis
les charbonnages constituent encore des entreprises
privées, sans qu'il y ait des différences sensibles
entre l'organisation technique ou administrative
des entreprises selon qu'elles sont privées ou publiques.
Ce qui est plus frappant, quand on compare les
économies occidentales aux économies soviétiques,
c'est que la grande entreprise capitaliste, privée ou
publique, n'est pas le type unique de l'unité de production ; dans le commerce, dans l'agriculture et
même dans une partie de l'industrie subsistent des
entreprises personnelles.

J'insiste sur ce point, qui constitue une des ironies
de l'histoire. Système soviétique et système capitaliste diffèrent beaucoup moins dans les grandes
entreprises industrielles à propos desquelles a été
élaborée la conception marxiste que par la survivance
ou la non-survivance de la petite entreprise personnelle, dans l'agriculture, l'industrie ou le commerce.

Dans l'agriculture des pays d'Europe et des États-
Unis, l'entreprise capitaliste, avec la séparation entre
le propriétaire, le fermier et l'ouvrier agricole que
Marx avait observée dans l'agriculture anglaise et
qu'il croyait le type dominant de l'avenir, est restée
minoritaire. Il en va jusqu'à un certain point de
même dans le commerce et la petite industrie. L'originalité du système soviétique de production est

moins l'innovation par rapport à la grande entreprise capitaliste que l'effort pour généraliser celle-ci
et en faire le type unique. Si vous réfléchissez un
instant sur ce fait, vous vous expliquez beaucoup
des réactions politiques dans les pays occidentaux.
Les groupes sociaux les moins sensibles à la doctrine
et à la propagande marxistes sont effectivement
ceux que la généralisation de l'entreprise publique
ferait disparaître. En dépit des propos que l'on
entend souvent, le refus qu'opposent certains groupes
sociaux à la doctrine soviétique ne vient pas d'une
incompréhension, mais d'une compréhension exacte
de ce que signifie celle-ci.

Au point de vue de l'échange, ce qui est décisif,
ce n'est pas que les échanges soient plus complexes
dans les systèmes occidentaux que dans les systèmes
soviétiques, c'est que les économies capitalistes soient
intégrées dans le circuit mondial. On dit volontiers
que la première expérience d'économie planifiée a été
faite en U. R. S. S., pays industriellement peu développé et par conséquent mal adapté à l'expérience.
On oublie qu'une planification totale de l'économie
dans un seul pays n'est possible que si ce pays se
suffit à peu près à lui-même. On ne peut pas concevoir l'Angleterre introduisant une planification centrale totale alors qu'elle dépend du dehors pour la
moitié de sa nourriture. En Russie, au contraire,
qui disposait de presque toutes les matières premières,
le commerce extérieur n'avait qu'un rôle marginal.
Par définition, le pouvoir des planificateurs s'arrête
aux frontières du pays ; les planificateurs, sauf
lorsque, en même temps, ils sont les maîtres de leurs
fournisseurs et de leurs acheteurs, ne peuvent pas
imposer leurs produits. Lorsque l'on veut vendre
au-dehors, il faut que les autres consentent à acheter.
L'U. R. S. S. pouvait ignorer jusqu'à présent, dans
une large mesure, les désirs des acheteurs étrangers.

Au point de vue de la consommation, les systèmes capitalistes sont tels que les décisions des individus sur le marché jouent finalement un rôle dominant dans la répartition des ressources collectives. Je m'exprime de manière volontairement prudente parce qu'il serait faux d'affirmer que, dans les systèmes capitalistes actuels, les décisions des consommateurs sur le marché déterminent directement ce que l'on produit, mais, à la longue, les désirs des consommateurs d'obtenir tel ou tel produit se traduisent sur les marchés des biens de consommation et indirectement exercent leur influence sur la production.

Cette domination du consommateur, comme on dit volontiers, est limitée par des interventions de l'État, qui aujourd'hui s'étendent progressivement. L'État modifie la répartition spontanée des ressources entre consommation et investissement, au moins depuis la Deuxième Guerre mondiale, en essayant d'inciter les consommateurs à épargner davantage ; s'il ne parvient pas à déterminer l'épargne des individus par d'autres moyens, il influe sur le montant des investissements. En deuxième lieu, l'État modifie la répartition spontanée des revenus. Les lois sociales et la fiscalité sont des méthodes pour modifier la répartition des revenus telle qu'elle résulterait du jeu libre des mécanismes du marché. Enfin l'État intervient de diverses manières pour modifier le circuit classique et traditionnel, épargne-investissement. Les investissements sont de plus en plus financés soit par la fiscalité, soit par l'autofinancement dans le cadre des entreprises, ce qui représente une espèce de financement collectif, disons presque socialiste, des investissements.

Enfin, dans les systèmes économiques capitalistes, les individus, ouvriers et entrepreneurs, sont groupés en syndicats. Dans un système d'économie capitaliste concret d'aujourd'hui, une rivalité permanente existe entre les individus et les groupes, entre les groupes et l'État. Je considère que l'une des caractéristiques majeures des systèmes occidentaux est que les syndicats ouvriers se vouent à la revendication sans être directement soumis à la volonté de l'État.

Si l'on voulait résumer les caractères du système économique capitaliste qui l'opposent au système soviétique, je dirais qu'il y en a essentiellement quatre :

1) Les systèmes économiques capitalistes aujourd'hui montrent une grande diversité dans les formes de propriété, en particulier le maintien de la propriété individuelle, de l'entreprise personnelle dans le commerce et dans l'agriculture.

2) Les systèmes capitalistes excluent la séparation radicale de l'économie nationale par rapport à l'économie mondiale et doivent se plier aux exigences du commerce extérieur.

3) Les consommateurs continuent à exercer une influence à la longue dominante sur la répartition des ressources nationales.

4) Enfin les syndicats ouvriers ne sont pas étatisés. Passons maintenant au système soviétique que j'ai déjà partiellement défini, en montrant, à chaque pas de l'analyse, les différences avec le système capitaliste. Il convient de ne pas oublier que le système économique soviétique n'est pas le prototype d'une économie planifiée, c'est une économie planifiée particulière, dans un pays avec des caractéristiques singulières, à une phase donnée de son évolution économique.

Au point de vue de la production, la caractéristique première du système soviétique a été la volonté d'introduire la propriété collective de la grande exploitation dans tous les secteurs, industrie, agricul-

ture et commerce. Quand nous étudierons rapidement les résultats obtenus par les différents secteurs
de l'économie soviétique, nous serons frappés par un
fait simple : les résultats sont d'autant meilleurs que
le secteur est plus conforme à celui qu'avaient envisagé les socialistes ; c'est dans la grande industrie
que les résultats les plus remarquables ont été obtenus, c'est dans l'agriculture que les résultats ont été
les pires. Mais la doctrine n'avait jamais été conçue
comme s'appliquant nécessairement à tous les secteurs, on peut concevoir un système d'économie
industrielle planifiée avec propriété et entreprise individuelle dans l'agriculture. Même dans le système
économique soviétique, il y a des limites à la propriété collective et à la grande exploitation. Il y en a
au moins deux : d'une part les dirigeants ont autorisé
les kolkhoziens à garder la propriété individuelle
d'un lopin de terre et d'un peu de bétail, et cette
propriété individuelle dans l'agriculture joue encore
un rôle substantiel [1], d'autre part, ils ont fait une
exception curieuse en faveur de la construction de
maisons. Depuis quelques années, les citoyens soviétiques sont en droit de se construire une maison,
ils reçoivent une certaine quantité de matériaux
pour ce travail qui ne comporte pas d'exploitation
puisque, en principe, c'est le propriétaire lui-même
qui construit sa maison.

La propriété collective dans l'agriculture comporte
deux modalités, l'une, la vraie propriété collective,
le sovkhoze, et l'autre, la propriété dite coopérative,
le kolkhoze. Dans l'ouvrage-testament de Staline, la
propriété kolkhozienne était considérée comme une
phase transitoire du développement économique, la
seule forme de propriété conforme à la doctrine étant

1. Les lopins individuels fournissent à peu près la moitié du lait
et de la viande.

la propriété rigoureusement collective, le sovkhoze. Staline d'ailleurs ne précisait pas quand on pourrait passer de l'une à l'autre.

Au point de vue des échanges, le trait caractéristique du système soviétique a été, pendant de longues années, la séparation par rapport au marché mondial, et, en tout cas, la rigoureuse planification du commerce extérieur. A l'époque même de la Nep, où les dirigeants soviétiques ont consenti un grand nombre de concessions à l'initiative privée pour remettre en route le système économique, il y a deux points sur lesquels ils n'ont jamais fait de concessions et qu'ils considéraient, à juste titre, comme la base de leur régime : l'un était le monopole du commerce extérieur, l'autre la propriété collective des instruments de production industrielle.

Il n'est pas impossible de concevoir une économie mondiale planifiée. Depuis quelques années, des échanges croissants se déroulent à l'intérieur de la zone soviétique entre les économies nationales. Par définition, les planificateurs ne peuvent pas imposer aux clients étrangers l'achat de leurs marchandises. Mais si les différentes économies nationales sont planifiées, une planification à l'échelle de l'Eurasie, disons de Weimar à Hanoï, devient possible ; elle est d'ailleurs, dans une certaine mesure, en train de se réaliser.

Dans un système de cet ordre, il y a aussi des occasions d'exploitation. Les théoriciens socialistes ont beaucoup reproché aux échanges capitalistes d'être injustes, parce que, disaient-ils, les économies les plus puissantes avaient la possibilité de modifier à leur profit les conditions des échanges. C'est exact, mais, dans un système d'économie internationale planifiée, le même phénomène est susceptible de se produire. Les Yougoslaves se sont plaints, au moment de leurs querelles avec les dirigeants de l'U. R. S. S., que dans les échanges avec Moscou, la Yougoslavie fût exploitée. D'après eux, l'U. R. S. S. achetait les matières premières yougoslaves à un prix inférieur à celui du marché mondial et vendait ses produits manufacturés à un prix supérieur. Les risques d'exploitation viennent de ce que les prix sont arbitraires et que l'on a peine à établir la parité équitable entre des marchandises. Dans la mesure où nous sommes renseignés, les économies socialistes jusqu'à présent utilisent essentiellement, pour assurer l'équité de leurs échanges internationaux, les prix des économies capitalistes, qui permettent d'établir au moins un honnête compromis.

Au point de vue de la régulation du système et au point de vue de la consommation, les objectifs, dans les systèmes soviétiques tels que nous les avons connus jusqu'à présent, ont été essentiellement une industrialisation rapide, ou encore la puissance la plus grande possible de la collectivité, grâce à une proportion élevée d'investissements et à la concentration des investissements dans l'industrie lourde. Mais, encore une fois, il n'y a pas de lien logique entre l'idée de la planification économique et l'idée de primauté de l'industrie lourde. Pour des raisons d'ordre historique et de doctrine, les dirigeants de l'Union soviétique ont voulu surtout assurer la puissance de la collectivité. Mais on peut concevoir une économie planifiée de bien-être. Si l'on objecte qu'une économie planifiée sera toujours une économie de puissance, on formule une thèse sociologique ou politique. Économiquement, il est loisible d'imaginer une économie planifiée où les planificateurs se donneraient pour objectif d'élever le plus rapidement possible le niveau de vie des consommateurs en limitant le plus possible les dépenses militaires ou même en sacrifiant la puissance de la collectivité.

J'insiste sur ces distinctions élémentaires qui ne

sont faites ni d'un côté ni de l'autre. Les ennemis de la planification veulent que l'exemple soviétique permette de juger et de condamner toute planification économique. Les enthousiastes de l'Union soviétique ont souvent une étrange capacité de ne pas reconnaître même les faits officiellement admis en U. R. S. S. Jusqu'à une date récente, dans l'économie soviétique, les objectifs de la collectivité étaient fixés souverainement par les gouvernants, les préférences des individus sur le marché n'exerçaient presque aucune influence sur la répartition des ressources collectives et à peine davantage sur la répartition de la consommation. Depuis quelques années, les planificateurs soviétiques se posent la question du niveau de vie, de la mévente, de la publicité. Jusqu'à présent toutes les marchandises offertes étaient achetées, étant donné l'écart permanent qui existait entre le pouvoir d'achat et les marchandises sur le marché ; depuis deux ou trois années le consommateur soviétique, grâce à l'élévation du niveau de vie, commence à être capable de choisir, et il ne choisit pas nécessairement, avec ses revenus monétaires, les marchandises qui lui sont offertes. Dans la mesure où le niveau de vie s'élève, les risques de mévente augmentent nécessairement.

En ce qui concerne le fonctionnement du système économique, la monnaie et le crédit étaient conçus comme *neutres*. Le crédit, comme vous le savez, avait un prix, mais le taux d'intérêt était fixé une fois pour toutes et, à la différence de ce qui se passe dans un système capitaliste, il n'était pas destiné à exercer une influence sur la répartition des ressources entre consommation et investissements ou moins encore sur la répartition des investissements. Le prix du crédit, le taux de l'intérêt devait empêcher que les entreprises ne fissent appel au crédit de manière, illimitée, à rappeler la valeur du capital.

La monnaie également devait être neutre, car, selon la théorie de la planification, on doit distribuer autant de revenus monétaires qu'il y a de marchandises disponibles. Mais, en fait, comme je vous l'ai dit, l'inflation a été une donnée permanente du système soviétique, au moins jusqu'à ces dernières années et probablement encore aujourd'hui. Durant les premières années des plans quinquennaux, entre 1928 et 1938, les prix ont augmenté rapidement, ils ont été multipliés par six ou sept. Cette hausse des prix était le résultat non voulu des décisions prises par les planificateurs, décidés à construire le plus d'usines le plus vite possible et distribuant des revenus de manière permanente supérieurs en quantité à la valeur des marchandises à acheter.

Enfin, il semble que, jusqu'à présent, les investissements aient été choisis selon des considérations beaucoup plus empiriques que rationnelles.

Depuis 1928, les objectifs visés par le plan étaient presque toujours atteints dans l'industrie lourde, jamais dans l'industrie légère, jamais dans l'agriculture. Si le plan avait été un ensemble rationnel, dont les différents éléments se seraient commandés les uns les autres, jamais le système n'aurait dû fonctionner, jamais un secteur n'aurait pu dépasser le plan et un autre rester au-dessous. En réalité, cette rationalité totale n'était pas visée. Les planificateurs fixaient, dans un certain nombre de secteurs, des objectifs prioritaires, ils canalisaient vers ces secteurs les ressources dont ils disposaient, quitte à accepter que les autres secteurs ne puissent pas atteindre l'objectif fixé.

Pour terminer sur une note moins sévère, voici une anecdote. J'ai entendu le récit d'un physicien qui vivait en U. R. S. S. à l'époque du premier plan quinquennal et assistait aux délibérations en vue de fixer certains objectifs du plan. On proposait à tel dirigeant soviétique célèbre un objectif donné pour une certaine industrie, et le dirigeant soviétique demandait : « Combien produit-on aux États-Unis ?... Eh bien ! vous en mettrez 25 % de plus. » Autrement dit, la planification a d'abord consisté à fixer des objectifs très spectaculaires pour rattraper et dépasser les pays capitalistes. Les premiers plans ne furent pas un ensemble rigoureusement calculé, mais une série de tentatives, largement dictées par l'opportunité. Ce qui est incontestable, c'est qu'avec ces méthodes qui ne furent pas toujours subtiles, des résultats substantiels ont été obtenus.

Société industrielle et croissanc

Dans la dernière leçon, j'avais commencé par
discuter les arguments que l'on fait valoir contre les
principes mêmes des deux économies, occidentale
et soviétique, puis j'avais dégagé les critères principaux à l'aide desquels on peut caractériser les deux
types de sociétés. Dans les sociétés occidentales, la
forme principale de l'entreprise est l'entreprise capitaliste, mais il subsiste des entreprises diverses aussi
bien par leurs modalités juridiques que par leurs
dimensions. D'autre part, la souveraineté des consommateurs continue à s'y exercer, ce qui signifie
que les préférences des sujets économiques tendent
à orienter la production elle-même. Les syndicats
ouvriers n'y sont pas étatisés, au moins dans la plupart des sociétés occidentales. L'État intervient
dans le fonctionnement de l'économie, à la fois pour
modifier la répartition spontanée des revenus et
pour maintenir le plein emploi. Enfin les économies
nationales ne sont pas séparées du marché interna-

tional, ce qui interdit une planification intégrale puisque, par définition, l'autorité des planificateurs s'arrête aux frontières.

La non-étatisation des syndicats et l'intervention correctrice de l'État sont caractéristiques des sociétés occidentales à leur degré actuel d'évolution, et non pas des sociétés capitalistes au siècle dernier.

J'avais commencé à examiner les traits majeurs d'une économie de type soviétique, et constaté d'abord l'effort pour introduire non pas seulement la propriété collective, mais la grande entreprise aussi bien dans l'agriculture et dans le commerce que dans l'industrie elle-même.

Cette généralisation d'une forme d'entreprise n'est pas encore totale ; en particulier dans les démocraties populaires, la propriété individuelle subsiste partiellement dans l'agriculture et d'ailleurs j'avais noté qu'on peut parfaitement concevoir et appliquer une planification industrielle tout en sauvegardant la propriété individuelle dans l'agriculture.

En deuxième lieu, l'arbitrage des consommateurs a été jusqu'à présent presque éliminé. La répartition des ressources nationales entre investissement et consommation est déterminée impérativement par les planificateurs. D'autre part, la répartition des ressources entre les différents secteurs de l'industrie, ou même entre l'industrie et l'agriculture, est soustraite aux décisions des consommateurs. Ce sont les planificateurs qui ont décidé ce que l'on produirait et à quelles conditions. Cette élimination de la souveraineté des consommateurs n'est pas, en théorie, une caractéristique nécessaire d'une économie planifiée. On peut concevoir, à partir du moment où l'économie aurait atteint un certain niveau de développement, que les planificateurs laissent les prix des biens de consommation fluctuer sur le marché en fonction des décisions des consommateurs et rectifient la répar-

tition des ressources au niveau de la production, en
fonction de cette réponse des consommateurs.

Jusqu'à présent les consommateurs n'ont pas joué
de rôle actif parce que les planificateurs soviétiques
étaient décidés à pousser rapidement l'industrialisation et à concentrer celle-ci sur les secteurs de base,
de sorte que les biens de consommation ont toujours
manqué par rapport aux revenus distribués. Tous
les biens de consommation offerts étaient achetés et
la réponse des consommateurs ne pouvait modifier
le choix des planificateurs.

Les décisions relatives aux investissements ont été
empiriques. Les planificateurs soviétiques semblent
être partis de données élémentaires ; la base de toute
puissance industrielle est l'industrie lourde, c'est-
à-dire l'énergie, charbon, pétrole, acier, ils ont donc
décidé d'accroître le plus rapidement possible les
ressources en produits de base, et pour ceux-ci, ils
semblent avoir réparti les investissements en vue
d'obtenir des résultats aussi rapidement que possible. Le souci de la défense nationale a influé sur les
choix. Le choix des investissements a donc été influencé par des considérations politiques et, sans aucun
doute, par le modèle qu'offraient les économies occidentales plus développées.

Les prix de gros ont été en principe fixés par les
planificateurs. Mais, en fait, prix de gros et prix de
détail ont augmenté sans aucune proportion avec
les décisions des planificateurs et les prix de détail
ont été déterminés essentiellement par les besoins de
la croissance. En effet, toute économie suppose la
restriction de la consommation en vue de l'investissement ou disons, en termes marxistes, l'accumulation
de la plus-value en vue de la reproduction élargie.
Dans l'économie soviétique aussi, la fonction de
soustraire une partie des ressources à la consommation a été remplie essentiellement par la fiscalité

indirecte. L'impôt sur le chiffre d'affaires avait pour
résultat de rendre les prix des produits de consommation courante très supérieurs aux prix payés aux
producteurs. L'État achetait les produits alimentaires
bon marché aux agriculteurs et les revendait relativement cher aux consommateurs des villes. La différence, qui représentait l'impôt sur le chiffre d'affaires,
était prélevée par l'État en vue d'être investie. Il
s'agit donc de ce que nous appelons en Occident une
fiscalité indirecte, créant une épargne forcée. L'épargne forcée, grâce à la fiscalité indirecte, a fourni
environ 55 à 60 % des ressources d'investissement
nécessaire à l'économie soviétique. L'impôt sur le
chiffre d'affaires varie selon les produits ; et dans le
système soviétique, il était nécessaire, durant la
première phase, que l'impôt fût d'autant plus élevé
qu'il s'agissait de produits de plus grande consommation. On n'aurait pas pu prélever suffisamment de
ressources si l'impôt avait été établi uniquement sur
les objets de luxe ou de demi-luxe. Le système de
l'impôt sur le chiffre d'affaires, frappant les biens de
consommation, donne à l'État la possibilité de faire
varier les prix des marchandises sans relation avec
le coût de revient de celles-ci. Il suffit, en effet, de
multiplier par deux ou par trois l'impôt sur le chiffre
d'affaires pour rendre un produit, dont le prix de
revient est bas, onéreux pour le consommateur, ce
qui permet aux planificateurs d'accorder ou de
refuser satisfaction aux désirs de telle ou telle catégorie de consommateurs.

Le profit a joué un rôle également dans le financement sous une double forme : les profits comptables
des entreprises calculés à l'avance par les planificateurs et les profits qui pouvaient être obtenus par
les entreprises au-delà du plan.

Il existe, en U. R. S. S., un fonds de profit, qui
reste à l'intérieur de l'entreprise individuelle. Une

proportion importante de ce fonds est attribuée au directeur de l'entreprise. Les planificateurs soviétiques ont trouvé utile, pour assurer le rendement maximum, de rendre aux directeurs d'entreprises quelque chose d'équivalent dans sa fonction à ce que nous appelons en Occident le profit, mais avec une différence majeure : le profit d'entreprise, dans un système capitaliste, est une incitation aux entrepreneurs à produire l'objet considéré, alors que, dans le système soviétique, le fonds de profit est uniquement une incitation au directeur à travailler le mieux possible et n'exerce aucune influence sur la répartition des ressources entre les secteurs. Le profit est une incitation au rendement maximum dans l'entreprise, non pas une incitation à augmenter la production du bien considéré.

Enfin, l'économie soviétique a été séparée du marché mondial jusqu'après la Seconde Guerre, elle l'est encore aujourd'hui, mais depuis 1945 s'est développé un deuxième marché rival du marché capitaliste, où les échanges internationaux résultent d'accords entre les gouvernements.

Ce système économique, qui comporte des similitudes et des différences avec le système occidental, a été lié à un système politique particulier. Rien ne permet d'affirmer qu'en théorie ce système politique soit nécessairement lié au système économique, mais, en fait, il lui a été lié. Ce système comporte, vous le savez, un parti unique, l'étatisation des syndicats, une politisation totale de l'ensemble de la vie nationale. L'État s'est arrogé un monopole de la presse, de la propagande et de la publicité. La ligne politique, déterminée par le parti, est impérative pour tous. La doctrine, politique et économique, est officielle, elle comporte une orthodoxie, aussi rigide dans ses principes que changeante dans ses applications. Inévitablement, lorsque l'on compare les systèmes économiques de type occidental et de type soviétique, on ne se demande pas simplement lequel des deux est économiquement le plus efficace, mais aussi dans quelle mesure le système économique dont j'ai indiqué les caractéristiques implique nécessairement les traits politiques, que l'on baptise d'ordinaire totalitaires.

L'interprétation comporte au moins trois possibilités. On peut interpréter la société soviétique à partir de l'économie planifiée, à partir du parti révolutionnaire détenant le monopole du pouvoir et de l'idéologie, à partir de la notion de la phase du développement économique.

La théorie du type de société économique et celle du développement économique sont l'une et l'autre classiques dans la littérature d'aujourd'hui. En revanche, ce que l'on trouve à peine, c'est une tentative pour les combiner.

Commençons par quelques remarques sur le vocabulaire. On emploie trois mots différents et moi-même j'ai employé jusqu'à présent trois mots : celui de développement, celui de croissance, celui de progrès. Il ne s'agit pas ici de discuter sur le sens *vrai* de ces concepts ; chacun est libre de choisir son langage. L'essentiel est de se mettre d'accord sur le sens que l'on veut donner aux mots.

Certains auteurs distinguent croissance et développement, le premier terme suggérant une transformation de l'économie et de la société, le deuxième impliquant seulement une augmentation de la production, soit globale, soit par tête de la population. En fait, je ne retiendrai pas cette distinction au cours des prochaines leçons. Comme je traiterai de la croissance dans les sociétés de type industriel, la croissance, en fait, suppose ou entraîne développement.

D'autres auteurs, tel Colin Clark, appellent progrès ce que j'appellerai développement ou croissance. Le livre classique de Colin Clark, *Conditions of economic progress*, pourrait être intitulé : les conditions de la croissance économique. Du moment que la valeur produite augmente, il y a, *en un certain sens*, progrès. Personnellement, je n'utiliserai pas le concept de progrès parce qu'il me paraît préférable de le réserver pour des modalités spécifiques de croissance ou de développement.

Le problème de la croissance est devenu aujourd'hui l'un des problèmes centraux, peut-être le problème central de la science économique moderne. Il est intéressant de réfléchir sur les motifs de cette obsession.

A chaque époque, la science économique a eu pour objet principal un certain aspect de la réalité. A l'époque des mercantilistes, on était soucieux avant tout de la quantité des métaux précieux, considérés comme la source principale de la richesse et de la puissance. A une autre époque, on se souciait surtout de la liberté du commerce et des échanges, et l'on cherchait les lois naturelles, nécessaires et suffisantes, pour accroître les richesses. A une époque postérieure, l'attention se fixait sur la notion d'équilibre et sur le mécanisme des prix, ce dernier susceptible d'établir automatiquement l'équilibre. Aujourd'hui chacun parle de croissance, pour des motifs au fond essentiellement historiques. Nous avons pris conscience simultanément que les sociétés occidentales sont riches par rapport aux sociétés dites sous-développées d'Afrique et d'Asie, et que deux méthodes sont praticables pour favoriser la croissance. C'est l'opposition entre le système soviétique et le système occidental et la similitude de certains phénomènes dans ces deux systèmes, d'une part, c'est d'autre part la disproportion des ressources disponibles dans les sociétés occidentales et dans les sociétés sous-développées qui ont orienté l'attention des économistes vers la croissance, qu'ils avaient toujours connue, mais à laquelle ils n'avaient pas donné la première place dans leurs préoccupations.

Le transfert du centre d'intérêt a entraîné un progrès de la connaissance. En effet, l'économie politique comporte pour ainsi dire des antinomies qui sont surmontées par la théorie moderne de la croissance.

Une première antinomie concerne les rapports entre le microscopique et le macroscopique. Certaines propositions, vraies au niveau microscopique, ne le sont pas nécessairement au niveau macroscopique. Je prendrai l'exemple le plus simple, celui de l'épargne.

Si un individu particulier s'abstient de consommer, il augmente son épargne. S'il augmente son épargne, il y aura davantage de capitaux disponibles, donc, semble-t-il, une augmentation des investissements. Ce qui est vrai pour le sujet économique, pris individuellement, ne l'est pas nécessairement au niveau global. Dans une économie moderne, Keynes l'a montré, il peut se faire que l'augmentation de l'épargne ait pour résultat de diminuer la demande, par conséquent de diminuer la production et d'exercer finalement une influence négative sur le volume des investissements. La science économique se propose de saisir la relation entre ce qui se passe sur les marchés individuels et ce qui se passe dans le tout. L'effort de l'économie moderne pour atteindre le macroscopique, dont Quesnay, avec le *tableau de l'économie*, Marx et Keynes, ont été les grands théoriciens, est repris dans les conceptions actuelles de la croissance.

La deuxième antinomie concerne les notions d'équilibre et de déséquilibre. La science économique, depuis longtemps, utilise la notion d'équilibre qui est suggérée par une caractéristique élémentaire de la réalité économique, à savoir la dépendance réciproque des différentes variables d'un système. Le prix d'un produit est, en théorie, le résultat de l'ensemble des prix, le prix de chaque marchandise résulte de l'ensemble des goûts de tous les individus, de l'ensemble des conditions de la production. En même temps, l'essence d'une économie progressive est d'être perpétuellement en déséquilibre, les différents secteurs, les différentes entreprises se développent inégalement, les prix ne sont jamais stables. D'où la distinction entre statique et dynamique, l'effort pour expliquer les cycles, courts ou longs, à partir du schéma de l'équilibre, pour suivre les mouvements à long terme au-delà des cycles.

Enfin, l'économiste s'est toujours demandé quel était le régime le meilleur. Or, s'il examinait les phénomènes au niveau microscopique, il inclinait dans le sens du mécanisme des prix. S'il considérait les relations entre l'économie nationale et l'économie mondiale, il inclinait vers la liberté des échanges, qui assurait automatiquement le rétablissement de l'équilibre et la répartition optimale de la production. Un seul aspect de l'économie allait contre la préférence libérale, les cycles.

La théorie de la croissance oblige à repenser l'ensemble de ces problèmes. C'est une théorie macroscopique, puisqu'elle vise à saisir le circuit global à l'intérieur des unités, le développement de la production à travers le temps. C'est une conception dynamique qui ne part pas de l'équilibre, mais veut suivre la succession des déséquilibres. Enfin elle s'attache aux phénomènes de longue durée. Pour les théoriciens de la croissance, les cycles courts sont un phénomène secondaire, sans grande portée et même les cycles longs qu'a étudiés Simiand leur

paraissent secondaires. La question du régime le
meilleur est également renouvelée par la théorie de
la croissance. Bien des économistes préféreront un
régime planifié, simplement parce qu'il assure l'allure
la plus rapide de la croissance. La théorie du commerce extérieur, elle aussi, peut être renouvelée
puisque certaines politiques commerciales, en principe favorables à la division internationale du travail, sont contraires aux exigences de la croissance.

On imagine un manuel d'économie politique qui
partirait de la notion de croissance comme de la
notion majeure et lui subordonnerait tous les chapitres traditionnels de la théorie économique. Ce que je
voudrais faire ici, c'est d'abord vous renvoyer aux
livres classiques sur le sujet et ensuite tenter de
dégager rapidement les éléments essentiels de cette
théorie, nécessaires à notre objectif propre.

Le livre classique sur le sujet est le livre de Colin
Clark, *Les Conditions du progrès économique* [1].

En français, vous auriez intérêt à lire les livres de
M. Fourastié qui a repris les idées directrices de Colin
Clark et les a, sur plusieurs points, modifiées, cor-
rigées, améliorées : *Machinisme et Bien-être, Le Grand
Espoir du XXe siècle, L'Économie de 1960*.

Je voudrais encore vous recommander le livre
d'un économiste anglais, le professeur Arthur Lewis,
paru il y a quelques mois, *La Théorie de la croissance
économique* [2]. Le dernier ouvrage est plus sociologique que celui de Colin Clark, il est aussi écrit quinze
ans après, et profite des travaux qui ont été accomplis entre 1940, date de la publication du livre de
Colin Clark, et 1955. D'autre part, l'objet essentiel
de Colin Clark était de fixer de manière statistique

---

1. 2e édition, Londres, Mac Millan, 1951.
2. W. Arthur Lewis, *The Theory of economic growth*, Londres,
Allen and Unwin, 1955.

les caractéristiques fondamentales de la croissance économique. En revanche, le problème que se pose M. Lewis est surtout de dégager, à l'usage des économies non développées, les conditions dans lesquelles s'opère la croissance.

La théorie de la croissance, telle qu'elle se présente dans le livre de Colin Clark, est relative au mouvement économique à long terme, abstraction faite aussi bien des cycles courts que des cycles longs. Pour l'essentiel, elle constate les *résultats* de l'histoire économique sans toujours analyser par quels mécanismes ces résultats ont été obtenus. J'insiste sur ce point, car il est essentiel. Colin Clark constate que la valeur de la production, dans les différents secteurs, varie d'une certaine façon à travers la durée, il n'analyse guère le mécanisme ou les causes. Un peu comme Marx supposait un mouvement inexorable qui entraînait le capitalisme, Colin Clark, fixant son attention sur les statistiques, constate la croissance sans toujours s'interroger sur les conditions nécessaires à celle-ci.

Enfin la théorie de la croissance est globale. Elle étudie les aspects économiques puisqu'elle fixe les valeurs produites, valeur de la production globale, valeur par tête de la population, valeur selon les secteurs de l'économie, mais simultanément elle étudie la répartition de la main-d'œuvre entre les différents secteurs, les modifications du niveau de vie et du genre de vie, elle est donc bien une théorie de l'ensemble de la société dans la tradition de la sociologie marxiste.

Je voudrais résumer, pour ceux d'entre vous qui ne les connaîtraient pas, les idées directrices de Colin Clark et de M. Fourastié.

Le point de départ est une idée simple, que l'on a toujours connue sans en tirer toutes les conséquences. Le phénomène essentiel de l'économie moderne est l'augmentation de la valeur produite par tête de la population ou par tête de travailleur.

Dans une durée donnée, soit une heure de travail, un ouvrier produit une valeur de plus en plus grande. La théorie de la croissance tient le progrès technique — nous laissons de côté la notion de progrès économique, comme nous en sommes convenus — pour le phénomène fondamental. Une heure de travail de l'ouvrier de 1950 produit plus de valeur qu'une heure de l'ouvrier de 1850 : là est l'essentiel.

Deuxième proposition, également banale mais souvent oubliée, le progrès technique ne consiste pas à produire toujours plus des mêmes marchandises. Le progrès technique ne peut s'accomplir que si la répartition de la production, de la main-d'œuvre et des valeurs produites selon les secteurs se modifie. Là intervient une autre idée classique des théoriciens de la croissance qui distinguent trois secteurs. Colin Clark met dans une première catégorie l'agriculture et les mines, dans une deuxième les industries de transformation, dans une troisième tout le reste. C'est la distinction la plus simple.

Une fois posé que l'économie peut se diviser entre ces trois secteurs, les théoriciens de la croissance constatent que le rythme du progrès technique est inégal selon les secteurs et que la croissance consiste à modifier l'importance relative de chacun d'eux, d'une part au point de vue de la répartition de la main-d'œuvre, d'autre part au point de vue de la répartition du revenu national, et, en troisième lieu, au point de vue de la valeur produite par tête de travailleur. En termes plus précis, le progrès technique entraîne la réduction de la part de la population qui se consacre à l'agriculture. La partie de la population qui cesse de travailler dans l'agriculture est transférée dans l'industrie, puis dans le tertiaire, à moins que le transfert ne s'opère simultanément vers les deux,

car le problème de savoir comment évolue la part
de la main-d'œuvre employée dans le secteur secondaire n'est pas encore tranché.

Ce transfert est déterminé par l'inégalité du progrès technique selon les secteurs et par la saturation
des besoins. Les économistes disent que les besoins
des hommes sont illimités, et ils ont raison ; il suffit
de compter les loisirs parmi les besoins pour en conclure que ceux-ci sont effectivement illimités, puisque, quelle que soit la productivité du travail, toujours subsisterait le désir d'en réduire la durée. Mais
un principe complémentaire intervient qui lui aussi
aurait dû sauter aux yeux ; un grand nombre de
besoins peuvent être saturés. A partir d'un certain
montant de revenus, les sommes consacrées aux
achats alimentaires n'augmenteront plus. De même,
dans la société tout entière, intervient la saturation
des besoins primaires, et la main-d'œuvre qui servi-
rait à produire au-delà de ces besoins est transférée
dans le secondaire ou dans le tertiaire. Le progrès
technique dans l'agriculture permet à une fraction de
plus en plus limitée de la main-d'œuvre totale de produire la nourriture nécessaire à la population, le désir
de nourriture étant, pour chacun et pour tous, limité.

L'injustice fondamentale de toutes nos sociétés,
c'est que cette saturation des besoins primaires intervient pour une partie de la population, alors qu'une
autre partie de la population ne peut pas encore
satisfaire les besoins primordiaux. Mais si l'on prend
les choses globalement, d'un point de vue macroscopique, le progrès technique, combiné avec la possibilité de saturer certains besoins, a pour résultat que la
fraction de la main-d'œuvre employée dans l'agriculture ne cesse de diminuer dans les sociétés progressives modernes. Naturellement il faut, pour être tout
à fait rigoureux, ajouter : *à condition que l'augmentation de la population ne dépasse pas la rapidité du*

progrès technique. Dans les sociétés occidentales et dans les sociétés soviétiques, l'augmentation de la population n'a pas dépassé une certaine allure. En Occident, la natalité a suffisamment diminué pour qu'une fraction décroissante de la population totale fût capable de satisfaire les besoins primaires.

Les besoins secondaires ou besoins de produits manufacturés sont eux aussi susceptibles d'être satisfaits. Depuis la guerre, la demande de textiles en France tend à augmenter moins vite que les revenus. Au fur et à mesure que croît l'économie française, la part des revenus individuels consacrée aux produits élémentaires du secondaire, c'est-à-dire aux textiles, va en diminuant et la part consacrée au secondaire complexe, les biens de consommation durable, réfrigérateurs, automobiles, va en augmentant. Au fur et à mesure que le revenu de la collectivité augmente ou que la production globale croît, il se fait un transfert de la demande d'un secteur à un autre ; ou encore, les besoins élémentaires étant satisfaits, une part croissante des ressources se porte sur les biens nouvellement créés.

Le progrès technique est inégalement rapide selon les secteurs, il est plus rapide dans le secteur secondaire, il l'est moins dans le secteur primaire, c'est-à-dire dans l'agriculture, et il l'est moins encore et éventuellement il n'existe pas du tout dans le secteur tertiaire. L'absence de progrès technique dans le secteur tertiaire peut être illustrée par deux exemples dont le premier est l'exemple privilégié de M. Fourastié et dont l'autre serait l'exemple que je préférerais. Il n'y a pas d'augmentation du rendement du garçon coiffeur entre 1850 et 1950. En gros, le garçon coiffeur taille le même nombre de cheveux dans une heure de temps. Il n'y a pas non plus de progrès technique, visible dans le rendement d'une heure de travail intellectuel. Qu'il s'agisse du garçon coiffeur ou de l'écrivain et du professeur, le phénomène est le même. Ce qui permet le progrès technique aussi bien dans le primaire que dans le secondaire, c'est l'accroissement du capital disponible par tête de travailleur, l'application croissante de la science à la technique, à la production ; or, dans le secteur tertiaire, il n'est pas toujours possible d'augmenter la quantité de capital par tête de travailleur, ou d'appliquer davantage les connaissances scientifiques à la production.

Dès lors, si l'on suit les théoriciens de la croissance et si l'on admet leur perspective générale, on dira que les sociétés actuelles sont dans une phase transitoire, caractérisée par des déséquilibres constamment renouvelés. En effet, la croissance suppose sans cesse des changements dans la répartition de la production, dans les relations des prix, dans la distribution des revenus, dans la répartition de la main-d'œuvre. Mais à l'horizon de l'histoire on devine — nous verrons plus tard si l'on peut la réaliser — une nouvelle phase d'équilibre. Quelle serait-elle ? Si l'on tire les conséquences de cette inégalité de rythme du progrès technique selon les différents secteurs, l'aboutissement sera une société où la part de la main-d'œuvre employée dans le secteur primaire sera réduite au minimum. En Grande-Bretagne, la part de la population employée dans l'agriculture est d'environ 6 % mais l'Angleterre importe la moitié de sa nourriture ; aux États-Unis, 7 % environ de la main-d'œuvre travaillent dans l'agriculture. Mais si l'on prolonge par la pensée le progrès technique, puisque la part de la main-d'œuvre employée dans le tertiaire doit augmenter régulièrement, un moment arrivera où la proportion de la main-d'œuvre du primaire et du secondaire sera réduite au minimum. A ce moment-là nous aurions atteint ce que M. Fourastié appelle l'état stationnaire. S'il n'y avait plus que 10 à 15 % de la population employée dans le primaire et dans le secondaire, tout le reste de la population étant employée dans le tertiaire, on serait en quelque sorte au point d'arrivée du progrès technique. Jusqu'au moment où la nourriture tombera du ciel, jusqu'au moment où les automobiles surgiront du sol toutes faites il y aura toujours un minimum de population nécessaire pour produire, d'une part la nourriture, d'autre part les produits industriels susceptibles de saturer les besoins des individus.

Remarquez qu'à titre d'utopie, cette conception n'est pas absurde. Ce qui importe ce n'est pas, pour l'instant, de se demander si cet état stationnaire sera ou non atteint. La théorie implique simplement que les besoins peuvent être saturés les uns après les autres, les besoins alimentaires, puis les besoins secondaires comme ceux de vêtement, même les besoins secondaires comme ceux des automobiles. Aux États-Unis, il y a environ 60 ou 70 % de la population pour lesquels les besoins alimentaires sont effectivement sur le point d'être saturés, il en va de même, à un moindre degré, pour les besoins de certains produits secondaires, tels que les postes de radio, de télévision, les automobiles. La proportion des travailleurs employés dans le tertiaire doit augmenter, à la seule condition que l'augmentation de la population n'oblige pas à augmenter la proportion des travailleurs employés dans l'agriculture.

Ainsi les sociétés modernes ne sont pas uniquement ni même de manière primordiale des sociétés d'ouvriers, ce sont au moins autant des sociétés d'employés ou des sociétés d'hommes qui rendent des services. Selon la représentation courante au XIXᵉ siècle, la société devait devenir une immense usine. Aujourd'hui nous aurions plutôt la représentation d'une immense bureaucratie. Cette deuxième représentation simplifiée serait tout aussi fausse que la première. N'oublions pas que la condition de la

croissance est le progrès technique dans le primaire
et dans le secondaire. Le transfert du secteur primaire aux secteurs secondaire et tertiaire s'opère
parce que le revenu par tête de travailleur dans le
secondaire est plus élevé que dans le primaire ; on
gagne plus en moyenne dans l'industrie que dans
l'agriculture, et l'on gagne plus en moyenne dans les
services que dans l'industrie. Mais il ne suffit pas de
transférer les travailleurs du primaire au secondaire
ou du secondaire au tertiaire, pour augmenter la
richesse de la collectivité, il peut se faire que le transfert de la main-d'œuvre du primaire vers le secondaire ou le tertiaire devance le progrès technique.
Dans ce cas, et peut-être en avons-nous un exemple
en France, la répartition de la main-d'œuvre ne correspond pas aux possibilités du progrès technique.

Un dernier mot, pour comparer l'optimisme et le
pessimisme d'il y a un siècle et d'aujourd'hui. L'optimisme du xixe siècle était essentiellement libéral,
on pensait que la richesse augmenterait grâce à la
science, grâce à la libre initiative, grâce à la concurrence. Le pessimisme était socialiste. L'optimisme
catastrophique du marxisme consistait à imaginer
que d'abord les choses iraient de plus en plus mal
dans le système capitaliste, puis à un moment donné
les choses iraient tellement mal qu'il y aurait une
explosion, après quoi les choses iraient bien, grâce
au progrès technique.

L'optimisme d'aujourd'hui, celui de M. Fourastié
par exemple, n'est ni libéral ni socialiste, mais
essentiellement technique. La clé de l'histoire économique moderne est le progrès technique, et celui-ci
peut se dérouler en régime capitaliste comme en régime soviétique, deux modalités différentes de la
même sorte de transformation.

Quant au pessimisme, il peut être marxiste ou
antimarxiste. Le pessimisme marxiste ou l'opti-

misme catastrophique est le même que celui du
XIXᵉ siècle. Le pessimisme antimarxiste consiste à
affirmer simultanément que le régime libéral sera
détruit, mais que le régime planifié non seulement
sera tyrannique politiquement, mais que probablement, à plus ou moins longue échéance, il arrêtera
le progrès technique. Il y a donc un optimisme à
terme qui est marxiste, et un pessimisme à terme
qui est antimarxiste.

Personnellement j'appartiens à l'école probabi-
liste, je ne crois ni à la nécessité du progrès économique indéfini, ni à la nécessité de catastrophes
fécondes ou de catastrophes définitivement catas-
trophiques. Je suis optimiste, mais sous bénéfice
d'inventaire ; je pense que le progrès technique peut
continuer aussi bien dans un régime que dans l'autre,
mais je pense que ce progrès est subordonné au
moins à deux conditions : le rapport entre l'augmentation de la population et le développement des
ressources, et, en deuxième lieu, la relation entre les
moyens de produire et les moyens de détruire. Il
est impossible d'accroître les moyens de produire
sans accroître simultanément la capacité des hommes
de s'entre-détruire. Il est difficile de prévoir avec
certitude l'usage que les hommes feront des moyens
de puissance qu'ils accumulent.

LEÇON IX

Analyse de la croissance

Je consacrerai encore cette leçon à la théorie de la croissance, et je pense, dans la prochaine leçon, aborder la comparaison entre la croissance des économies soviétiques et celle des économies occidentales, en particulier américaine.

La théorie de la croissance nous rappelle que les économies modernes sont essentiellement progressives, que la progression se définit par le progrès technique ou l'accroissement du rendement du travail, ce qui implique une attitude rationnelle et pour ainsi dire scientifique à l'égard de la production. Les transformations sont déterminées par des facteurs qui semblent intervenir dans toutes les économies, à savoir la saturation successive des différents besoins, le transfert de la demande d'un secteur à un autre en fonction de l'augmentation des revenus et l'inégale rapidité du progrès technique selon les secteurs.

Il me paraît utile, pour ceux d'entre vous qui ne

connaissent pas ce genre de statistiques, de vous
donner quelques-uns des chiffres caractéristiques.

Aux États-Unis, la productivité-heure du travail dans l'ensemble des industries manufacturières
est passée de 27 en 1869, à 150 en 1944 (1913 = 100).
Simultanément le nombre moyen des heures de travail par semaine est tombé de 60 en 1869 à 36,3 en
1939. Une partie du progrès technique a donc été en-
caissée par les sujets économiques sous forme de réduction de la durée de travail et non pas sous forme
d'augmentation des richesses.

Le revenu national réel, aux prix de 1925-1934,
est passé entre 1850 et 1954 de 6 milliards de dollars
à 150, soit une multiplication par 25. Entre-temps
la population active était passée de 7,7 à 55 millions.
Le revenu réel par tête de la population active
était passée de 787 dollars à 2 700.

Prenons maintenant quelques chiffres relatifs
à un pays où la croissance a été moins rapide, la
France. En 1850-1859 le revenu réel annuel par tête
de la population active se situait à 426 unités
internationales. (L'unité internationale est le dollar
au pouvoir d'achat de la période 1925-1934.) Ce
chiffre est passé à 597 en 1900-1909, à 844 en 1928,
mais, et ces chiffres sont intéressants pour nous
rappeler que le progrès n'est ni constant, ni régulier,
ni fatal, ce chiffre de 844 est tombé à 697 en 1934,
pour ne remonter qu'à 715 en 1938.

Ces chiffres, dont la marge d'erreur est difficile à
préciser, sont destinés simplement à vous donner
un ordre de grandeur et à vous rappeler que la
croissance économique n'est pas un bienfait des
dieux, ni un don de la nature assuré à tous les peuples, en toutes circonstances.

Prenons encore un chiffre ou deux relatifs à la
France, à propos de l'importance relative des trois
secteurs.

La part de l'agriculture dans le total des revenus français était de 58 % en 1860-1870. Ce chiffre tombe à 21 % en 1930 dans un pays où l'industrialisation n'a pas été très rapide. Entre-temps la part du secondaire dans le revenu total est passée de 21 % à 41 %. La part du tertiaire de 11 % à 30 %. Quelques chiffres encore pour illustrer l'augmentation des richesses.

La France possédait en 1938 plus d'automobiles que de bicyclettes en 1900. La consommation du sucre était passée de 2 kg 300 en 1830 à 23 kg en 1938. La consommation de tabac avait quadruplé, et, je ne sais pas s'il faut s'en féliciter ou le déplorer, la consommation de bière avait triplé. Je n'ai pas pris intentionnellement la consommation de vin qui marquerait également une augmentation sensible. En 1938 les Français consommaient sept fois plus de coton et trois fois plus de laine qu'en 1830. Le nombre des élèves dans le secondaire avait été multiplié par 5, celui des étudiants dans le supérieur multiplié par 3. On a calculé qu'aux époques de pénurie intense, pendant la guerre, la consommation de la nation française n'était pas retombée au niveau de 1850, elle était revenue de quelques dizaines d'années en arrière, ce qui apparaissait comme un phénomène d'intense pénurie.

Les derniers chiffres, relatifs à la croissance de l'économie française dans la période la plus récente, entre 1949 et 1954, sont destinés à illustrer un autre aspect de la croissance, l'inégalité du rythme de croissance selon les secteurs.

Entre 1949 et 1954, la consommation des denrées alimentaires d'origine animale est passée de 100 à 134 ; donc augmentation de plus d'un tiers. En revanche, pour les autres denrées alimentaires l'indice passe de 100 à 119. Dans le même temps, les produits des industries mécaniques et électriques

sont passés de 100 à 137, les produits industriels
de 100 à 166, c'est-à-dire une augmentation des deux
tiers en six ans. Dans le même temps encore la consommation des textiles n'a augmenté que de 100
à 127, c'est-à-dire à peu près d'un quart. Ces chiffres,
relatifs à une courte période, vous donnent une idée
de l'inégalité du rythme du développement sur
une longue période, pour les différents secteurs.

Revenons à ce que les économistes mathémati-
ciens appelleraient de la littérature, c'est-à-dire à
des considérations générales sur les problèmes de la
croissance.

Quelques mots d'abord pour commenter ce que
je vous ai dit la semaine dernière, à savoir que la
théorie de la croissance permet de « repenser » un
grand nombre des problèmes traditionnels de l'économie. Considérons la relation entre les unités nationales et l'économie internationale. Aujourd'hui
on trouverait absurde de poser dans l'abstrait le
problème « libre-échange ou protection ». Le problème doit être posé en termes différents selon les
phases du développement. Imposer la libre entrée
des produits manufacturés dans l'Inde, au moment
où celle-ci se trouve dans la phase initiale de la
croissance, ne peut qu'être un moyen subtil, cons-
cient ou inconscient, de paralyser l'industrialisation. En revanche, s'il s'agit d'économies à un degré approximativement égal de développement, le
libre-échange ou une large mesure de concurrence
internationale peut être favorable à la croissance
simultanée de toutes les économies en communication.

La théorie de la croissance permet d'expliquer
pourquoi toute conception purement microscopique,
relative à la formation des prix, reste artificielle.
Les prix de n'importe quels produits sont relatifs
à l'ensemble des autres prix (ce que la théorie
abstraite savait) mais, de plus, en fonction de la

croissance les relations entre les différents prix évoluent dans un sens donné.

On pourrait encore reprendre le problème qui était celui de Simiand, celui de la croissance économique à travers l'alternance des cycles. Simiand a été un des premiers économistes, au moins en France, qui s'est donné pour objet principal d'étude la croissance de l'économie. Mais il a étudié la croissance de l'économie française dans l'exemple particulier du xixᵉ siècle, où, effectivement, cette croissance s'est opérée sous la forme de phases alternées de longue durée, de hausse et de baisse de prix. De cette étude, il avait tiré la conclusion que l'alternance elle-même était indispensable. D'après lui, certains phénomènes, par exemple l'intensification du machinisme ou un rythme accéléré de progrès technique, ne se produisaient que sous la pression de la baisse des prix qui, combinée avec la résistance des salariés à la baisse des salaires nominaux, obligeait les entrepreneurs à la rationalisation. On pourrait discuter les résultats de Simiand en fonction de la théorie de la croissance, remettre en question l'idée selon laquelle l'alternance elle-même était indispensable.

Quelques mots également pour vous rappeler que cette théorie est sociologique en même temps qu'économique. Elle nous fait comprendre la distribution des dépenses d'une population globale et d'une classe particulière de la population en fonction des revenus. C'est donc une explication par l'économie du mode de vie d'une population et de chaque classe de la population. Elle nous aide à comprendre les modifications démographiques, diminution de la natalité, diminution de la mortalité, inégalité aussi du rythme de ces deux phénomènes. Elle nous explique encore les variations de la durée du travail, la modification de la durée des études.

Elle touche à l'ensemble des manières de vivre des différentes classes de la population, elle est la base d'une théorie sociologique des sociétés industrielles modernes.

Arrêtons-nous pour citer ce commentaire de l'*Economist*, à propos d'un livre de M. Fourastié (je cite de mémoire) : « Quand on le lit, on commence par avoir la réaction : c'est trop simple pour être vrai ; on aurait dû observer ces phénomènes depuis longtemps, s'ils sont vrais. La deuxième réaction, après plus ample réflexion, c'est que tout de même il y a une grande part de vérité dans la théorie. »

Il importe maintenant de compliquer un peu l'exposé et de vous montrer pourquoi le résumé précédent est insuffisant, presque caricatural. Les éléments de complication concerneront d'abord les concepts, ensuite les statistiques, et, en troisième lieu, les causes du phénomène.

Les concepts qu'il importe de préciser sont d'abord ceux des trois secteurs. J'ai distingué le secteur primaire qui est celui de l'agriculture, le secteur secondaire celui des industries de transformation, et le secteur tertiaire tout le reste. Sans être particulièrement subtil, on remarquera que le secteur tertiaire est une sorte de fourre-tout. La première question est de savoir ce qui figure dans ce secteur tertiaire. On peut y distinguer trois catégories d'activités. Il y a d'abord les services qui existent traditionnellement dans toute société, services personnels et services administratifs, qui continuent à exister dans une société industrielle et dont l'importance relative croît parce que le progrès technique, ne s'appliquant pas au même degré à ce genre d'activité, augmente la proportion de la main-d'œuvre qui y est employée.

En deuxième lieu, vient l'ensemble des activités et, en particulier, des services rendus nécessaires

par le développement de l'activité secondaire. Une
économie moderne, scientifique, aussi bien dans
l'agriculture que dans l'industrie, suppose un système
bancaire plus complexe, un système d'assurances
plus poussé, des services scientifiques et des services
d'études plus développés que dans le passé. Dans le
tertiaire figurent ce que j'appellerai *les frais généraux*
de la civilisation industrielle, les services indispensables pour réduire au minimum la main-d'œuvre
occupée dans le primaire et dans le secondaire.

En troisième lieu figurent les activités de luxe
ou de demi-luxe que permet la libération d'une
partie des revenus, libération rendue possible, à son
tour, par la diminution des prix des produits primaires et secondaires. Le gain du progrès économique, c'est essentiellement ce troisième élément,
beaucoup plus que les deux premiers. L'augmentation de la productivité du secteur primaire et du
secteur secondaire, telle qu'elle est mesurée directement, amplifie le progrès technique réel parce qu'on
ne tient pas compte, dans le calcul, des faux frais
sociaux de l'industrie. Une partie du tertiaire
n'est que la condition nécessaire à la productivité
du primaire et du secondaire.

La distinction des trois secteurs est un peu différente selon les théoriciens. Colin Clark a fait la
distinction la plus simple, l'agriculture d'un côté,
produits manufacturés de l'autre, et tout le reste
dans le troisième. M. Fourastié adopte une autre
distinction qui consiste à distinguer les trois secteurs
en fonction de la rapidité du progrès technique.
Le secteur où le progrès technique est le plus rapide,
c'est le secteur secondaire, le secteur à progrès
technique lent, c'est le secteur primaire, et le
secteur à progrès technique faible ou nul, c'est
le tertiaire.

En gros, les deux distinctions coïncident, avec

cependant quelques différences marginales, les deux principales étant les mines que l'on met tantôt dans le primaire et tantôt dans le secondaire, et surtout le bâtiment qui, dans la distinction de M. Fourastié, ressortit au tertiaire parce que le progrès technique jusqu'à présent y était relativement faible, et dans la conception de Colin Clark au secondaire.

La croissance quantitative n'équivaut pas toujours à un progrès humain, ni même toujours à un progrès économique au sens vaste et vague du mot progrès. Une économie de guerre, avec un développement considérable de la production d'armes et de munitions, suscitera une croissance de la production que vous hésiterez à appeler progrès. On conçoit deux cas de croissance sans progrès économique : lorsque les objets produits ne correspondent pas à une satisfaction meilleure des besoins des individus, lorsque la croissance économique générale se traduit par une répartition plus inégalitaire du produit national.

Dans la majorité des cas, la croissance économique s'accompagne d'une répartition meilleure. Cependant la croissance n'implique pas une égalisation des revenus et, par conséquent, une satisfaction croissante des individus. Rien ne prouve qu'une population où le produit national brut a crû rapidement soit, au bout de dix ans, plus satisfaite qu'elle ne l'était auparavant. La satisfaction ou l'insatisfaction ne dépend pas de la quantité absolue de biens que l'individu peut obtenir, elle peut être fonction d'abord de l'inégalité dans la répartition des revenus, et, d'une manière plus générale, du rapport entre les désirs et les satisfactions.

On peut se demander si, dans la société industrielle, les désirs des individus n'augmentent pas plus vite que les ressources pour les satisfaire. Ne vous faites pas d'illusions ; en dépit des chiffres

que je vous ai cités, ce dont l'humanité souffre aujourd'hui ce n'est pas d'un excès de capacité de
production, dont seuls les défauts d'organisation
empêcheraient l'épanouissement. Ce dont l'humanité
souffre encore aujourd'hui, et pour longtemps,
c'est de pauvreté, la pauvreté étant définie par la
disproportion entre les désirs des individus et
les moyens de les satisfaire.

Passons maintenant à un deuxième aspect de
cette complication nécessaire. Je vous ai jusqu'à
présent cité des chiffres sans les réserves d'usage.
Or toutes les statistiques de ce genre comportent
sinon des causes d'erreur, tout au moins des coeffi-
cients d'incertitude assez considérables.

Tout d'abord, il y a les difficultés relatives au
calcul du produit national d'une collectivité dans
son ensemble. Il n'est pas question ici d'expliquer à
ceux d'entre vous qui n'ont pas étudié le problème
ce que sont les difficultés du calcul, mais on peut
traduire certaines d'entre elles en langage simple :
il est assez facile d'estimer les revenus d'une personne donnée en mesurant le rapport entre les revenus obtenus et les biens qu'elle peut acquérir à
l'aide de ces revenus. Dès que l'on veut faire la
sommation des biens produits dans une collectivité,
on se heurte à de multiples obstacles. Il est difficile de déterminer ce qui, dans la production de
l'année, correspond au renouvellement normal de
l'outillage existant, et ce qui représente un investissement supplémentaire. Il est difficile de faire la
discrimination entre les produits intermédiaires et
les biens finaux. Toute économie moderne consiste
à produire par des détours et à chaque stade de la
transformation on ajoute une certaine valeur. Si
vous voulez faire la sommation des biens produits
dans une collectivité, il faut additionner seulement
les valeurs ajoutées à chaque stade de la production.

Il n'est pas facile d'arriver à déterminer rigoureusement ce qui est ajouté à chaque stade et de savoir si le calcul a comporté ou non des doubles emplois. D'autre part, de multiples services sont rendus par l'État, qu'on ne sait comment évaluer. Enfin il y a tout le travail, qui présente une utilité pour la collectivité, mais qui est gratuit. L'exemple le plus caractéristique est celui des ménagères dans les familles. Le travail des femmes au foyer n'est pas compté dans le produit national puisqu'il n'est pas payé. Mais imaginez que par un coup de baguette magique le système actuel soit modifié, que les femmes travaillent toutes en usine et que le ménage soit fait exclusivement par des salariés : vous auriez, du jour au lendemain, une croissance considérable du produit national brut parce que vous auriez rendu onéreux un travail qui jusqu'alors ne l'était pas.

Une sorte de coup de baguette magique a été frappée par la révolution, en U. R. S. S. ; le travail qui, auparavant, était fourni dans les entreprises artisanales ou à l'intérieur des familles et qui n'était pas compté dans le revenu national, a été remplacé par un travail onéreux, qui figure dans les statistiques. Il en peut résulter une augmentation du produit national sur le papier qui dépasse l'accroissement réel des richesses.

Ces difficultés sont grandes mais moins que celles relatives aux prix. Essayons d'évaluer les modifications de la valeur du produit national entre deux dates. Nous ne pourrons procéder à cette estimation qu'en nous référant à un système de prix. Dès que l'on embrasse une période de dix ou quinze années, il faut choisir une échelle de prix, entre plusieurs possibles.

En 1928, l'économie soviétique comporte un faible développement des industries productrices de machines ou de machines-outils ; ces produits sont très chers, précisément parce que cette industrie est peu développée. Quinze années après, ces industries ont été prodigieusement développées. Si vous continuez à vous référer à l'échelle de prix de 1928, vous aboutirez à un taux de croissance du produit national extrêmement fort. Si vous prenez l'échelle de prix au point d'arrivée, c'est-à-dire le moment où, ces produits ayant cessé d'être rares, leur valeur a diminué, vous obtiendrez un taux de croissance moins élevé. Les spécialistes de l'économie soviétique ont à se battre non seulement avec les difficultés qui tiennent au fait que les statistiques les plus élémentaires ont été longtemps et sont parfois encore secret d'État, mais ils ont à se battre aussi avec le problème des échelles de prix. Les estimations du produit national soviétique ont été faites jusqu'à une date récente en référence au niveau de prix de 1928. En utilisant une échelle de prix, liée à un rapport de rareté des objets qui a changé, on aboutissait à un taux de croissance grandement supérieur à celui qu'aurait suggéré l'utilisation de l'échelle de prix de 1937.

Je ne vous invite pas à retenir un chiffre plutôt qu'un autre. Mais quand vous lirez dans un livre, fût-il écrit par un inspecteur des Finances ou par un polytechnicien : « Le taux annuel de croissance du produit national brut soviétique est de l'ordre de 10 % », réservez votre jugement. Soyez sûrs qu'un autre livre, écrit lui aussi par un inspecteur des Finances ou par un polytechnicien vous indiquera un taux entre 6 et 8 %, beaucoup plus vraisemblable. Beaucoup dépend de la définition du produit national, de l'échelle de prix que l'on adopte et de bien d'autres subtilités techniques. Armez-vous à l'avance du scepticisme nécessaire non pas du tout pour écarter la signification générale de la théorie de la croissance qui, sur les longues périodes, est valable, mais pour saisir la valeur exacte de ces sortes de précision qu'un de mes maîtres appelait « la précision dans le rêve » ou « la précision dans l'inconnu ».

De plus, si nous voulons comparer les produits nationaux de pays à pays, nous devons tenir compte de la différence entre les échelles de prix de pays à pays. Les comparaisons de produits nationaux que les organisations internationales comme l'O. N. U. publient de manière constante usent d'une méthode simple. Le produit national est calculé dans la monnaie du pays considéré, puis converti au taux de change officiel. Tout le monde sait que les rapports entre les taux de change ne correspondent pas aux rapports entre les échelles de prix. Une organisation internationale, l'O. E. C. E., a eu le désir de mesurer dans quelle mesure ce mode de calcul était faux. Les experts se sont livrés à un travail difficile et ingrat qui est le suivant : ils ont d'abord essayé de déterminer quelle était la valeur totale des produits terminaux fabriqués dans un pays A, selon l'échelle de prix du pays A, puis selon l'échelle de prix du pays B. Ils ont fait la même chose pour le pays B, c'est-à-dire qu'ils ont d'abord estimé la valeur totale des marchandises produites dans ce pays, selon l'échelle de ce pays, puis ils ont appliqué l'échelle de prix de l'autre pays. Enfin ils ont pris la moyenne entre les résultats donnés pour les deux modes de calcul.

D'après les calculs classiques, la relation des niveaux de vie entre la France et les États-Unis était à peu près de 1 à 3. Avec le mode de calcul que je viens de vous indiquer, c'est-à-dire en tenant compte de la différence des échelles de prix, le rapport était beaucoup plus proche de 1 à 2 que de 1 à 3.

Cette comparaison entre les échelles de prix des pays a été extraordinairement instructive. Elle a montré que les relations des prix selon les phases du développement économique changeaient de manière considérable. Les comparaisons entre France et États-Unis montrent que, pour les revenus moyens, en France, le niveau de vie peut être proche du niveau américain, parce que nombre de marchandises et de services consommés par les classes moyennes sont bien meilleur marché en France qu'aux États-Unis ; beaucoup de produits deviennent chers dans un pays à productivité élevée parce que le niveau des salaires du tertiaire est fixé en fonction de la productivité du secondaire. Un professeur d'université en France qui, au taux de change, a un revenu d'un tiers ou de moitié inférieur au traitement du professeur américain, peut avoir, en fait, un niveau de vie presque équivalent. Les différences d'échelles de prix ont pour conséquence que les inégalités de niveau de vie varient selon les classes sociales. La classe sociale qui profite le plus d'un système de type américain est incontestablement la classe ouvrière, celle qui, pour des raisons politiques, lui est opposée. En revanche, les classes qui auraient le moins à profiter d'un système de type américain sont celles qui, pour des raisons politiques, lui sont le plus favorables. Ce qui prouve que les préférences idéologiques ne sont pas univoquement déterminées par l'intérêt économique (ou que les hommes connaissent mal leur intérêt).

Ajoutons que, s'il s'agit des prix des objets de consommation, les échelles peuvent être très différentes dans une économie capitaliste et dans une économie soviétique. Je vous donnerai seulement un exemple qui m'a été fourni récemment par un homme politique allemand qui avait fait le voyage de Moscou avec le chancelier Adenauer. Il s'était intéressé, comme tous les visiteurs occidentaux, aux magasins soviétiques, et, comme un chacun, s'était

livré aux études de prix pour déterminer le niveau
de vie. Dans un magasin de chaussures, il constate
qu'une paire de souliers en cuir ordinaire coûte
400 roubles. 400 roubles équivalent presque au
salaire mensuel d'une femme de ménage, un ouvrier
peu qualifié recevant quelque chose comme 600 roubles. Cette paire de mauvais souliers représentait
les trois quarts du salaire mensuel de l'ouvrier à
la base de la pyramide. Ensuite, dans un autre
magasin, il constate que le prix d'un poste de télévision commence à 700 roubles. Nouvelle stupé-
faction, puisqu'il en résulte que le poste de télévision le meilleur marché coûte moins du double
d'une paire de mauvais souliers. En France une
paire de mauvais souliers coûte 1 500 francs et un
poste de télévision au moins 100 000 francs. Le rapprochement vous donne une idée de l'inégalité des
échelles de prix et des difficultés qui peuvent en résulter pour les calculs des niveaux de vie comparés.

A quoi tiennent ces inégalités immenses ? Le régime planifié possède évidemment des facilités que ne
possède pas un régime non planifié. Dans un régime
non planifié, il y a une relation, si approximative
soit-elle, entre le coût de revient et le prix de l'objet
vendu ; en revanche, dans un système planifié, vous
pouvez, presque à volonté, faire varier le prix de
l'objet selon vos préférences. Pourquoi les préférences qui s'exprimaient dans la cherté de la paire
de souliers et le bas prix du poste de télévision ?

Le gouvernement soviétique est engagé dans un
grand programme d'industrialisation, il veut développer l'industrie électronique pour des raisons
militaires et aussi pour ce que j'appellerai des raisons de culture. On a donc produit en très grandes
séries des postes de radio et de télévision et le gouvernement soviétique a décidé de les vendre bon marché pour que beaucoup de ménages puissent les ache-

ter. Les postes de radio se trouvent dans presque
tous les foyers ouvriers, les postes de télévision, dans
les parties de l'U. R. S. S. couvertes par la télévision, se trouvent également dans beaucoup de foyers
ouvriers. Sur les maisons pauvres de Moscou, sur de
vieilles isbas, vous apercevez souvent l'antenne de
télévision. En revanche, en ce qui concerne les marchandises textiles de luxe ou de demi-luxe, le gouvernement soviétique est décidé à les rendre aussi
chères que possible, parce qu'il ne dispose pas d'une
grande quantité de matières premières et parce qu'il
est indifférent à ce genre de marchandises.

Le résultat de cette inégalité entre le développement des produits de consommation manufacturés
et les produits textiles apparaît dans un autre récit
de cet homme politique allemand. Il causait avec
un ingénieur soviétique et lui disait : « En somme tous
les citoyens soviétiques sont indiscernables ou presque dans leur façon de s'habiller et apparemment
dans leur façon de se loger. — Détrompez-vous, lui
répondit l'ingénieur soviétique : regardez cet homme,
d'après la manière dont il est vêtu vous pouvez déterminer sans grand risque d'erreur le niveau de
son traitement mensuel, ce tissu de bonne laine
signifie au moins 3 000 roubles par mois ; pour la
bonne paire de souliers de cuir, on ajoutera 500 roubles, et ainsi de suite. » Dans n'importe quelle société
de style industriel, jusqu'à l'époque de l'abondance
absolue, il subsistera des discriminations dans les
revenus et dans les capacités d'achat. Mais, dans un
régime autoritaire, avec un peu de subtilité, on renverse la signification des objets de consommation,
on rend ce qui serait apparemment du luxe le produit
de consommation courante, on transforme ce qui est
produit de consommation courante en produit de
luxe et de demi-luxe. La manipulation des prix est
d'autant plus facile en Russie soviétique que les

ressources financières de l'État sont obtenues surtout par la taxe sur le chiffre d'affaires, qui permet de modifier la relation des prix qui résulterait de la relation des coûts de production.

J'ai à peine le temps d'aborder le dernier aspect de la complication nécessaire de la théorie de la croissance, le mécanisme. Jusqu'à présent je ne vous ai pas indiqué quelles sont les causes qui déterminent cette croissance et quels sont les facteurs qui la rendent plus ou moins rapide. Or, aujourd'hui, chacun est préoccupé non pas du phénomène de la croissance en général, mais des variations du rythme de croissance. On procède à des comparaisons d'une part entre les pays de civilisation occidentale et les pays d'autres civilisations, d'autre part entre les pays occidentaux et les pays soviétiques, et, enfin, entre les pays occidentaux. Dans le cas de la France, on montre que la croissance française a été plus lente que dans les autres pays d'Europe occidentale, ce qui est vrai pour une certaine période, mais pas de manière aussi générale que les Français, avec leur surenchère de pessimisme, ont tendance à le croire.

La difficulté de déterminer les causes de la croissance tient avant tout à ce que la croissance se mesure, qu'elle est une quantité, mais les phénomènes qui la déterminent sont essentiellement qualitatifs. Ce qui change, ce sont les hommes, leur manière de penser, leur manière de travailler. Le phénomène réel est le changement social, dont les chiffres sont l'expression. Dès lors, la recherche des causes vise à saisir des phénomènes, isolables conceptuellement ou quantitativement, qui rendent compte de l'inégalité des résultats chiffrés.

Je voudrais, dans les quelques minutes qui me restent, vous indiquer une idée : Une société traditionnelle est bouleversée par le phénomène de croissance économique caractéristique de l'époque moderne. Le Japon est le pays non occidental où la croissance économique a été la plus rapide, plus rapide même qu'en U. R. S. S. Le cas est d'autant plus extraordinaire qu'il s'agit d'une civilisation foncièrement différente, qui a procédé toute seule à cette transformation révolutionnaire, sans être ni dominée ni exploitée par aucun pays d'Occident.

Les réformateurs de l'ère Meiji voulaient adapter leur pays à l'économie occidentale pour en sauver l'indépendance, ils ont compris que l'on ne pouvait pas former une armée comparable aux armées occidentales sans une économie comparable aux économies occidentales ; et que, donc, l'équipement d'ensemble des sociétés occidentales était nécessaire. Ils ont décidé d'introduire un système d'éducation de type occidental, c'est-à-dire d'abord l'école primaire, ils ont appris à lire à tous (aujourd'hui le Japon est le pays où il y a le moins d'illettrés au monde). Ils ont reconnu ensuite que l'économie de type occidental exigeait un système juridique, individualiste et rationnel, ils ont envoyé des experts en France et en Allemagne ; le système juridique japonais s'inspire largement de celui de ces deux pays. Ils ont compris que l'économie de type occidental exigeait l'application de la science à l'industrie, et ils ont créé des écoles techniques. Ils ont compris que les entreprises privées ne pouvaient pas remplir leur fonction si l'on ne créait pas une infrastructure administrative et un système de communications et de transports comparable à celui qui existait en Occident. Enfin ils n'ont pas ignoré qu'il fallait mobiliser chaque année un montant important du produit national afin de l'investir.

Or, si l'exemple du Japon est instructif, c'est qu'il nous rappelle combien il est difficile de formuler simplement les causes de la croissance économique.

Ce qui est cause de la croissance dans un pays non occidental, c'est l'ensemble de cette transformation. Dans un pays occidental la croissance sera d'autant plus rapide que les hommes seront plus conformes au type idéal du sujet économique : sujet animé par la volonté de produire toujours plus, soit de gagner de plus en plus, soit de rationaliser de mieux en mieux. Une économie croîtra d'autant plus qu'elle sera plus rationnelle et animée d'un dynamisme plus fort. Ce qui détermine les rythmes différents de croissance, ce n'est pas un facteur isolé et isolable, mais l'ensemble de la réalité sociale et économique du pays considéré.

Si l'on allait jusqu'au bout de ce raisonnement, on devrait conclure qu'il n'est pas possible de discerner abstraitement les facteurs de croissance. Or j'essaierai de vous montrer que l'on peut au moins dégager quelques-uns de ces facteurs et constater que, selon l'intensité de ces facteurs accélérateurs ou retardateurs, la croissance sera plus rapide ou plus lente. Mais il m'apparaissait important de poser, au point de départ, que le facteur décisif de la croissance est une attitude des sujets économiques, c'est-à-dire une certaine manière d'être et de penser des hommes.

LEÇON X

Les facteurs de la croissance

Au cours de la dernière leçon j'ai employé l'expression : *La croissance est une transformation qualitative dont les résultats sont mesurables.* Cette formule improvisée nous fournira un point de départ. Il y a une dialectique de la quantité et de la qualité dans la croissance économique et je vais essayer de vous en montrer certains aspects.

Si nous observons, à une extrémité, une société à prédominance agricole où les besoins sont fixés par la tradition, où les modes de travail sont artisanaux et traditionnels, et, à l'autre extrémité, une société à prédominance industrielle où les besoins croissent d'année en année, où l'organisation du travail n'est jamais fixée, nous dirons qu'il ne s'agit pas de deux sociétés dont le produit national a inégalement augmenté, mais qu'il s'agit essentiellement de deux types de sociétés, étant entendu que l'on peut calculer le rapport quantitatif

7

entre le produit national de l'une et le produit
national de l'autre. A l'intérieur d'une société
industrielle le progrès peut prendre une forme
essentiellement qualitative, et, dans d'autres cas,
une forme essentiellement quantitative.

M. Sauvy distingue deux types de progrès technique, selon que celui-ci crée immédiatement des
emplois supplémentaires pour la main-d'œuvre
ou, au contraire, se traduit par la réduction de la
main-d'œuvre immédiatement employée. Le progrès technique qui consiste à créer une industrie
nouvelle, le cinéma ou l'électronique, est un progrès
processif, il fournit immédiatement de l'emploi
à une main-d'œuvre supplémentaire. En revanche,
si vous considérez le progrès technique dans une
branche industrielle classique, par exemple dans
les charbonnages ou dans la sidérurgie, le progrès
technique aura, dans l'immédiat, un caractère réces-
sif, il se traduira par une augmentation des quantités de charbon ou d'acier produites en fonction
du nombre de travailleurs employés. Il peut se
faire qu'une compensation s'opère et que les usines
qui fabriquent les machines nécessaires pour augmenter le rendement du mineur de fond emploient
une fraction des ouvriers débauchés par l'augmentation du rendement dans les mines, les autres
étant disponibles pour une autre production. De
cette distinction, on pourrait en tirer une autre,
plus générale, entre le progrès technique qui se
manifeste par la création de produits nouveaux,
originaux, et le progrès technique qui se traduit
par l'augmentation de la production de marchandises déjà connues.

Parmi les marchandises aujourd'hui offertes
dans une économie industrielle, un grand nombre
sont les mêmes qui étaient disponibles il y a un
siècle, produites en quantité croissante, avec une

main-d'œuvre décroissante ; d'autres sont originales par rapport au passé, sont des créations
qualitatives.

Cette distinction montre immédiatement la précarité du rapprochement entre la croissance des
sociétés industrielles européennes au xixᵉ siècle
et la même croissance dans les sociétés non européennes un siècle après. En effet, quand une société européenne en était au niveau du développement actuel de l'économie indienne, il n'y avait
pas d'aviation ou d'électronique. Toutes les comparaisons entre phases non contemporaines de développement, de société à société, sont aventureuses.
Il y a une différence qualitative entre l'imitation
du développement de la société européenne par
les sociétés non européennes, et la création de cette
société industrielle par l'Europe elle-même.

Prenons maintenant d'autres exemples et considérons le secteur de l'agriculture. La croissance
consiste essentiellement à produire en quantité
croissante, avec une main-d'œuvre décroissante,
des marchandises déjà connues. Il y a peu de créations radicalement originales, mais le progrès
technique s'opère de multiples manières, par le
choix de semences sélectionnées, par emploi croissant d'engrais, par la motorisation, enfin par
l'organisation meilleure du travail. La qualité
des semences est de signification universelle ; il
est toujours utile, dans toutes les agricultures,
d'utiliser des semences qui rendent davantage.
En revanche, lorsque l'on considère les engrais
ou la motorisation, alors il faut faire intervenir
le rapport entre la quantité de capital engagé et
l'augmentation de production qui en résulte.
D'autre part, la motorisation est rentable ou non
rentable selon de multiples considérations relatives
à la dimension des exploitations et aux autres

possibilités de traction dont on dispose. On ne peut pas imiter servilement certaines méthodes techniques utilisées dans les économies agricoles les plus progressives. L'augmentation de la production avec réduction de la main-d'œuvre qui est obtenue dans l'agriculture américaine par exemple à .force de motorisation et d'engrais, peut être obtenue dans d'autres agricultures par d'autres procédés. Finalement on pourra toujours *calculer* le progrès quantitatif, mais la forme que prendra le progrès variera d'économie à économie et sera un phénomène qualitatif.

Qualitative encore sera l'attitude du producteur agricole et en particulier du paysan. Pour que celui-ci utilise des semences sélectionnées, se demande s'il est rentable d'augmenter la quantité d'engrais ou de remplacer son cheval par un tracteur, il faut que le paysan cesse de vivre dans un univers traditionnel, il faut qu'il applique, fût-ce grossièrement, un calcul économique, et il faut qu'il accepte comme normale la transformation des moyens de production. Ce qui permet cette augmentation quantitative, c'est une transformation qualitative de l'attitude du producteur à l'égard de son travail, du paysan à l'égard de la tradition, et souvent une transformation même des institutions légales, car il peut être impossible d'appliquer les moyens techniques les plus perfectionnés dans des cadres juridiques anciens

Même dans cette analyse, volontairement simplifiée, on retrouve des différences qualitatives ; les procédés par lesquels on obtient la croissance ne sont pas automatiquement transférables d'un pays à un autre, la conduite humaine par laquelle l'accroissement est obtenu, est spécifique, singulière, elle implique de la part des producteurs le consentement à l'innovation, un certain état d'esprit que nous appellerons, faute d'un meilleur terme, rationnel.

Lorsque l'on pose la question, dans l'abstrait, de savoir ce qui détermine la rapidité de la croissance, une énumération presque illimitée de facteurs est possible. Mais ce qui est décisif, c'est la manière dont les sujets économiques pensent leurs relations à leur travail ; or cette manière de penser est déterminée par l'ensemble de l'entourage à la fois technique et social. Dans l'industrie une analyse comparable à celle que je viens d'esquisser à propos de l'agriculture pourrait être faite. Les éléments d'innovation radicale y sont plus fréquents que dans l'agriculture ; des fabrications nouvelles surgissent, et l'on est parfois tenté de fixer les différentes périodes de l'évolution de la civilisation industrielle par rapport aux principales sources d'énergie.

L'augmentation est parfois directement quantitative. Le chef d'entreprise, lorsqu'il pense conformément aux lois de la société industrielle, se demande : Étant donné les moyens de production dont je dispose actuellement, comment puis-je obtenir le maximum de profits ou de produits ? La notion de l'augmentation quantitative est directement présente à l'esprit du producteur. Mais cette augmentation de production peut, elle aussi, être obtenue par divers procédés qui n'ont pas nécessairement de portée universelle.

Dans l'agriculture on distingue couramment deux directions dans lesquelles on cherche à maximiser la production. Ou bien le maximum par hectare, par espace cultivé, ou bien le maximum par tête de travailleur. Le choix entre les deux directions est déterminé par des circonstances multiples. Selon que l'on dispose d'une grande ou d'une faible quantité de terre, on cherche à maximiser la production par espace cultivé ou par travailleur. Aux États-Unis, où l'on dispose d'une quantité de terre considérable par rapport à la population, les rendements par hectare sont faibles comparés aux rendements européens. En revanche, la population agricole y est faible et l'on atteint à une valeur élevée par travailleur.

De la même façon, dans l'industrie, il y a deux directions dans lesquelles on peut développer le progrès technique. On peut chercher à économiser au maximum la main-d'œuvre ou bien les matières premières, et là encore ces deux directions sont typiques l'une des États-Unis et l'autre de nombreux pays européens.

Aux États-Unis, les ressources en matières premières étaient considérables, les ressources en main-d'œuvre limitées et la main-d'œuvre, d'une manière générale, coûtait cher. La tendance de toutes les industries américaines a été d'économiser au maximum la main-d'œuvre, quitte à dépenser des quantités considérables de matières premières. Dans les mêmes industries, Europe et États-Unis emploient parfois différemment la main-d'œuvre d'un côté, les matières premières de l'autre, ce qui nous ramène une fois de plus à l'idée que l'on peut toujours calculer les résultats des processus, mais que ces processus sont qualitativement différents, liés à des conditions multiples, présentes dans chaque société.

Le progrès technique ou la croissance économique suppose le développement des machines ou encore, en termes quantitatifs, l'augmentation du capital disponible par tête de travailleur. Cette notion est tellement banale que je l'ai à peine mentionnée ; c'est le type même de la notion quantitative. Quand on établit une comparaison entre les économies, on utilise très souvent la notion : Quelle est la valeur du capital utilisé par tête de travailleur ?

qui permet des comparaisons grossières entre l'état du développement de ces économies. Le danger de ces comparaisons quantitatives, c'est que la quantité de capital par tête de travailleur est le résultat mesurable d'une transformation qualitative, transformation qualitative de ce que fait la machine et de ce que fait l'ouvrier, transformation qualitative du rapport entre l'ouvrier et la machine ; telle activité qui était d'abord exercée par la main de l'ouvrier est ensuite exercée par l'outil, tel contrôle de l'outil par l'ouvrier est ensuite transféré à la machine, jusqu'aux formes extrêmes du contrôle automatique par la machine elle-même.

Les résultats bruts de ces transformations complexes, vous pouvez les figurer de manière simplifiée par la quantité de capital à la disposition de chaque travailleur, mais il ne faut pas imaginer que ce résultat soit simplement l'effet ultime d'une addition progressive de capital. On arrive à une quantité croissante de capital par travailleur parce que, à l'intérieur de chaque entreprise, à l'intérieur de chaque secteur, à l'intérieur de chaque atelier, on a repensé de manière permanente les relations entre les ouvriers, entre les ouvriers et la machine. En dehors du phénomène de la quantité de capital par travailleur, un phénomène qualitatif intervient qui est l'organisation de la production.

Venons-en au problème qui finalement nous intéresse : Comment comparer l'influence sur la croissance des différentes sortes de régime économique ?

Si vous avez suivi les raisonnements, vous voyez à quel point le problème est complexe, à quel point il défie les simplifications de propagande. Pour isoler de manière rigoureuse l'influence du régime sur la

croissance, il faudrait énumérer les différents facteurs qui déterminent la croissance, voir si les facteurs demeurent les mêmes de société à société, afin
de cerner finalement l'action du régime. Or, en fait,
cet isolement du régime est impossible. On peut
rappeler les principales théories des économistes
et des sociologues de la croissance, avant de considérer l'influence du régime économique lui-même.

Dans l'importante littérature sur la croissance
économique et les facteurs de la croissance, on trouve
deux sortes de livres : les livres des économistes
purs et, d'autre part, les livres d'historiens.

Le type des livres d'économistes est celui de l'économiste américain W. W. Rostow *The Process of
economic development*. En tant qu'économiste,
Rostow s'efforce d'énumérer, de manière conceptuelle, les facteurs qui déterminent la croissance, il
énumère six variables qu'il formule, dans le jargon
des économistes professionnels, en termes de « pro-
pensity » ou, en français, de penchant ou propension.
Ces six variables sont : la propension à développer la
science, la propension à appliquer la science à des
fins économiques, la propension à accepter les possibilités d'innovation, la propension à chercher une
amélioration matérielle, la propension à consommer
et la propension à avoir des enfants. Ces six variables
économiques peuvent se réduire assez simplement.
Les trois premières sont en général réunies par les
économistes professionnels dans la notion de capacité d'innovation, car celle-ci implique simultanément les connaissances théoriques, le goût d'appliquer ces connaissances à la technique et le désir
de le faire, c'est-à-dire la volonté d'une amélioration matérielle. La propension à consommer est
relative à la propension à investir, ce qui nous

ramène à la question des capitaux, et la dernière est
la variable démographique.

Cette énumération, en tant que strictement économique, ne rend pas grand service et elle est peu satisfaisante pour le sociologue. Elle se situe entre la
théorie abstraite du développement et la théorie
sociologique des facteurs de croissance. En tant que
théorie sociologique des facteurs de croissance, elle
est trop formelle et ne permet guère de déterminer,
en une circonstance donnée, l'effet sur la croissance
de la valeur de l'une ou l'autre de ces variables.
Pour l'économiste proprement dit, la tâche est plutôt de déterminer les phénomènes internes au fonctionnement du système économique au sens strict,
qui agissent sur la croissance en laissant la recherche
des facteurs sociologiques à une discipline plus
large.

Les historiens de l'économie, eux, ne cherchent pas
à déterminer dans l'abstrait les différentes variables
qui agissent sur le taux de la croissance, ils cherchent
comment s'est développée effectivement, d'abord
l'économie moderne appelée capitaliste, ensuite
l'économie industrielle dans les différents pays.

La recherche des origines de l'esprit capitaliste a
fait l'objet entre les historiens de discussions dont
vous connaissez probablement les thèmes principaux : théorie de Max Weber sur l'origine de l'esprit
capitaliste dans une certaine éthique protestante,
recherche par W. Sombart du rôle des Juifs dans la
vie économique, discussion générale sur le rôle
des inventions, de la science, des grandes découvertes. Je laisse de côté les questions de cet ordre qui
sont strictement historiques. A l'intérieur même du
développement de la société industrielle moderne,
l'historien peut suivre ce qui s'est passé, en fait,
dans les différents pays. Il constatera que, à chaque
époque, une certaine industrie était dominante,

dont le développement était le plus rapide et qui entraînait toutes les autres. Il distinguera les phases où le textile, la sidérurgie, les chemins de fer exerçaient le rôle moteur, il reconnaîtra l'âge de l'électricité, de l'industrie automobile, de l'industrie électronique. Il n'est pas impossible de suivre, dans l'histoire du dernier siècle, les inégalités de développement caractéristiques de chaque secteur, de voir comment une industrie est née à une certaine date dans un pays, comment elle s'est étendue aux dépens de telle ou telle autre industrie. Ainsi on retrouve quelque chose comme une histoire qualitative du développement moderne, sorte de récit des événements d'ordre économique. D'un côté les théoriciens économiques cherchent à isoler des variables, de l'autre côté l'historien de l'économie, au sens étroit du terme, a montré la succession des événements dont les résultats sont finalement mesurés par l'économiste.

Je pense que l'on peut compléter l'histoire du développement de la société industrielle par l'analyse quantitative des valeurs produites par tête de travailleur et celle de la répartition de la main-d'œuvre entre les différents secteurs. Il s'agirait de combiner avec le récit historique des événements économiques l'analyse des résultats du processus de croissance. La vertu de l'historien est de nous rappeler une idée que l'on finit par oublier ; chaque croissance nationale est une histoire, la croissance dans chaque pays a présenté des caractéristiques qui ne se retrouvaient pas dans les autres. Naturellement il y a des traits communs aux croissances des différentes économies nationales, mais, au point de départ, chaque croissance est une histoire singulière, qui s'est déroulée à une époque donnée, avec des connaissances scientifiques et une technique déterminées. La croissance qui permet de réduire de 80 % à 50 % la main-d'œuvre employée dans l'agriculture n'a pas les mêmes caractères que celle qui fait tomber ce même pourcentage de 50 à 20, n'est pas la même croissance qu'a connue une économie cinquante ans auparavant pour passer du premier pourcentage au deuxième. La solution intermédiaire entre la théorie abstraite des variables de croissance et l'histoire singulière des croissances serait un essai de théorie sociologique de la croissance et des croissances qui pourrait combiner l'analyse économique et le récit historique.

Comment poser le problème des facteurs de croissance ? La croissance, me semble-t-il, dépend essentiellement *d'une attitude des sujets économiques.* Le sociologue qui étudie un phénomène social prend pour centre l'attitude des hommes. Cette attitude des sujets économiques me paraît avoir un triple aspect qui explique les différentes versions que l'on a données de l'esprit de la civilisation industrielle moderne : l'esprit de science et de technique, l'esprit de calcul économique et, en troisième lieu, l'esprit et le goût de la progression, du changement de l'innovation.

J'insiste sur ces trois aspects qui sont, si l'on peut dire, les trois aspects de la rationalité économique moderne. Ces trois aspects ne sont pas toujours présents au même degré d'intensité. Aucun individu n'est plus typique du calcul monétaire qu'un commerçant ou un marchand, mais le commerçant ou le marchand qui calcule son gain au plus juste n'est pas créateur de la civilisation industrielle. L'esprit de calcul est utile à la civilisation industrielle dans la mesure où s'y joignent l'esprit de science et l'esprit d'innovation.

Quelles sont les conditions ou les circonstances dans lesquelles cet esprit se développe, s'épanouit et donne ses fruits ? Il me semble que l'on peut faire une énumération simple des circonstances favorables, à condition d'admettre un très haut niveau d'abstraction.

Le premier type de conditions est constitué par le cadre institutionnel. L'attitude de calcul, de désir d'innovation et de science exigent une administration et une justice relativement rationnelles, prévisibles. De multiples conditions d'ordre institutionnel, moral, politique, sont nécessaires pour que se réalise l'attitude typique de la civilisation industrielle.

Le deuxième type de conditions se ramène à ce que l'on appelle dans le jargon économique les incitations ou *incentives*. Pour que l'esprit de la civilisation industrielle s'épanouisse, il faut qu'il y ait une relation entre le travail et la rétribution. Il faut que le producteur, entrepreneur ou travailleur, ait le sentiment qu'une augmentation de son effort, une augmentation de la production se traduira par une amélioration de son sort.

Le problème des incitations à la production, en termes abstraits, est simple : en pratique, il n'y a pour ainsi dire pas d'institution politique et sociale qui n'ait une influence sur les incitations. Aujourd'hui, dans de larges parties du monde, le régime de la propriété foncière est tel que celui qui travaille la terre n'a pas intérêt à augmenter la production, puisque la plus grande partie de l'augmentation de la production va au propriétaire foncier. Donc, et l'exemple est extrêmement grossier, il peut se faire qu'une organisation juridique de la propriété soit défavorable à l'incitation et exerce une influence sur le taux de croissance.

Sautons des économies les moins développées aux économies les plus développées. Un des éléments qui agissent sur la relation entre le travail et la rétribution est le régime fiscal qui peut être analysé dans ses effets sur l'incitation à produire. Un prélèvement fiscal trop considérable à partir d'une certaine tranche de revenus peut être directement contraire à la croissance, parce que les individus n'auraient plus intérêt à produire au-delà d'un certain point. Il peut se faire qu'une certaine inégalité de salaires soit favorable à la croissance, qu'il y ait intérêt à élargir l'éventail des rétributions si, en donnant une prime supplémentaire à ceux qui travaillent davantage, on les incite à produire plus. Donc, l'incitation à la production constitue un facteur de croissance, mais l'incitation à la production est influencée par toutes les institutions économiques et même politiques.

La propriété privée des instruments de production est-elle favorable ou défavorable à la croissance ? Si par propriété privée de la terre on entend la grande propriété foncière où le propriétaire retient pour lui-même la plus grande partie de l'augmentation de la production, la propriété individuelle est défavorable à la croissance ; s'il s'agit de la propriété individuelle du paysan exploitant, elle peut être favorable à la croissance, mais elle peut être défavorable ; le paysan propriétaire est intéressé à produire, mais si sa propriété est trop petite ou s'il a une psychologie conservatrice, il n'utilisera pas les enseignements de la science.

La troisième espèce de facteur de croissance est le capital et la population. C'est une notion unanimement acceptée que l'un des facteurs déterminants de la croissance est l'importance du capital investi par tête de travailleur. En gros, tout ce qui détermine des investissements importants, donc tout ce qui augmente la disponibilité de capital sera favorable à la croissance. Mais quels sont les facteurs qui déterminent l'importance du capital disponible ? Il faut faire intervenir de multiples phénomènes, les uns internes au système économique lui-même, les

autres d'ordre social. Le système économique, dans
une certaine phase, peut contribuer à élargir le
volume du capital disponible en augmentant
l'épargne. La psychologie des individus et des
groupes exerce aussi une influence quant à l'effet des
mouvements de populations sur le montant des capitaux disponibles ou des capitaux investis. En théorie,
si l'augmentation de la population est faible, les familles sont peu nombreuses, et l'on pourrait en
conclure que l'épargne sera importante. De ce point
de vue, on pourrait être tenté de dire que le pays dont
la population augmente peu disposera de beaucoup de
capitaux et que la croissance par tête de la population sera rapide. Mais la France, qui était dans ce
cas, n'a pas investi tous ses capitaux disponibles
dans l'industrie mais en a prêté à des États alliés,
ils ont servi à augmenter non les investissements
français, mais ceux des pays emprunteurs.

D'autre part, l'esprit d'entreprise peut être affecté
par une population stationnaire ou déclinante. Les
effets indirects, psychologiques, des mouvements de
population sont plus forts que les effets directs. Au
XIXᵉ siècle, la condition la plus favorable à la croissance économique a été un certain rythme d'accroissement de la population. La France, avec une population stagnante, a eu un taux de croissance plus lent,
même par tête de la population, que des pays à
expansion démographique rapide.

Si l'on admet cette analyse, le centre étant l'attitude économique et les conditions favorables étant
successivement le cadre juridico-politique, les incitations à produire et les mouvements de capital
et de population, jamais une comparaison simple
de régime à régime ne sera possible, qui permette
d'affirmer que tel régime est favorable à la croissance,
tel autre défavorable. Les régimes que nous avons
l'habitude de comparer sont définis par des traits

juridiques et économiques qui ne se réfèrent pas directement au problème de la croissance.

La théorie politique distingue le régime monarchique, le régime aristocratique et le régime démocratique. Or ces concepts s'appliquent très mal aux phénomènes de notre époque. On sait mal comment définir le régime soviétique ou même le régime anglais, qui est simultanément monarchique, puisqu'il y a une reine, aristocratique puisqu'il y a une classe dirigeante semi-héréditaire, et démocratique puisqu'il y a un Parlement élu. Les catégories de la philosophie politique traditionnelle datent d'une époque où les problèmes se posaient en termes différents.

Il en va de même dans l'économie. Les concepts qui font l'objet de contestations passionnées entre les partis politiques et même entre les blocs mondiaux sont d'une part les notions de planification et de marché, d'autre part les notions de propriété individuelle et de propriété collective des moyens de production. Or aucun de ces concepts ne se réfère directement au problème de la croissance et ne permet de dire, de manière rigoureuse, si un régime est favorable ou non à la croissance.

Reprenons un à un les éléments conceptuels qui définissent nos régimes. Pensons d'abord à la propriété individuelle des moyens de production. Un régime de propriété individuelle peut renforcer l'incitation à produire, à la fois pour l'ouvrier et pour l'entrepreneur, et un autre régime de propriété individuelle, juridiquement semblable, peut étouffer l'incitation. Il est en effet facile de créer par de mauvaises lois des conditions où l'entrepreneur et le travailleur ont l'impression qu'il n'y a plus de proportionnalité entre l'effort et le rendement. Tout régime économique moderne implique des sanctions, dans les deux sens du mot, récompense et punition.

Un régime sans obligations ni sanctions, pour employer le titre d'un livre célèbre de morale, est évidemment défavorable à la croissance ; une économie
capitaliste peut être de ce type, et aussi, en théorie,
une économie socialiste. Les considérations décisives
pour le problème de la croissance ne recoupent pas
les différences impliquées par les concepts des régimes. On pourrait le montrer à propos de la population, à propos du capital et l'on pourrait probablement le montrer à propos du cadre institutionnel,
moral et psychologique. Prenons un exemple.

D'après l'analyse que je viens de faire, un des
facteurs décisifs de la croissance, c'est l'esprit de
science, la volonté de développer les connaissances,
de les appliquer à l'industrie. Le régime américain
cultive la science (surtout les sciences appliquées)
avec une volonté farouche de l'appliquer à la production, mais, dans le régime soviétique, des sommes
considérables sont consacrées tous les ans au développement de la science, avec la même volonté farouche d'appliquer la science à la technique. En
revanche, dans le régime français, on préfère les
études littéraires aux études scientifiques, on manque
de savants, de chercheurs, on ne croit pas à la science
(on croit à la rigueur aux sciences de la nature, certainement pas aux sciences sociales), on est convaincu
que tous les problèmes sociaux se résolvent avec la
culture générale. Quand on met en doute la suffi-
sance de la culture générale, on est accusé de méconnaître l'humanisme. Un état d'esprit de cet ordre
n'est ni capitaliste ni socialiste et, incontestablement,
il est défavorable à la croissance.

Je ne pense pas que la croissance soit un bien
absolu. Il n'est pas évident que l'on doive se préoc-
cuper avant tout d'avoir le taux de croissance économique le plus élevé. Tout ce que je veux dire,
c'est que l'analyse, même élémentaire, des facteurs

de croissance conduit à ce résultat, que les doctrinaires accepteront difficilement : il n'y a pas de relation simple entre les régimes qui s'opposent et la rapidité de la croissance économique.

J'ai naturellement laissé de côté l'argumentation majeure des libéraux, à savoir que le calcul économique rigoureux n'est possible qu'avec les mécanismes du marché et qu'il est indispensable à une croissance rapide. Je laisse de côté la question. J'accorderai d'ailleurs que, dans un système de type planifié soviétique, l'esprit de la civilisation industrielle est beaucoup moins l'esprit de calcul économique que l'esprit de création technique. La différence de ces attitudes spirituelles entraîne toute une série de différences dans l'organisation sociale, et, en particulier, dans l'organisation de l'industrie elle-même. Quoi qu'il en soit, il n'est pas possible, en fonction d'une théorie générale de la croissance et des facteurs de la croissance, de porter un jugement catégorique sur les mérites respectifs des différents régimes économiques. On veut concevoir, et à mon avis on peut même observer, des régimes de noms différents qui réalisent de manière équivalente les causes de croissance, et des régimes de même nom qui réalisent de manière très inégale les causes de croissance.

Comment faudrait-il repenser les régimes économiques pour que l'on puisse établir une relation entre les différents régimes et les phénomènes de croissance ? La réponse ne pourra intervenir que dans une phase ultérieure de la recherche. Pour l'instant, si l'on ne peut pas aboutir à des résultats catégoriques par le raisonnement et au niveau abstrait, quelle méthode employer ?

Il faut essayer la méthode expérimentale. Il importe de regarder ce qui se passe et de comparer les croissances dans les pays à régimes économiques différents Et c'est à une comparaison de cette sorte que nous nous livrerons à partir de la prochaine leçon ; mais avant de la commencer, je voudrais vous indiquer tout de suite pourquoi les conclusions ne seront jamais catégoriques. Si la réponse n'est pas catégorique au niveau abstrait, elle ne l'est pas non plus à la suite d'une comparaison historique.

Le premier obstacle, c'est la différence entre la création de la société industrielle et son imitation. Si vous comparez le développement industriel américain de 1880 à 1910 avec le développement industriel soviétique de 1928 à 1952, vous observez des périodes à certains égards homologues, mais avec une différence fondamentale : dans un cas on applique les techniques créées par d'autres, dans l'autre cas, on crée ces techniques elles-mêmes.

D'autre part, les ressources matérielles dont disposent les collectivités — la quantité de terres disponibles, la richesse des mines — sont différentes, et elles sont évidemment un élément de la rapidité de croissance.

Le troisième obstacle, ce sont les mouvements de la population. Si l'on compare l'économie américaine entre 1880 et 1910 et l'économie soviétique entre 1928 et 1952, on trouve bien certains phénomènes analogues, mais les mouvements de population sont autres. L'économie américaine a profité d'un afflux constant de main-d'œuvre, et elle importait régulièrement des capitaux, deux facteurs que l'on ne retrouve pas dans le phénomène soviétique. Au siècle dernier, le progrès économique permettait une diminution de la mortalité et, par suite, déterminait une augmentation de la population. Au xxᵉ siècle, la population augmente, même sans progrès économique, il suffit de la médecine moderne et de l'hygiène. Les données fondamentales de la croissance économique au xɪxᵉ et au xxᵉ siècles sont donc diffé-

rentes : la croissance économique, au xxᵉ siècle, se
déroule sur la base d'une population qui a déjà
beaucoup augmenté avant que commence le développement de la société industrielle, alors qu'au siècle
dernier l'expansion de la population suivait en quelque sorte le développement de la société industrielle.

Nous savons à l'avance que nous n'arriverons pas
à des conclusions certaines, universellement valables,
ce que je résumerai à l'avance par deux formules.
On prête à Frédéric II la formule « *Jeder muss auf
seine Weise selig werden* », c'est-à-dire chacun doit
faire son salut à sa façon. En fait de croissance économique, il en va comme pour le salut individuel.
L'autre citation est de Voltaire : « Qui n'a pas l'esprit de son âge, de son âge a tout le malheur » ;
il faut répondre, à chaque époque, aux tâches qu'impose la phase de la croissance. Si le développement
industriel est en retard sur le développement social,
ce qui est peut-être le cas de la France, le pays aura
de son âge tout le malheur.

Les singularités nationales, les particularités
propres à chaque phase économique expliquent les
limites de toute théorie universelle de la croissance.

Deuxième partie

TYPES DE SOCIÉTÉ INDUSTRIELLE ET MODÈLES DE CROISSANCE

Les modèles de croissance

Je commence aujourd'hui une nouvelle partie de ce cours. Nous étions partis de la notion de société industrielle, nous avons cherché à caractériser les différentes espèces de société industrielle, nous avons remarqué que la croissance était un caractère commun à toutes les sociétés industrielles, et nous arrivons aujourd'hui à ce que j'avais annoncé sous le titre de « Comparaison de la croissance dans les sociétés industrielles de différents types ».

Le but de cette recherche est d'arriver à deux notions, d'une part celle de *modèle de croissance* et, en deuxième lieu, celle de *type de société industrielle*. Nous chercherons dans quelle mesure les modèles différents de croissances aboutissent à des civilisations industrielles de type différent ou bien si, en suivant des voies différentes, les sociétés industrielles arrivent au même résultat. Inutile de vous préciser le caractère aléatoire de cette recherche : il n'y a pas de doctrine établie, parmi les économistes ou les

sociologues, sur la similitude ou l'opposition fondamentale entre la société de type soviétique et la
société de type occidental. C'est donc une recherche
relativement neuve avec les difficultés et l'incertitude
inhérentes à une telle recherche que j'entreprendrai
à partir d'aujourd'hui.

Pour commencer, et je m'en excuse à l'avance, je
serai obligé de vous donner un certain nombre de
chiffres. Je n'aime pas multiplier les statistiques, mais
en l'espèce, je ne peux pas l'éviter.

En 1955, on a produit en U. R. S. S. 45,2 millions
de tonnes d'acier, 390 millions de tonnes de charbon,
170 milliards de kWh et 70 millions de tonnes de
pétrole.

La production d'acier aux États-Unis est de l'ordre de 110 millions, la production charbonnière
d'environ 500 tonnes, la production de pétrole est
de l'ordre de 300 millions de tonnes, et enfin la production de kWh dépasse les 500 milliards.

Comme la population américaine compte environ
165 millions d'hommes contre environ 210 en Russie
soviétique, la supériorité américaine en industrie
lourde est encore considérable par rapport à la Russie.
Je vous indique les résultats de cette comparaison
non parce qu'ils ont un grand intérêt mais parce
qu'on les trouve partout et qu'ils rassurent les cœurs
faibles.

Les chiffres du prochain plan quinquennal sont
les suivants (nous connaissons aujourd'hui les chiffres absolus parce que, pour la première fois depuis
longtemps, les dirigeants soviétiques ont donné les
objectifs de production en chiffres absolus) :

La production d'acier atteindrait 70 millions de
tonnes, la production charbonnière 593 millions,
la production de kWh 320 milliards, et celle du pétrole 135 millions de tonnes. Ce qui laissera incontestablement le potentiel énergétique et sidérurgique de

la Russie soviétique largement au-dessous du po-
tenciel américain actuel. Mais il est probable, pour
faire peur aux cœurs faibles, que l'écart diminuera
au cours des cinq années à venir au moins en proportion. En effet, le rythme d'expansion de l'industrie
lourde soviétique est, à l'heure présente, plus rapide
qu'aux États-Unis. (Nous aurons l'occasion de
revenir sur les comparaisons de cette sorte.) Ajoutons
que les comparaisons du type : Le pourcentage actuel
d'augmentation en U. R. S. S est de tant pour cent
et aux États-Unis de tant, sont peu instructives.
Prenons un exemple. Entre 1928 et 1955, la production d'acier en U. R. S. S a été multipliée par 10
environ. Entre-temps la production américaine a
été multipliée par 2,5. Il ne suffit pas de rapprocher
ces deux chiffres pour conclure, à la manière de certains, que les productions vont se rejoindre : dans
les années à venir le pourcentage annuel d'augmentation de la production d'acier en U. R. S. S. va
évidemment diminuer parce qu'il est fonction du
niveau atteint.

Rappelons-nous le chiffre : la production d'acier
en U. R. S. S. est aujourd'hui à peu près dix fois ce
qu'elle était au début des plans quinquennaux, ce
qui fournit un ordre de grandeur pour l'ensemble
de l'industrie.

Passons maintenant à l'industrie légère et pour
commencer à l'industrie textile.

Les tissus de coton fabriqués en U. R. S. S. représentent, d'après les statistiques, 6 milliards de mètres, soit environ deux fois plus qu'en 1928. En ce qui
concerne la laine, je vous fais grâce des chiffres
absolus, la production est deux à trois fois plus élevée.

Nous retrouvons donc pour commencer une bana-
lité. L'industrie lourde soviétique a été multipliée
par 10 environ, si l'on admet le chiffre de la sidérurgie
entre 1928 et 1955, la production textile par 2 ou 3.

La production d'automobiles, en U. R. S. S., en
1955 n'est que de 445 000 et la production prévue
pour dans cinq ans est de 650 000, sur lesquelles les
deux tiers sont des véhicules commerciaux. Cela
vaut la peine de s'y arrêter un instant. Le chiffre
prévu pour 1900 est sensiblement inférieur au chiffre
de la production française actuelle. Dans ce cas, il
s'agit manifestement d'une décision des planificateurs qui considèrent que le transport automobile,
soit pour les marchandises, soit pour les personnes, ne
présente pas un caractère d'urgence. La question de
savoir si les consommateurs soviétiques sont ou non
satisfaits de ce choix est sans intérêt puisque l'on ne
saurait lui donner réponse. Le fait est que, dans un
système planifié, il est facile de réduire la production
des marchandises que les planificateurs ne considèrent pas comme nécessaires.

En revanche, pour les postes de radio et de télévision, nous constatons que la production est déjà
de 4 millions aujourd'hui et sera de 10 millions en
1900. Rythme d'augmentation rapide alors que celui
prévu pour les automobiles est lent et que même
celui prévu pour les textiles l'est aussi. Rappelez-
vous ce que je disais dans une précédente leçon sur
les prix. Le prix d'un poste de télévision est faible,
le prix d'une paire de chaussures est élevé. Les statistiques indiquent qu'aujourd'hui on produit un
peu plus d'une paire de chaussures par personne
en Russie soviétique (297 millions). Il faut évidemment que la paire de chaussures coûte très cher. Si
vous vous préparez à produire 10 millions de postes
de radio et de télévision par an, vous pouvez effectivement diminuer les prix.

Ces exemples grossiers ont un certain intérêt ; ils
montrent le danger de généraliser sans précaution
les leçons de la croissance économique occidentale. En
Occident, on passait d'un type de production à un

autre au fur et à mesure de la saturation d'un certain besoin. L'avantage ou l'inconvénient, comme on voudra, d'une croissance planifiée, c'est que l'on est en mesure de renverser le rapport de développement des différentes industries.

Plus frappant encore est le cas de l'agriculture. Je ne vais pas vous accabler avec les statistiques de la production agricole soviétique, qui présentent des difficultés particulières. Selon les moments, les statistiques soviétiques fournissent des indications sur la récolte des céréales (sans d'ailleurs distinguer toujours entre les espèces de céréales) sur pied ou engrangée. La récolte sur pied est supérieure à la récolte engrangée, selon certains statisticiens de 15 %, selon d'autres de 25 %, ce qui introduit un élément supplémentaire d'incertitude. Mais, même en prenant les chiffres les plus favorables, on peut dire que la production de céréales par tête de la population en Russie soviétique n'a guère augmenté entre 1913 et 1955. Remarquez que cette non-augmentation de la production céréalière par tête de la population pourrait être une preuve d'enrichissement si, en même temps, les nourritures nobles avaient augmenté en quantité. Le fait pourrait suggérer que, le besoin de nourriture vulgaire étant saturé, on passe à la nourriture plus noble ; c'est-à-dire la viande et les produits laitiers. Mais en Russie soviétique, à l'heure présente, le bétail à cornes est égal, en chiffres absolus, à celui de 1928, la quantité de viande, de beurre, de lait par tête de la population est inférieure en 1955 à ce qu'elle était en 1928.

Il ne faut pas en conclure que la population soviétique est sous-alimentée et revenir à la représentation légendaire de l'enfer soviétique. Il est possible que la quantité de calories par tête de la population ait augmenté. Je ne vous donnerai pas de chiffres sur ce point étant donné l'incertitude des calculs.

La population soviétique est nourrie, mais nourrie
d'une manière qui ne satisferait pas les Français,
puisque les nourritures que les Français préfèrent, et
avant tout la viande, sont en quantité plus faible
par tête de la population aujourd'hui qu'en 1928, et
beaucoup plus faible en Russie qu'en France.

Lorsque des économistes et des journalistes veulent nous convaincre que d'ici peu le niveau de vie
soviétique écrasera le niveau de vie français et nous
obligera à notre tour à élever un rideau de fer, je me
borne à rappeler deux statistiques élémentaires,
grossières, celle des automobiles et, d'autre part, celle
de la viande, les deux marchandises pour lesquelles
les Français ont une préférence. Or, par une étrange
singularité, les deux produits pour lesquels les planificateurs soviétiques n'ont pas de sympathie sont
les automobiles individuelles et la viande. D'autres
statistiques, bien entendu, pourraient être indiquées.

Le modèle de croissance dérivé de l'expérience
occidentale n'a donc pas une valeur universelle. Ce
modèle de croissance était lié au transfert des désirs,
au transfert du pouvoir d'achat. On satisfaisait
de mieux en mieux les désirs élémentaires de nourriture, puis on élevait la qualité de la nourriture : les
besoins de textiles étaient immédiatement satisfaits,
mais on pouvait les satisfaire par des produits de
meilleure qualité et l'on arrivait ensuite aux biens de
consommation durables.

Ce schéma ne se trouve pas en U. R. S. S. pour
deux raisons. D'abord, quand les pays d'Occident
traversaient la phase que la Russie traverse actuellement, ces biens de consommation durable n'existaient pas. Le problème de savoir s'il fallait choisir
entre les postes de télévision et les costumes de laine
ne se posait ni au xixe siècle ni même au début du
xxe siècle. Mais, en second lieu, le type de régime
soviétique permet une croissance économique qui

ne suit pas les transferts spontanés des désirs : on peut satisfaire les besoins dans un ordre différent de celui dans lequel ils se manifestent dans un système d'économie libre.

On peut encore présenter les choses d'une autre façon. L'économie soviétique est devenue la deuxième économie industrielle du monde. En tant que puissance économique mobilisable pour la guerre, la Russie soviétique vient, de très loin, la première après les États-Unis d'Amérique, mais il n'y a pas eu nécessairement une croissance parallèle de la consommation de nourriture ou de textile ; il peut y avoir, dans les années qui viennent, une croissance parallèle des biens de consommation durables, soit parce que ceux-ci comme le poste de radio ont un caractère collectif, soit parce que les planificateurs y voient une marque de culture, soit enfin parce que les méthodes de production industrielle réussissent mieux pour ce type de marchandises.

On dit couramment que les Soviétiques ont sacrifié la consommation pendant une longue période afin de construire une grande industrie. Les chiffres que nous avons donnés nous ont permis de retrouver cette idée banale avec une addition importante, à savoir que la croissance ne suit pas le transfert spontané des désirs lorsque les planificateurs interviennent. Mais une autre remarque doit être faite immédiatement sur les rapports entre la croissance de la production et la croissance de la productivité.

Il y a aujourd'hui environ 45 millions d'emplois non agricoles en U. R. S. S. (nous préciserons tout à l'heure la répartition de cet emploi non agricole), il est inférieur d'environ un tiers à l'emploi non agricole aux États-Unis, mais en raison de la plus forte concentration de cette main-d'œuvre non agricole dans l'industrie, la main-d'œuvre industrielle soviétique n'est pas éloignée en quantité de la main-d'œu-

vre industrielle américaine. Or la production industrielle soviétique est quelque trois fois inférieure à la
production industrielle américaine. La productivité
de la main-d'œuvre soviétique reste très inférieure
à celle de la main-d'œuvre américaine, beaucoup
plus que ne le suggéraient les chiffres de l'industrie
lourde.

L'agriculture soviétique emploie aujourd'hui environ 50 millions de personnes, qui arrivent pénible-
ment à nourrir une population de 210 millions. La
main-d'œuvre américaine employée dans l'agriculture est de l'ordre de 6 à 7 millions (6 900 000 exactement), elle nourrit 165 millions d'Américains, et
les États-Unis souffrent d'excédents agricoles.

Cette comparaison doit être qualifiée de diverses
manières. Il ne faut pas oublier la différence de fécon-
dité des sols, la différence d'espace disponible par
tête de la population, ne pas oublier qu'en dehors de
la main-d'œuvre directement occupée dans l'agriculture intervient la main-d'œuvre qui produit les trac-
teurs et tout ce qui est nécessaire pour assurer la
productivité de la main-d'œuvre agricole. La comparaison entre 7 millions et 50 millions ne doit pas être
interprétée comme la preuve absolue de la supériorité
du système de la propriété individuelle dans l'agriculture sur le système collectif.

Mais si la relation était inverse, y aurait-il un seul
économiste pour mettre en doute la supériorité de la
propriété collective sur la propriété individuelle?
Disons simplement que la main-d'œuvre industrielle
soviétique est à peu près la même que la main-d'œuvre industrielle américaine avec une production
largement inférieure, que la main-d'œuvre agricole
soviétique est beaucoup plus nombreuse que la main-
d'œuvre agricole américaine et que la production
de l'agriculture soviétique est faible par rapport à
celle de l'agriculture américaine. Les missions agri-

coles américaines, envoyées en U. R. S. S., ont jugé
que la main-d'œuvre dans les kolkhozes était folle-
ment nombreuse. Pour l'instant existe ce que l'on
appelle, en termes économiques, un gaspillage de
main-d'œuvre dans l'agriculture soviétique. Ce qui
peut d'ailleurs permettre l'hypothèse que l'augmentation de la production industrielle et agricole sera
très rapide dans les prochaines années. Plus j'insiste
sur l'écart des productivités, plus je suis tenté de
poser la question : Si cet écart de productivité se
réduit, n'assisterons-nous pas, dans les années prochaines, à une augmentation plus rapide de la production en Russie soviétique qu'aux États-Unis?

Comment ces différences se sont-elles réalisées [1]?
Je suis à nouveau obligé de vous donner quelques
chiffres simples. En 1928, il y avait, en Russie soviétique, environ 10 millions d'emplois non agricoles,
sur une population totale de 151 millions, en 1932,
20 millions. La quantité des emplois non agricoles
avait doublé en quatre ans, le pourcentage de la
main-d'œuvre non agricole par rapport à la population totale était passé de 6,6 à 12,7 en quatre ans.
Aucun pays d'Occident n'a connu une concentration
industrielle et urbaine aussi rapide et, pour vous
montrer la différence de rythme, je vais vous citer
quelques chiffres relatifs aux États-Unis.

Aux États-Unis on est passé de 6 600 000 emplois
non agricoles à 13 740 000 en vingt ans, entre 1870
et 1890. Ce doublement en vingt ans s'est opéré avec
une population qui passait de 40 à 63 millions, c'est-
à-dire avec une augmentation de la population américaine globale plus rapide qu'en Russie soviétique.
En pourcentage, la main-d'œuvre non agricole,

1. La plupart des chiffres suivants sont empruntés à A. David
Redding, *Comparison of volume and distribution of non agri-
cultural employment in the U. S. S. R. 1928-1955 with the U.S.
1870-1952*, Review of Economics and statistics, Vol. 36, nov. 1954.

durant cette période de vingt ans, n'est passée que
de 16,3 à 21,8.

Répétons donc cette proposition qu'il ne faut
jamais oublier : L'urbanisation pendant le premier
plan quinquennal est sans exemple dans aucun pays
d'Occident. En vingt-sept années, entre 1928 et 1955,
la main-d'œuvre non agricole est passée d'environ
10 millions à près de 45 millions, c'est-à-dire qu'il y
a eu plus que quadruplement en vingt-sept ans.
A nouveau, dans aucun pays du monde on n'a assisté
à une augmentation aussi rapide de la main-d'œuvre
non agricole. Aux Etats-Unis le quadruplement s'est
fait non pas en vingt-sept ans, mais en cinquante ans
(8 700 000 en 1880, 35 millions en 1930). Et encore ce
phénomène de quadruplement se déroule-t-il aux
États-Unis à un moment où la population américaine
augmente rapidement, par immigration ; or, les
immigrés s'installent directement dans les villes.

Donc, beaucoup de phénomènes que les adversaires
de l'U. R. S. S. imputent au régime sont directement
dus à un rythme de croissance qui n'a existé nulle
part ailleurs. Nulle part ailleurs on ne constate le tri-
plement de la population urbaine en aussi peu de
temps.

Passons maintenant à une deuxième comparaison
entre la répartition de la main-d'œuvre aux États-
Unis et en Russie soviétique.

Selon la théorie de la croissance courante, la main-
d'œuvre chassée du secteur primaire, c'est-à-dire
du secteur agricole, va vers le secteur secondaire et
vers le secteur tertiaire.

En U. R. S. S. la proportion de la main-d'œuvre
industrielle au sens étroit du terme par rapport à la
main-d'œuvre non agricole globale est constante
avec une tendance à s'élever. Cette proportion monte
de 38 % en 1928 à 42 % en 1943. Aux États-Unis,
en 1870, cette proportion était égale à celle de

l'U. R. S. S. en 1928, c'est-à-dire 39 %. La proportion tombe jusqu'à 28 % en 1938, elle remonte pendant la guerre à 39 % et elle retombe en 1952 à 32 %.

Arrêtons-nous un instant sur ce point, parce que la proportion de la main-d'œuvre industrielle dans l'ensemble de la main-d'œuvre non agricole est à mon avis le facteur décisif qui va expliquer non seulement le mode différent de croissance mais éventuellement la différence de civilisation.

Le fait essentiel que ces chiffres indiquent est le suivant : la proportion de la main-d'œuvre non agricole, employée dans l'industrie, est plus élevée en U. R. S. S. qu'aux États-Unis ; cette proportion s'élève aux États-Unis dans les périodes de guerre, elle retombe dans les périodes de paix. A quoi est dû ce phénomène ? Il dépend de la demande : en temps de paix, la demande de tertiaire va croissant, le pourcentage de la main-d'œuvre dans le secondaire aux États-Unis tend à diminuer.

On pourrait présenter les choses d'une manière plus rigoureuse en distinguant deux éléments dans le tertiaire. Le tertiaire comprend d'abord ce que l'on pourrait appeler les frais généraux du secondaire, l'ensemble de l'organisation administrative, intellectuelle, scolaire, universitaire, indispensable pour former la main-d'œuvre adaptée au secondaire et, par suite, garantir la productivité du secondaire. Mais il y a une autre sorte de tertiaire qui tend à satisfaire les désirs qui apparaissent au fur et à mesure que sont saturés les besoins du primaire et du secondaire.

Les théoriciens occidentaux de la croissance ont tous admis qu'il s'opérait un transfert à partir d'un certain moment, du secondaire vers le tertiaire. Or, je pense qu'il n'est pas démontré que ce transfert du secondaire au tertiaire doive s'opérer dans une économie industrielle de type soviétique. Jusqu'à

présent, ce transfert ne s'opère pas, la proportion
de la main-d'œuvre industrielle dans l'ensemble de
la main-d'œuvre non agricole reste constante en
Russie soviétique, elle se situe régulièrement autour
de 40 % et elle est sensiblement plus élevée que la
proportion actuelle de main-d'œuvre industrielle
aux États-Unis d'Amérique. Elle équivaut à peu près
à la proportion américaine d'il y a cinquante ou
soixante ans. Les planificateurs soviétiques ont la
volonté de faire croître le plus vite possible la production industrielle, quitte à réduire au minimum la
main-d'œuvre occupée dans le secteur appelé tertiaire.

Comment se manifeste la différence de la répari-
tion de la main-d'œuvre ? Une différence fondamentale est l'importance de la main-d'œuvre occupée
dans le commerce, en Russie soviétique et aux États-
Unis d'Amérique. La proportion est plus du double
aux États-Unis de ce qu'elle est en U. R. S. S.

La proportion de la main-d'œuvre non agricole
occupée dans le commerce passe aux États-Unis de
12,4 en 1870 à 21,9 en 1930. Cette proportion se
maintient, ce qui semble indiquer que cette proportion différente de la main-d'œuvre commerciale ne
dépend pas de la phase de croissance, mais du modèle
de croissance et du type de société industrielle.

Dans l'éducation on constate curieusement, et de
manière intéressante, que la proportion est plus
élevée en Russie soviétique qu'aux États-Unis. Elle
est entre 7 et 10 % en Russie et entre 3 et 5 % aux
États-Unis. Cette différence peut tenir à la différence de classification, on ne sait jamais ce que l'on
fait entrer dans l'éducation et l'on peut y inclure tout
le système de propagande. Mais je ne pense pas que
ce soit là l'essentiel. Le chiffre absolu de la main-
d'œuvre nécessaire est fonction du chiffre de la population et non pas de la phase du développement.

Au fur et à mesure qu'augmentera la quantité absolue de la main d'œuvre non agricole, la proportion de la main-d'œuvre occupée dans l'éducation par rapport à l'emploi non agricole total en Russie soviétique aura tendance à diminuer, parce que le chiffre absolu sera le même tant que la population n'augmentera pas. La différence de proportion, dans ce cas, ne révèle pas une différence de structure mais la constance des besoins, quelle que soit l'importance du développement industriel. Il n'en reste pas moins que nous rejoignons un fait d'expérience, que confirment beaucoup d'autres indices statistiques. La Russie soviétique, depuis 1928, n'a cessé de dépenser des sommes considérables pour l'éducation de la population, des sommes qui en proportion sont certainement plus élevées que les sommes dépensées dans les pays occidentaux pour les mêmes objectifs.

Il resterait à comparer les pourcentages dans la construction, aux États-Unis et en Russie soviétique, et dans quelques autres spécialités. En ce qui concerne les transports, la proportion diminue aux États-Unis, elle est tombée dans ces dernières années de 10 à 7 ou 8 %, la proportion se maintient légèrement supérieure en U. R. S. S. En ce qui concerne la construction, la proportion est plus forte en U. R. S. S. qu'aux États-Unis, mais cette supériorité de proportion est une illusion, parce qu'il faut tenir compte de deux phénomènes : on met dans la construction simultanément la construction d'usines et celle de maisons ; d'autre part, étant donné la rapidité de l'urbanisation en U. R. S. S., il aurait fallu que la proportion de main-d'œuvre occupée dans la construction y fût considérablement plus élevée qu'aux États-Unis pour éviter la crise du logement.

Il me reste à voir une dernière série de chiffres qui

nous conduiront à la détermination du modèle de croissance. Ce sont encore des chiffres assez difficiles à trouver, relatifs à la répartition des investissements, en Russie soviétique et aux États-Unis.

La répartition des investissements en Russie soviétique au cours de la période des plans quinquennaux est à peu près la suivante :

La part de l'industrie proprement dite se situe entre 40 et 50 % ; la part de l'agriculture se situe entre 16 et 19 % ; la part des transports et communications entre 10 et 11 % ; celle du commerce entre 1 et 3 % ; celle des services administratifs entre 20 et 25 %.

La proportion des investissements dans l'agriculture, au rebours de ce que pourraient suggérer les chiffres de production, est supérieure à la proportion américaine, qui, entre 1880 et 1912, était de l'ordre de 10 % du total. En revanche, les investissements américains dans les transports sont beaucoup plus considérables qu'en Russie puisqu'ils sont montés jusqu'à plus de 22 % et qu'ils restent aujourd'hui supérieurs à 15 %. Cette différence tient partiellement à la différence des conditions géographiques. Une des grandes sources d'investissements dans les transports, c'est la construction de routes. Or les routes ne jouent qu'un rôle médiocre dans la circulation de marchandises ou des personnes en U. R. S. S. Il y a de bonnes routes autour des villes, mais, étant donné les énormes distances, les transports se font par chemin de fer pour les produits pondéreux, par chemin de fer et par avion pour les personnes.

La différence fondamentale est que les investissements industriels en U. R. S. S. se situent entre 40 et 50 % du total des investissements et qu'aux États-Unis ils représentent 25 %. La raison fondamentale de la différence de croissance en Russie soviétique et aux États-Unis, est précisément cette distribution différente des investissements. Les investissements soviétiques sont essentiellement, pour près de la moitié, des investissements industriels, aux États-Unis ce ne sont des investissements industriels que pour un quart ou, dans les périodes où cette proportion s'élève, d'un tiers. Pendant la guerre seulement les investissements industriels ont presque rejoint le niveau des investissements soviétiques : les investissements dans l'industrie américaine ont alors représenté effectivement plus de 40 % du total des investissements.

Où se portent les investissements américains ? Les investissements industriels représentent un quart du total, les investissements dans les transports sont légèrement supérieurs à ceux de la Russie soviétique, les investissements dans l'agriculture moins élevés, 55 % du total des investissements américains, considérés sur une longue période, s'opèrent en dehors de l'industrie, de l'agriculture et des transports, dans ce que les théoriciens occidentaux de la croissance ont appelé le tertiaire. Toute la théorie du tertiaire est fondée sur l'exemple occidental et je m'étonne qu'aucun d'entre eux n'ait encore posé clairement la question suivante : Une société industrielle de type soviétique doit-elle développer le tertiaire comme l'ont développé les sociétés occidentales ?

La différence essentielle entre le modèle de croissance soviétique et le modèle de croissance américain ou occidental en général, tient évidemment à la répartition différente de la main-d'œuvre, la répartition différente des investissements, l'accent étant mis d'un côté sur l'investissement industriel proprement dit et sur l'industrie lourde, alors que dans l'Occident les investissements des services et du commerce représentent plus de la moitié du total.

Il reste à considérer un dernier élément, la construction. La contruction des maisons est restée, en pourcentage des investissements, constamment supérieure aux États-Unis à ce qu'elle était en Russie soviétique. Ce pourcentage s'est élevé à un certain moment jusqu'à près du tiers du total des investissements, alors qu'en Russie la construction représente quelque chose comme 10 % du total des investissements en 1928 et 1932. Si vous vous souvenez que le rythme d'urbanisation a été en U. R. S. S. beaucoup plus rapide que dans aucun pays occidental et en particulier qu'aux États-Unis, vous avez l'explication du phénomène que constatent tous les voyageurs, le surpeuplement des villes, les familles vivant dans une pièce ou deux pièces, phénomènes que les statistiques les plus grossières montrent avec évidence.

Essayons rapidement de dégager les résultats des comparaisons auxquelles je viens de procéder.

Il existe certains caractères communs entre la croissance de modèle soviétique et la croissance de modèle occidental. Dans les deux cas, il y a transfert de main-d'œuvre, en chiffres absolus et en pourcentage, de l'agriculture vers les villes et l'industrie, augmentation de la production globale et augmentation de la quantité de valeur produite par tête de la population. Enfin, lorsque l'on décide de beaucoup investir, il faut, d'un côté comme de l'autre, restreindre la consommation en vue d'élargir le pourcentage de l'épargne. Ces traits communs sont tellement évidents qu'il ne vaudrait pas la peine de les signaler si beaucoup de planificateurs n'avaient cru que l'économie planifiée ou le socialisme pouvait procurer le progrès sans larmes, l'abondance et l'égalité. Les libéraux qui croyaient que la croissance ne pouvait se faire en économie planifiée se sont trompés, les planificateurs qui croyaient que la planification permettait de réduire les délais et d'obtenir miraculeusement ce que le capitalisme construisait

lentement, se sont trompés. Il a fallu des larmes pour
construire une grande industrie en U. R. S. S., et
si les résultats obtenus, en ce qui concerne la productivité, ne montrent pas la supériorité du régime de
planification sur le régime libéral, ils ne démontrent
pas non plus, de manière décisive, le contraire.

Je voudrais vous indiquer les trois différences fondamentales indiquées dans le cours de ces comparaisons :

1° La croissance soviétique s'est faite à une époque
où la croissance de la population était moins rapide
que n'était celle de la population anglaise au XIXᵉ siècle
ou de la population américaine au XIXᵉ siècle.
La croissance de l'industrie a été réalisée grâce aux
transferts extraordinairement brutaux de la population des campagnes vers les villes, brutalité dont il n'y
a pas l'équivalent dans l'histoire des pays occidentaux.

2° La deuxième différence concerne la répartition
de la croissance entre agriculture et industrie, industrie lourde et industrie légère.

3° La troisième porte sur le rapport entre l'augmentation de la production et l'augmentation de la
productivité.

Dans son discours récent au Soviet suprême,
M. Khrouchtchev a dit que la production industrielle
soviétique avait été multipliée par 20 entre 1938 et
1955, mais la production d'acier a été multipliée
par 9 ou 10. Or, dans les pays d'Occident, l'augmentation de la consommation d'acier est une mesure
approximative, sur une longue période, de l'augmentation de la production industrielle globale. Tous les
chiffres indiquent que dans la production industrielle soviétique l'industrie lourde représente une
part plus importante qu'en Occident. Si donc la production d'acier est multipliée par 10, il serait extraordinaire que la production industrielle fût multipliée
par 20. Si l'on admet une multiplication de la produc-

tion industrielle globale par 10, il en résulte un taux
d'accroissement de la productivité d'environ 3 % par
an depuis 1928.

Cette augmentation de la productivité est hono-
rable, elle ne se différencie guère des taux d'augmentation de la productivité observés dans des périodes
comparables en Occident. La particularité de la
croissance industrielle soviétique, c'est la rapidité
avec laquelle on a absorbé dans l'industrie une
main-d'œuvre supplémentaire. On a mis l'accent sur
l'industrie lourde, et l'industrie lourde est celle qui
exige le maximum de capital par tête d'ouvrier. On
a été obligé pour absorber une main-d'œuvre non
agricole passée en 27 ans de 10 à 45 millions, de
faire d'énormes investissements. On a donc été obligé
de réduire la consommation et en particulier le
salaire par tête d'ouvrier, plus qu'on ne l'avait fait
en Occident à une période comparable. Cette diminution du niveau de vie des masses dans la période
d'industrialisation n'était pas le résultat de la mé-
chanceté des planificateurs, mais de l'ensemble des
transformations de l'économie soviétique, sous l'effet
de l'industrialisation.

Que s'est-il donc passé ? On a décidé d'absorber
le plus vite possible une main-d'œuvre supplémentaire dans l'industrie. Pour que cette main-d'œuvre
pût travailler dans l'industrie, il fallait créer le
capital indispensable et ravitailler les villes. Pour
ravitailler la population des villes, il fallait acheter
aux paysans leurs produits ou les leur prendre. Pour
les acheter, il aurait fallu disposer de produits de
consommation de l'industrie, mais on n'en disposait
pas, puisque l'on avait décidé de développer en priorité l'industrie lourde. Il n'y avait qu'une seule possibilité : prendre une fraction supplémentaire des
récoltes aux paysans et l'on a jugé que la meilleure
façon était de collectiviser la terre.

Cette collectivisation a-t-elle été le résultat d'une préférence doctrinale ou d'une nécessité technique ? Les questions d'intention sont toujours difficiles à résoudre. En 1928, la propriété individuelle dominait dans l'agriculture, il se formait une classe de paysans aisés que l'on appelait les koulaks. Ceux-ci, aux yeux des doctrinaires bolcheviks, constituaient le début d'une bourgeoisie. Mais, d'un autre côté, une économie agricole fondée sur la propriété individuelle créait un obstacle à l'industrialisation rapide en réduisant la fraction commercialisée des récoltes. En 1928, avant le début des plans d'industrialisation, la fraction de la récolte de céréales que l'État arrivait à obtenir des paysans était de l'ordre de 15 %. Dix années après elle s'était élevée à 35 %. Aurait-on pu prélever une partie aussi considérable des récoltes soviétiques, tant que l'on ne disposait pas de produits de consommation courante, si l'on n'avait pas eu recours à la collectivisation ?

Mais la collectivisation a déclenché une série de phénomènes qui n'avaient pas été prévus, les paysans ont résisté à la collectivisation, ils ont abattu une grande partie du bétail, d'où une crise de l'agriculture soviétique qui a abouti à une famine en 1932-33 et dont les conséquences ne sont peut-être pas encore effacées aujourd'hui.

Ces événements n'appartiennent pas au *modèle* de la croissance soviétique, mais à l'*histoire* de la croissance soviétique. Rien n'empêche que l'on applique le modèle de la croissance soviétique en évitant ce que je viens de vous rappeler, c'est-à-dire la collectivisation, la résistance des paysans et la famine. En aucun des pays satellites, la guerre des paysans n'a eu lieu, mais dans tous les pays satellites des phénomènes du même ordre se reproduisent, déterminés par la volonté de l'État planificateur de pousser le plus rapidement possible la construction de l'industrie 'ourde. Il en résulte l'insuffisance des produits de consommation nécessaires pour acheter la production aux paysans, d'où la nécessité de prélever une partie importante de la récolte et la difficulté de créer dans l'agriculture une des conditions que nous savons, en théorie, nécessaire à la croissance, l'*incentive*. Pour que les paysans produisent, il faut qu'ils aient intérêt à produire, mais pour qu'ils aient intérêt à produire, il faut que le régime sous lequel ils vivent leur laisse une part suffisante de ce qu'ils produisent.

Nous aurons l'occasion de voir, dans la prochaine leçon, comment, à partir d'une certaine conception de la croissance économique, les planificateurs soviétiques se sont heurtés à des obstacles qu'ils n'avaient pas prévus : même les planificateurs ne sont pas omniscients.

Le modèle soviétique

Nous allons continuer aujourd'hui la recherche
sur les modèles de croissance et les types de société
industrielle.

J'ai abusé la semaine dernière des statistiques,
j'essaierai aujourd'hui de formuler les idées qui se
dégagent des chiffres.

Tout d'abord, rappelons combien est limitée la
valeur des comparaisons auxquelles j'ai procédé.
Sachons une fois pour toutes qu'il n'y a pas de phases
rigoureusement homologues de l'économie américaine et de l'économie soviétique. La comparaison
entre l'augmentation de la production sidérurgique
soviétique entre 1928 et 1950 et celle de la production sidérurgique américaine entre 1890 et 1928 n'a
qu'une valeur limitée parce que l'industrie sidérurgique soviétique a utilisé la technique mise au point
au XXᵉ siècle, et non pas la technique qu'utilisait
l'économie américaine un demi-siècle auparavant.
J'ajoute que la comparaison des périodes contempo-

raines serait également discutable puisqu'elle rap-
procherait des économies à des phases différentes du
développement.

La fonction de ces comparaisons est simplement
de marquer un certain nombre de similitudes et de
différences dans les évolutions économiques de divers
pays.

Globalement, la croissance de chaque économie
dépend :

1º Du rapport entre le mouvement de la population et le mouvement des ressources ;

2º De la relation entre l'augmentation des ressources agricoles et l'augmentation des ressources
industrielles ;

3º De la relation entre l'augmentation de la production et l'augmentation de la productivité. Or,
qu'il s'agisse du premier, deuxième ou troisième élément, chaque croissance économique est distincte.

Prenons la relation entre le mouvement de la
population et celui des ressources. Si nous voulions
fixer les dates comparables de l'économie américaine
et de l'économie soviétique en nous référant à la
répartition de la main-d'œuvre entre les différents
secteurs, nous · arriverions à des conclusions arbitraires. Quelle est la date à laquelle l'économie américaine avait une répartition de la main-d'œuvre
active qui est celle de l'économie soviétique actuelle,
de l'ordre de 50 % dans l'agriculture, 50 % dans le
secondaire et le tertiaire ? Ce rapport existait dans
l'économie américaine vers 1870. A cette époque,
l'économie américaine comprenait une population
de 40 millions d'habitants et l'accroissement des
ressources accompagnait celui, massif, de la population. En revanche, dans le cas de l'économie soviétique, un accroissement considérable de la population a précédé la phase d'industrialisation. Je vous
rappelle ce fait bien connu que la population sovié-

tique a été multipliée par deux ou par trois au cours du xixᵉ siècle et que l'industrialisation russe n'a commencé que vers la fin du siècle. L'industrialisation de l'économie soviétique est survenue après une phase prolongée d'augmentation de la population sans industrialisation.

Celle-ci était possible parce que l'agriculture soviétique disposait d'une grande quantité de terres. La croissance de la population antérieure à l'industrialisation créait dans les campagnes ce que les économistes appellent la surpopulation paysanne. La même production agricole pouvait être obtenue avec une main-d'œuvre agricole réduite, ce qui rendait possible la croissance économique que nous avons analysée la semaine dernière, par transferts massifs de la population des campagnes vers les villes.

En Europe, l'économie soviétique est la première qui ait connu sa phase d'industrialisation primaire après l'accroissement massif de la population. Les pays d'Europe occidentale ont connu au xixᵉ siècle le développement simultané de la population et de l'industrie. La période de l'édification industrielle en Union soviétique n'a pas été accompagnée par une augmentation rapide de la population, alors qu'en Angleterre, c'est au cours du xixᵉ siècle, pendant la période d'industrialisation, que la population anglaise a augmenté le plus vite (elle a à peu près quadruplé au cours du siècle). Au début du xxᵉ siècle, les économistes calculaient que la population russe, si le taux de croissance se maintenait tel qu'il était entre 1890 et 1910, atteindrait à une population d'environ 350 millions en 1950.

L'erreur de prévision démographique s'explique aisément. Une partie de l'écart entre la population soviétique actuelle et la prévision tient au fait qu'en 1919 certains territoires sur lesquels vivaient 35 ou 40 millions de personnes, ont été détachés de la

Russie. Le reste de l'écart, une centaine de millions, est attribuable partiellement à une diminution du taux de natalité, partiellement aux catastrophes historiques. La Première Guerre, la guerre civile, la collectivisation, la Deuxième Guerre, ont entraîné des pertes humaines que les démographes estiment de l'ordre de 70 millions de personnes. Le ralentissement de l'augmentation de la population soviétique pendant la phase d'édification industrielle ne comporte d'équivalent dans aucune des phases que l'on aurait pu dire homologues des économies occidentales.

J'ajoute que l'on ne peut comparer rigoureusement l'agriculture soviétique aux agricultures d'aucun pays d'Europe occidentale, parce que les paysans européens disposent de relativement peu de terres et, contraints à une agriculture intensive, obtiennent des rendements élevés avec un apport considérable de main-d'œuvre ou de capitaux. L'agriculture soviétique est grossièrement comparable à l'agriculture américaine en ce sens qu'elle est extensive et se contente de rendements faibles à l'hectare. Mais les conditions climatiques sont différentes ; aussi la comparaison directe de la main-d'œuvre nécessaire aux États-Unis et en Russie soviétique, à laquelle j'ai procédé la semaine dernière, est discutable.

D'autre part, l'insistance mise sur l'augmentation la plus rapide possible de la production, la création d'industries, l'accumulation de main-d'œuvre pour augmenter la production au risque d'une diminution du niveau de vie, sont, nous l'avons vu, typiques de la croissance industrielle soviétique. Il n'était pas nécessaire d'employer cette technique en Occident, puisque la surpopulation agraire n'y existait pas au même degré, ni la volonté de construire à tout prix une industrie. Le modèle de croissance soviétique, tel que je l'ai analysé la semaine dernière, est partiellement imputable aux conditions de sol, d'agriculture et de population qui se trouvaient données à l'origine de la phase d'industrialisation. Mais, en plus, le modèle de croissance a répondu à une conception des planificateurs soviétiques que les Occidentaux ne pouvaient pas avoir, puisqu'ils n'avaient pas pensé à l'avance leur croissance et qu'ils n'avaient pas de modèle d'industrialisation auquel se référer.

La croissance soviétique en dehors des données naturelles que je viens de vous rappeler s'explique par les idées suivantes : 1° transférer coûte que coûte et le plus vite possible une partie de la main-d'œuvre excédentaire de l'agriculture vers les villes et l'industrie ; 2° accorder une priorité absolue à l'industrie lourde ; ce sont, en cas de besoin, les plans de l'industrie légère et ceux de l'agriculture qui sont sacrifiés. En fait, le premier plan soviétique comportait pour l'agriculture des objectifs supérieurs aux résultats obtenus en 1955. Les planificateurs soviétiques croyaient-ils eux-mêmes aux objectifs qu'ils s'assignaient dans l'agriculture ? En tout cas, la priorité de l'industrie lourde a toujours été un impératif absolu.

Si vous voulez comprendre à quoi équivaut ce système, songez aux expériences de l'économie de guerre en Occident, qui comportaient un certain nombre d'objectifs prioritaires que l'on était décidé à atteindre à tout prix, fabrication de munitions ou d'armes. L'économie soviétique a abouti à un ordre de priorité comparable à celui que nous appliquons dans le cas de l'économie de guerre. L'économie soviétique ne s'est pas développée régulièrement selon les proportions établies par les plans ; à chaque époque les plans fixaient des objectifs auxquels on sacrifiait le reste.

Cette priorité accordée à l'industrie lourde rendait impossible l'échange entre les produits industriels des villes et les produits agricoles des campagnes. Il

fallut donc recourir aux prélèvements et la collectivisation de l'agriculture a été, au moins pour une
part, le résultat de la nécessité, durant la première
phase des plans quinquennaux, d'accroître massive-
ment les livraisons des campagnes aux villes, sans
augmentation simultanée de la production agricole
globale et sans augmentation corrélative des ventes
des villes aux campagnes. D'où le besoin d'un
gouvernement autoritaire, capable de soustraire aux
paysans une partie considérable des récoltes, et de
vendre cette récolte dans les villes à un prix supérieur au prix auquel il l'avait achetée lui-même aux
paysans. L'écart entre le prix d'achat aux paysans
et le prix de vente aux consommateurs des villes
fournissait les capitaux nécessaires pour les investissements.

La lenteur de la croissance agricole tient-elle au
fait que l'exploitation collective est, en tant que telle,
inefficace ? Ou bien l'excès des prélèvements décou-
rageait-il les agriculteurs ? Les deux causes peuvent
être invoquées et il est possible qu'elles aient joué
toutes deux. En tout cas, la lenteur de la croissance agricole ne semble pas l'effet d'une volonté
délibérée des planificateurs qui avaient fixé des objectifs ambitieux à l'agriculture dans les premiers plans,
elle a été surtout le résultat non voulu de l'ordre de
priorité établi pour la croissance industrielle.

Finalement on arrive, avec ce modèle de croissance,
à une société industrielle d'un type particulier, où
la puissance économico-militaire est sans commune
mesure avec le niveau de vie des populations et avec
ce que l'on pourrait appeler l'infrastructure générale
de civilisation industrielle. Une industrie énorme,
parfois de qualité égale ou supérieure aux industries
occidentales, est pour ainsi dire implantée sur un
fond de civilisation traditionnelle.

La différence entre modèle de croissance soviéti-

que et modèle de croissance occidentale est particulièrement facile à saisir puisqu'en Russie, avant la
révolution de 1917, la croissance économique avait
commencé selon le modèle occidental. Elle avait
commencé avec l'aide du capital français, mais aussi
anglais, allemand, belge. Elle avait comporté la
construction d'un réseau de voies ferrées, une augmentation de la production agricole entre 1890 et
1914, sensiblement plus rapide que l'augmentation
de la population, et enfin une progression de l'industrie légère plus rapide que celle de l'industrie
lourde.

En 1928, après la période de guerre et de troubles,
la valeur de la production de l'industrie légère était
estimée par les statisticiens soviétiques à 10,1 milliards de roubles contre 8,2 milliards pour l'industrie
lourde. En 1940 l'industrie légère ne représentait
plus que 53,6 milliards de roubles contre 83,9 pour
l'industrie lourde.

Une fois de plus il s'agit de la précision dans le rêve
ou tout au moins dans l'aléatoire, mais qui donne une
idée de l'ordre de grandeur. Ce qui importe, c'est
de constater ce fait souvent ignoré que la croissance
de l'économie russe avait commencé dans les vingt
années qui avaient précédé la révolution de 1917, que
cette croissance était extrêmement rapide. On s'est
plu quelquefois, dans les milieux qui n'aiment pas
l'Union soviétique, à prolonger jusqu'à 1955 la
courbe de croissance de la production sidérurgique
russe de 1890 à 1914, afin de montrer qu'en extrapo-
lant les résultats antérieurs à la révolution, on
arrive à peu près au niveau actuel. Par définition,
ces sortes de démonstration comportent de l'incertitude. Mais il n'est pas douteux que le développement
de l'industrie charbonnière ou de l'industrie sidérurgique était rapide dans les vingt années qui ont précédé la révolution et que les observateurs de l'éco-

nomie russe, avant 1914, prévoyaient à peu près tous qu'au milieu du xxᵉ siècle l'économie russe serait la première économie d'Europe. Mais il ne faut pas oublier que, pendant une quinzaine d'années, par suite des guerres et de la révolution, la croissance a été arrêtée et que pourtant on a rejoint, grâce aux plans quinquennaux, le niveau auquel on serait arrivé avec une progression continue.

Dans quelle mesure le modèle de croissance soviétique a-t-il été le résultat de la volonté des planificateurs ou le résultat des circonstances ? Dans quelle mesure s'agit-il d'un objectif opposé à celui des Occidentaux ?

Dans les milieux hostiles à l'Union soviétique, une des réponses est que le modèle de croissance soviétique est imputable à la volonté des planificateurs de sacrifier le bien-être à la puissance, que l'économie soviétique serait une économie de puissance cependant que les économies occidentales sont des économies de bien-être. Une telle antithèse renverse les positions ordinaires des socialistes puisqu'elle interprète l'économie soviétique dite socialiste comme le modèle de l'économie qui sacrifie la consommation à la force, ou comme aurait dit le maréchal Gœring, « le beurre aux canons ».

Cette interprétation me paraît trop simple. La philosophie des communistes est une philosophie de l'abondance. Dès maintenant, à beaucoup d'égards, ils se soucient du bien-être des populations. Il serait exagéré d'affirmer que consciemment, cyniquement, les planificateurs soviétiques ont voulu la puissance à n'importe quel prix. La Russie soviétique a mené à bien la tâche d'industrialisation sans capitaux étrangers ; or la croissance de l'économie russe avant 1914 comportait un apport considérable de capitaux étrangers comme en avait reçu l'économie américaine dans sa phase d'industrialisation rapide. L'industrialisation soviétique s'est opérée dans une période et avec une idéologie qui obligeaient les planificateurs à craindre une agression extérieure. Les Soviétiques n'ont cessé de consacrer à la guerre ou à la préparation de la guerre des ressources plus considérables que n'en consacraient les Occidentaux durant des phases comparables.

Lorsqu'il s'agit de la médecine, des hôpitaux et de l'éducation, les Soviétiques ne méconnaissent pas les besoins de la population. Aussi est-on tenté de dire qu'il y a eu, dans le développement de l'économie soviétique, mélange d'intentionnel et d'imprévu.

Le mot d'ordre officiel du premier plan était de rattraper le plus vite possible l'économie capitaliste et, en particulier, l'économie américaine. A l'époque, les dirigeants soviétiques considéraient qu'il fallait donner à l'économie soviétique une base de puissance qui la rendrait capable de résister éventuellement à une agression capitaliste. Probablement les planificateurs se sont-ils fait des illusions sur le rendement de la méthode du plan comparé au rendement des autres méthodes. Pour atteindre les objectifs du premier, du deuxième et du troisième plans, les planificateurs ne voulaient pas de sacrifices de consommation, comparables à ceux qui sont réellement intervenus. La collectivisation de l'agriculture a affaibli l'agriculture soviétique pour de longues années. D'autre part, les premiers plans industriels n'ont été réalisés qu'en employant une main-d'œuvre largement supérieure à celle qui avait d'abord été envisagée. L'augmentation de la productivité était régulièrement inférieure à la prévision et les prévisions de production globale n'étaient réalisées qu'en mobilisant des ouvriers supplémentaires. D'autre part, on a constaté que les prévisions de production agricole n'étaient jamais réalisées parce que les paysans étaient hostiles au régime, parce que l'organisation collective de l'agriculture, tolérable pour les céréales, est inefficace pour l'élevage, peut-être aussi parce que l'on voulait prélever une trop forte fraction de récoltes.

Ce modèle de croissance soviétique, partiellement voulu par les planificateurs, partiellement résultat involontaire de leurs actes, est d'autant plus attirant que les pays ressemblent plus à la Russie avant et après les plans quinquennaux. Le modèle paraît d'autant plus raisonnable qu'il y a plus de surpopulation agricole et que l'on peut créer une grande industrie en transférant les travailleurs excédentaires des campagnes vers les usines. Or il se trouve effectivement au xxᵉ siècle de nombreux pays qui connaissent, considérablement aggravés, les mêmes problèmes que la Russie.

Il serait absurde de prétendre que l'industrialisation russe n'était pas possible sans les procédés des plans quinquennaux. Il suffit d'observer ce qui s'est passé en Russie en 1890 et 1914 pour savoir qu'une croissance de type occidental eût été économiquement possible. Je dis *économiquement* possible parce que la croissance de ce type exige aussi un gouvernement capable de surmonter les tensions sociales, créées et aggravées par le développement. La France à l'heure présente connaît certaines des tensions sociales créées par la croissance économique. Le gouvernement que nous avons en France est probablement capable de résister à ces tensions. En Russie, au début du xxᵉ siècle, la croissance de type occidental, économiquement possible, était peut-être difficilement compatible avec le maintien du régime politique tsariste, ce qui rend au moins intelligible l'explosion de 1917.

L'imitation de la technique soviétique de croissance se heurtera à des difficultés d'autant plus grandes que la base agricole du pays sera plus étroite. En Russie, cette technique a provoqué une famine.

bien que la base agricole de l'économie soviétique fût, au point de départ, extrêmement large. L'emprunt de la technique soviétique par des pays asiatiques pourrait comporter, dans l'ordre agricole, des difficultés, auprès desquelles celles même de la Russie paraîtraient dérisoires.

La technique soviétique de croissance dont je vous ai montré les éléments économiques comporte naturellement des aspects politiques, elle suppose un régime d'un certain type et elle implique aussi un élément idéologique. L'élément idéologique essentiel consiste à faire de la croissance économique elle-même un objet de foi. Les Occidentaux ont construit au xixe siècle et même au xxe siècle des usines, ils ont transféré les travailleurs des campagnes vers les villes, sans que jamais ce processus de croissance fût en tant que tel l'objet de l'attachement des foules. Le système soviétique a le mérite ou le démérite d'appeler édification du socialisme ce que l'on appelait au xixe siècle l'accumulation du capital. Au point de vue psychologique, il est de beaucoup préférable d'appeler la croissance économique l'*édification du socialisme*, car vous donnez un sens moral, spirituel aux sacrifices que vous demandez aux masses. Une idéologie qui donne un sens aux sacrifices n'est pas dépourvue d'efficacité historique.

Il est naturellement essentiel aussi que cette idéologie ne se formule pas dans ces termes : le plan de l'idéologie et le plan de l'analyse scientifique ne se confondent pas.

Est-ce que ces deux sortes de société industrielle vont finalement se rapprocher ? La différence porte-t-elle seulement sur le modèle de croissance ? A partir d'une certaine étape, les deux types vont-ils tendre à se rapprocher ?

Le raisonnement selon lequel la différence entre ces deux types de sociétés industrielles va diminuer, est fréquent dans les milieux favorables à la planification, qui restent fidèles aux valeurs du libéralisme politique. On aime à croire que le régime du parti unique ou l'orthodoxie obligatoire appartiénnent à la phase de construction industrielle et disparaîtront lorsque la croissance aura atteint un degré suffisant. On se donne par la pensée la prolongation de la croissance actuelle, on calcule un certain taux de croissance, on extrapole ce taux pour imaginer, dans quelques années ou dizaines d'années, un volume suffisant de production. Il s'agira alors de répartir les ressources collectives autrement qu'aujourd'hui. Quand les deux types de sociétés auront le même niveau de vie, la même sorte de répartition de la population active, ces deux sociétés vivant de la même façon auront à peu près la même organisation.

Remarquez que la question de savoir si les sociétés industrielles se ressemblent ou non n'a rien à voir avec la question de savoir si elles se feront ou non la guerre. Au bout du compte, les seules vraies guerres sont les guerres entre frères. Si les sociétés soviétique et américaine se ressemblent demain, on aurait tort d'imaginer qu'elles s'aimeront. Les deux questions sont distinctes.

Dans quelle mesure les deux types de sociétés vont-ils se rejoindre ? Je vous ai promis de ne plus entrer dans les discussions statistiques, je voudrais seulement vous dire en quelques mots pourquoi les chiffres comparant les taux de croissance doivent être utilisés avec une grande prudence.

Tout d'abord, il faut s'assurer que le calcul du revenu national dans une économie de type soviétique et dans une économie de type occidental est le même. Il faut ensuite éviter les erreurs qui pourraient résulter des échelles de prix différentes. Il faut éliminer, dans les statistiques, les conséquences des structures différentes de la production et de la consommation. Cela dit, le taux de croissance de l'industrie soviétique et en particulier de l'industrie lourde, durant la période des plans quinquennaux, est sans aucun doute plus élevé que le taux actuel de croissance de l'économie américaine, peut-être même que les taux de croissance de l'industrie américaine durant des phases antérieures.

Ce taux de croissance plus élevé s'explique aisément : si vous répartissez les investissements en accordant un pourcentage plus élevé aux investissements proprement industriels, il est normal que le taux de croissance de l'industrie au sens étroit du terme soit plus élevé que dans un pays où le pourcentage des investissements industriels est plus faible.

En ce qui concerne le niveau de vie, je n'ai pas l'intention de vous donner de chiffre. Si vous voulez connaître la version favorable à l'Union soviétique je vous recommande le livre de M. J. Romeuf, *Le Niveau de vie en U. R. S. S.* [1]; si vous voulez connaître la version défavorable, lisez le livre de M. Laurat, *Bilan de vingt-cinq ans de plans quinquennaux* [2]. Si vous avez du temps et du goût pour les comparaisons statistiques vous verrez comment, des mêmes chiffres, on tire des conclusions sensiblement différentes, par la présentation ou l'interprétation. Vous trouverez aussi des chiffres relatifs au nombre d'heures de travail nécessaire à un ouvrier pour acheter un kilo de blé ou de bifteck, une bicyclette, une voiture automobile ou un poste de télévision, comparaisons qui ne sont rigoureuses qu'à condition d'embrasser l'ensemble des prix (un prix individuel ne signifie rien).

1. Paris, 1954. Ce livre, sur bien des points, me paraît induire le lecteur en erreur.
2. Paris, 1955.

Si vous vous contentez de données grossières, vous saisirez aisément l'essentiel. Les conditions de logement, dans les villes soviétiques, sont bien pires que dans les villes françaises. Ce résultat est obtenu quelle que soit la méthode de calcul que l'on emploie. L'urbanisation soviétique a été rapide, il aurait fallu, pour empêcher la détérioration des conditions de logement, attribuer à la construction une part des ressources qui dépassait de beaucoup celle que les planificateurs voulaient y consacrer. Au point de vue de la nourriture, le nombre des calories peut être équivalent, mais la « noblesse » des calories est différente. En ce qui concerne les produits industriels de consommation durable, la différence, considérable il y a dix ans, a diminué et, selon toute probabilité, diminuera encore. En ce qui concerne les textiles, les chiffres de mètres de coton ou de laine disponibles par habitant sont inférieurs en Union soviétique à ceux des pays occidentaux, avec une tendance à la réduction de cet écart.

En ce qui concerne ce que l'on appelle grossièrement les services, la comparaison est spécialement difficile. La société soviétique fournit certains services que l'on ne trouve peut-être pas dans les conditions de vie occidentale, mais un grand nombre de services offerts dans les régimes occidentaux sont ignorés dans le régime soviétique.

Les mouvements d'ensemble, en dépit de toutes les complications statistiques, ne sont pas mystérieux. La valeur du salaire ouvrier individuel a diminué entre 1928 et 1937, durant le premier plan quinquennal, elle a encore diminué pendant la période de guerre, elle a remonté lentement jusqu'à 1948-1949, augmenté rapidement de 1949 à 1955. D'après le sixième plan quinquennal soviétique, dans les cinq années qui viennent la valeur réelle des salaires augmenterait de 30 %, et il ne me paraît pas exclu

qu'une augmentation de cet ordre soit atteinte [1].
Si l'on admet la continuation de la croissance industrielle soviétique, les planificateurs pourront élever
régulièrement le niveau de vie, tout en continuant à
consacrer des ressources massives à l'industrie lourde.
Mais si l'on considère l'avenir et le rapprochement des
deux sortes de sociétés ou des styles de vie, deux données fondamentales commandent tout.

La première, c'est l'agriculture. Ce qui a été la
condition de l'amélioration des niveaux de vie en
Occident, c'est que la quantité de nourriture disponible par tête de la population a augmenté. La production agricole a progressé plus vite que le nombre
des bouches à nourrir, le prix de la nourriture dimi-
nuait donc et laissait des revenus disponibles pour
les autres marchandises. A longue échéance, les
progrès de l'agriculture soviétique sont la condition
du rapprochement entre les niveaux de vie des deux
côtés du rideau de fer. Aussi longtemps que la production agricole soviétique n'augmente que lentement,
les planificateurs soviétiques ne pourront pas distribuer trop généreusement un pouvoir d'achat que les
consommateurs risqueraient de consacrer à l'achat
de produits alimentaires. On peut évidemment concevoir l'Union soviétique achetant au-dehors une
partie de sa nourriture en contrepartie de ses produits
industriels, mais ces achats sont pour l'instant
faibles.

L'autre donnée fondamentale, en dehors du logement, porte sur les perspectives d'accroissement
de la productivité dans l'industrie. Nous avons
vu que la croissance industrielle soviétique a été
rendue possible par l'augmentation massive des travailleurs employés. Pour le prochain plan quinquennal, une augmentation du nombre des travailleurs

---

1. J'étais trop optimiste : elle n'a pas été atteinte.

est encore prévue, mais on compte davantage sur les progrès de productivité.

Je voudrais terminer par quelques remarques sur la discussion idéologique entre socialistes et capitalistes, il y a un siècle, et la discussion entre tenants de l'économie soviétique et tenants de l'économie capitaliste aujourd'hui.

Les économistes qui croient à la rapidité plus grande de la croissance soviétique nous disent que l'avantage du régime de l'U. R. S. S. est que les planificateurs y sont résolus à employer au maximum les moyens techniques disponibles. La vertu du système tient à l'attitude des dirigeants, dans l'économie ou le parti. Les managers ou les entrepreneurs ont une autorité à peu près inconditionnelle sur leur personnel et peuvent donc pousser la production le plus fortement possible, sans tenir compte de considérations qui interviennent dans les régimes capitalistes ou démocratiques. Le régime soviétique consacre aux investissements un pourcentage considérable des ressources nationales. Même si le pourcentage des investissements bruts n'est pas beaucoup plus élevé que dans les pays occidentaux, le pourcentage des investissements nets est plus élevé et la répartition des investissements est déterminée par les planificateurs. Les observateurs favorables nous disent encore que, dans l'économie soviétique, on multiplie de toutes les manières les « incentives », les incitations à produire ; inégalités de salaires importantes, primes au rendement, le plus possible de salaires au rendement. De plus, toute tentative des syndicats pour réduire la production serait considérée comme criminelle. Et enfin, tous les secrets de fabrication sont, en principe, diffusés à travers l'ensemble de l'industrie.

Autrement dit, nous retrouverons certains facteurs de croissance. L'économie soviétique comporte
de la part des dirigeants, hommes de partis, planificateurs, managers, l'attitude économique, la volonté de croissance, l'aspiration technique. On y
multiplie les « incentives », on y sanctionne les
défaillances, on y récompense l'effort. On y accu-
mule le capital encore plus vite que ne le faisaient
les capitalistes au siècle dernier.

Si les résultats obtenus dans l'agriculture ou dans
la construction sont moins bons, c'est que les
Soviétiques n'ont pas pu y faire jouer les incitations
à produire. Il n'y a pas eu d' « incentives » dans
l'agriculture ; d'abord parce que l'on a voulu
prélever une partie trop grande des récoltes, ensuite parce qu'il est difficile de différencier la rétribution des producteurs agricoles en fonction de
l'effort fourni, sauf si l'on rétablit une certaine
propriété individuelle. C'est pourquoi on a fini par
restaurer un secteur limité de propriété individuelle où l' « incentive » à produire peut jouer à
plein.

Les résultats obtenus dans l'industrie d'un côté,
dans l'agriculture de l'autre, sont des illustrations
presque parfaites de la facilité ou de la difficulté
d'appliquer la technique de production collective,
d'un côté à l'industrie, de l'autre à l'agriculture.
Rien n'interdit d'appliquer la technique de production collective à l'industrie et d'obtenir une
croissance rapide. Dans l'agriculture et probablement aussi dans le commerce ou dans la construction, les difficultés sont grandes. En tout
état de cause, l'argumentation favorable à la
croissance soviétique est une argumentation que
j'appellerai *productiviste*. Or la théorie originelle
du socialisme était égalitaire : après le capitalisme
injuste arrivera le régime socialiste qui, bénéfi-

ciant de l'accumulation des moyens de produire, aura enfin la possibilité de répartir équitablement les bénéfices de l'effort commun.

Un siècle après, ironie de l'histoire, l'argumentation contre les régimes occidentaux, c'est qu'ils ne favorisent pas assez la croissance de l'économie. Or la croissance de l'économie n'est qu'un terme moderne pour désigner l'accumulation des moyens de produire, l'augmentation de la production. Le mérite suprême que l'on attribue à un régime de type soviétique, c'est de pousser au maximum la production.

Ce déplacement de la controverse idéologique mérite d'être observé. Peut-être, si l'on observe la réalité, découvre-t-on des antinomies fondamentales. Il n'est pas démontré que le régime qui produit le plus soit à d'autres égards le plus désirable, il n'est pas démontré que le régime le plus équitable soit en même temps le plus efficace. Il serait souhaitable que toutes les vertus fussent réunies, peut-être ne sont-elles pas toujours susceptibles de l'être. Mieux vaut alors ne pas attribuer à chaque régime des vertus exactement inverses de celles que les experts lui reconnaissent.

LEÇON XIII

De l'autodestruction du capitalisme

J'avais terminé la dernière leçon en posant, sans lui donner de réponse, la question suivante : Il existe deux modèles de croissance économique ; existe-t-il deux types de sociétés industrielles ? Pour donner une réponse convaincante, il faudrait évidemment suivre le développement de la société industrielle dans les deux types différents, au-delà des premières phases. Or, quel que soit le critère que l'on retienne, la société de type soviétique n'en est pas à la même phase que la société de type capitaliste. L'un des critères souvent retenus est celui de la proportion de la population active, employée dans l'agriculture ; elle est de l'ordre de 50 % (ou 45 %), en Russie soviétique, de moins de 10 % aux États-Unis. Mais, d'autre part, il n'est pas démontré que toutes les sociétés industrielles doivent aboutir aux mêmes proportions. Il serait nécessaire, en tout état de cause, pour pousser la comparaison, de s'interroger sur les transformations des sociétés industrielles de type capitaliste, puisque ce sont celles que nous connaissons le mieux. Du même coup, nous retrouvons un problème que nous avions indiqué il y a plusieurs semaines : parmi les objections majeures contre le capitalisme, j'avais signalé celle de l'autodestruction du capitalisme. J'avais laissé de côté cette question, parce que je ne pouvais l'envisager avant d'avoir procédé à la comparaison des croissances. Toutes les leçons seront, à partir d'aujourd'hui, consacrées au problème de l'évolution du régime capitaliste en temps que tel.

Quand on se demande ce que deviendront les régimes capitalistes, on a le choix entre trois niveaux différents :

Le premier est le plus concret : on se demande quel sera le devenir des sociétés occidentales capitalistes, britannique, américaine, européenne, considérées en tant que réalités *historiques*. L'évolution de ces sociétés capitalistes, considérées concrètement, peut être déterminée par des causes que les économistes appelleraient exogènes. Par exemple, ces sociétés pourraient être détruites par une invasion venue de l'extérieur, comme la civilisation des Aztèques a été détruite par l'invasion espagnole. Dans ce cas, il s'agit d'une prévision relative à la réalité historique.

Le deuxième niveau est celui de l'évolution économico-sociale. On peut observer quels sont les phénomènes, sociaux et économiques, qui résultent, dans une société capitaliste, du développement de la richesse, et se demander dans quelle mesure les classes sociales créées, les relations entre les classes suscitées par le développement capitaliste contribuent ou non à paralyser le fonctionnement du régime.

Il y a enfin un troisième niveau, d'abstraction

maximum, qui est celui de l'évolution strictement
économique : on peut se poser la question de savoir si un régime capitaliste, c'est-à-dire un régime fondé sur la propriété privée des instruments
de production et sur les mécanismes du marché,
tend à être paralysé par son fonctionnement propre
ou, en termes plus simples : une société capitaliste
très développée, du style américain, tend-elle à
avoir plus de difficultés à fonctionner qu'une
société capitaliste comme la société française
qui est, en termes économiques, moins développée ?

On a tort scientifiquement de confondre ces
trois niveaux et on aurait tort de croire à la valeur
absolue des conclusions auxquelles on arrive,
sur un niveau déterminé. Par exemple, je pense que
le régime capitaliste peut continuer à fonctionner
quelle que soit la phase de la croissance, mais il
n'en résulte pas que les sociétés capitalistes ne
seront pas détruites. Il peut y avoir, comme le
voulait Schumpeter, des raisons sociales et politiques pour lesquelles, à partir d'une certaine
phase, il est probable que le capitalisme soit paralysé ou transformé.

N'oublions pas en tout cas que les résultats
auxquels nous arriverons aujourd'hui sont comparables à des expériences mentales. La réalité, c'est
l'ensemble des trois problèmes que je distingue
pour la nécessité de l'analyse. Finalement la question décisive porte sur la réalité historique. Mais
si l'on veut penser clairement, il faut distinguer,
pourrait-on dire, trois sortes de mort, l'une strictement économique, l'autre sociale et politique, et la
troisième tenant à la relation de puissance entre
les univers de régime opposé.

La question que je pose est d'origine marxiste.
Ce sont, dans le passé, Marx et les marxistes sur-

tout qui ont posé la question de l'autodestruction
du capitalisme, mais ne croyez pas qu'il s'agisse
d'une obsession ; beaucoup d'économistes bourgeois ont posé cette question et plusieurs lui ont
même donné une réponse affirmative. Dans les
années 1930 la réponse positive, c'est-à-dire pessi-
miste, était à la mode, simplement parce que la
grande dépression sévissait. Dans les phases de
crises, les économistes croient volontiers à une
paralysie inévitable, dans les phases d'expansion
ils croient à la prolongation indéfinie de la prospérité.

Quelles sont les différentes versions de la théorie
proprement économique de l'autodestruction du
capitalisme ?

En essayant de réfléchir, au niveau le plus abstrait, sur les théories de l'autodestruction, j'ai
abouti à peu près à la classification suivante :

La première théorie, dont l'origine est dans
Marx mais qui prend d'innombrables formes, se
fonde sur la disparité, permanente et croissante,
entre la répartition des revenus et la capacité de
production. Le régime capitaliste serait incapable
d'absorber sa propre production, parce que la
répartition des revenus est telle qu'il y a un excès
de la capacité de production sur le pouvoir d'achat
disponible.

La formule classique de la contradiction entre
les forces et les rapports de production, dans la
mesure où elle signifie quelque chose, suggère que,
dans un régime capitaliste, on peut produire plus
que l'on ne peut vendre, qu'il y a moins de revenus
disponibles qu'il n'y a de marchandises sur le marché. Naturellement il faut raffiner la théorie : dans
n'importe quel régime, les marchandises s'échan-
gent finalement contre des marchandises et l'on
ne voit pas pourquoi cette disparité existerait

constamment. D'après la théorie que nous envisageons, la contradiction entre revenus et capacité de production irait en augmentant au fur et à mesure de la croissance.

La deuxième théorie se fonde sur l'insuffisance des investissements : la demande globale, dans un système économique, est composée de la demande de biens de consommation et de la demande de biens de production. Donc, si l'on veut que le capitalisme soit paralysé, il faut que ou bien la demande de biens de consommation ou bien la demande de biens de production soit insuffisante. Les uns affirment l'insuffisance de la demande de biens de consommation et les autres l'insuffisance de la demande de biens de production, c'est-à-dire l'insuffisance des investissements. Pourquoi y aurait-il insuffisance d'investissements ? D'après cette théorie, au fur et à mesure que le capitalisme se développe, les occasions d'investissements profitables diminuent, de telle sorte que la demande de biens de production deviendrait insuffisante pour maintenir le plein emploi.

La troisième théorie de l'autodestruction du capitalisme, fondée sur la propriété privée, consiste à dire ou bien que la croissance de l'économie a pour résultat de supprimer la concurrence nécessaire au régime capitaliste lui-même, ou bien que la propriété privée, à partir d'un certain point, est un obstacle à la croissance économique.

Vous trouverez des versions innombrables de chacune de ces idées simples mais, au bout du compte, ces trois théories fondamentales constituent une énumération complète. Le capitalisme étant défini par la propriété privée des biens de production et par les mécanismes du marché, la paralysie du capitalisme suppose ou bien que le régime de propriété empêche la croissance, ou bien que l'insuffisance de la demande empêche la croissance, et l'insuffisance de la demande à son tour se divise soit en insuffisance de demande de biens de consommation, soit en insuffisance de biens de production.

Il existe une autre théorie, plus compliquée, en particulier celle de Rosa Luxembourg, selon laquelle le régime capitaliste n'a jamais pu fonctionner et croître qu'en absorbant dans le système les territoires qui lui étaient extérieurs. Mais, finalement, cette théorie se ramène à l'une ou l'autre des trois autres versions que nous avons examinées.

La première théorie, selon laquelle l'insuffisance de la demande de biens de consommation ou l'inégalité de la répartition des revenus serait la cause de la paralysie du capitalisme, est superficielle, ennuyeuse, facilement réfutable dans l'abstrait et destinée à être répétée inépuisablement, quels que soient les arguments que l'on puisse faire valoir.

Pourquoi ne peut-elle être éliminée ? Quel que soit le niveau du développement économique, vous observez, dans une économie moderne, la juxtaposition de production excédentaire et de pauvreté ; il y a toujours des biens de consommation disponibles et une partie de la population incapable de les acheter. Le phénomène est évident, et il ne peut pas ne pas créer le sentiment d'un scandale. Chaque fois que ce phénomène classique prend une forme accentuée, la théorie de l'autodestruction du capitalisme par insuffisance de la demande revient avec une force émotionnelle irrésistible parce qu'elle est imposée, en apparence, par les événements eux-mêmes.

S'il n'y avait excès de production que d'un côté, je veux dire insuffisance de la demande d'un bien particulier, on pourrait encore répondre que la structure de la production ne correspond pas à la répartition de la demande. Tout le monde admettra qu'en l'absence d'inégalité foncière entre l'ensemble de la demande et l'ensemble de l'offre, il se produise des décalages entre ce que les gens veulent acheter et ce que les producteurs veulent vendre. Mais, dans un grand nombre de cas, on observe, en apparence, un *excès général* de production, ce que l'on appelle une crise. Cet excès de la production sur la demande n'est peut-être jamais aussi global qu'il le semble, mais il est assez de circonstances où l'excès paraît global pour que la thèse de l'autodestruction du capitalisme par l'insuffisance de la demande réapparaisse.

Il est exact qu'un régime capitaliste, c'est-à-dire non planifié, comporte ce que l'on appelle l'anarchie. Il y a en permanence un décalage entre ce qui serait rationnel (que l'on produise exactement ce que les gens veulent acheter) et ce qui se passe en fait. Il suffit que cette anarchie soit apparente pour que les hommes qui, logiquement, exigent que les sociétés soient satisfaisantes pour l'esprit, protestent. Mais contre l'apparente justification de cette théorie vous avez, dans l'abstrait, des évidences irrésistibles.

On parle de l'excès de production par rapport au pouvoir d'achat. Mais on en parlait déjà il y a un siècle, exactement dans les mêmes termes qu'aujourd'hui. Je me suis amusé à relire un livre d'un marxiste et, pour ne pas être suspect, j'ai pris le livre d'un marxiste violemment anticommuniste, M. Lucien Laurat. Celui-ci écrivait, en 1931, qu'aux États-Unis il y avait un excès de production sur le pouvoir d'achat disponible et que la prospérité exceptionnelle des années 1923 à 1928 n'était pas destinée à se reproduire ; nous sommes en 1956, la production a été multipliée par 2 et il n'y a pas d'excès de production aujourd'hui. Amusez-vous à ouvrir le livre de M. Siegfried sur les États-Unis écrit en 1928 ; il explique qu'il y a excès de la production américaine sur la capacité de consommation ; on produit deux fois plus aujourd'hui et il y a des consommateurs. A tous les niveaux de croissance, on peut soutenir la thèse de l'insuffisance du pouvoir d'achat. Celle-ci n'aurait un sens que si l'on pouvait démontrer l'existence et l'augmentation de cet excès de production ; or c'est ce que l'on ne peut pas faire, au moins jusqu'à présent.

Il faut aussi rappeler une proposition vieille et banale : toute production crée automatiquement un pouvoir d'achat égal à la valeur de la production. Comment est réparti ce pouvoir d'achat ? Toute production se résout en dépenses, soit de salaires ouvriers, soit d'achats de matières premières ou de machines, qui se divisent à leur tour en salaires ou en profits. Automatiquement, une production crée un pouvoir d'achat égal à la valeur de la marchandise produite. Il faudrait donc démontrer, pour confirmer la thèse de l'auto-destruction, que, au fur et à mesure que le capitalisme se développe, se réalise la prédiction de Marx dans certains textes, l'accumulation de la richesse d'un côté, l'accumulation de la pauvreté de l'autre. Il faudrait démontrer qu'il y a une répartition de plus en plus inégalitaire des revenus, qui aurait pour résultat d'empêcher les consommateurs d'absorber les marchandises produites en grande série.

Disons quelques mots de la théorie, revenue à la mode, de la paupérisation absolue ou de la paupérisation relative. Je laisse de côté la théorie de la paupérisation absolue parce qu'elle ne mé-

rite pas d'être discutée, elle est réfutée trop aisément, mais la théorie de la paupérisation relative
n'est pas absurde et a été soutenue par des économistes sérieux.

On entendait par paupérisation relative le fait
que les salaires ouvriers, ou, d'une manière générale, la part du revenu national attribuée aux
travailleurs, iraient en diminuant.

Il est difficile de discuter une théorie de cette
sorte, parce que les économistes ne disposent pas,
même dans l'abstrait, d'une théorie générale de
la répartition. S'il y a une théorie abstraite des
salaires, elle est celle de la productivité marginale, qui revient à dire que le salaire ouvrier s'établit
approximativement au niveau de la productivité du dernier travailleur employé. Si vous admettez cette théorie, vous n'avez aucune raison de
croire à la paupérisation relative. D'autre part,
si vous observez la relation entre les niveaux de
salaires selon les pays, vous avez une correspondance approximative entre les niveaux de salaires
et les niveaux de productivité moyenne. Cette
confrontation ne peut être faite que très en gros,
mais prenez l'exemple des États-Unis et celui de
la France, on constate une relation analogue entre
le niveau des salaires et celui des productivités.

Ajoutons qu'en termes abstraits dans *Le Capital*,
il n'y a pas de démonstration de la paupérisation
relative. Dans *Le Capital*, la valeur du salaire est
déterminée par la valeur des marchandises nécessaires à la vie de l'ouvrier et de sa famille. Marx
ajoute que les marchandises nécessaires à la vie de
l'ouvrier et de sa famille sont définies davantage de
manière psychologique et sociale que de manière strictement économique. Il note aussi que l'augmentation
de la force de production, ce que nous appelons l'augmentation de la productivité, permet de diminuer la

valeur des objets nécessaires à la vie de l'ouvrier et
de sa famille : la partie du travail nécessaire à l'entre-
tien des ouvriers va en diminuant. Il est donc possible, si le taux de l'exploitation n'augmente pas,
qu'il y ait augmentation du salaire réel de l'ouvrier.
Le seul argument par lequel Marx prétend démontrer la paupérisation relative, c'est l'armée de réserve industrielle. La raison pour laquelle, dans le
système marxiste, les salaires réels ne peuvent pas
augmenter à longue échéance, c'est uniquement
la pression sur le marché du travail d'ouvriers en
chômage. Si vous vous donnez par la pensée des syndicats organisés, susceptibles de faire pression sur
les entrepreneurs, il n'y a aucune contradiction
entre les propositions abstraites du *Capital* et l'augmentation du salaire réel. En style économique,
l'augmentation de la productivité dans n'importe
quel schéma entraîne logiquement l'élévation des
salaires réels des ouvriers, sauf si des facteurs sociaux
agissent en sens contraire. Le schéma du *Capital*
n'implique pas la paupérisation relative et il n'y a
jamais eu de démonstration proprement économique,
abstraite, de la paupérisation, absolue ou relative.

La démonstration de la paupérisation absolue ou
relative se heurte à une difficulté évidente, qui saute
aux yeux : l'augmentation de la productivité. Dans
un système où la productivité du travail augmente,
il est presque inconcevable que les salaires ouvriers
diminuent. Marx, quand il a réfléchi au phénomène
de l'augmentation de la productivité, n'a pu aboutir,
pour des raisons économiques, à une conclusion de
cette sorte. Cela dit, il est possible que, dans certaines
phases de la croissance économique en régime capitaliste, il y ait effectivement diminution du salaire
réel, par exemple lorsqu'il y a un excès considérable d'ouvriers sur le capital disponible, ou bien
lorsque la classe des entrepreneurs est spécialement

forte et la classe ouvrière spécialement faible. Mais,
en fait, nous le savons aujourd'hui, le développement
des sociétés capitalistes, dans un régime de démocratie
politique, aboutit au renforcement relatif de la
pression ouvrière sur les entrepreneurs.

En ce qui concerne une théorie plus générale de la
répartition, il est difficile, dans l'abstrait, de déterminer comment se répartit le revenu global de la
collectivité, ou comment se répartit le revenu à l'intérieur d'un secteur, entre propriétaires et fermiers
dans l'agriculture, entrepreneurs et salariés dans
l'industrie, petites et grandes entreprises. Ces phénomènes de répartition sont déterminés par des facteurs multiples parmi lesquels il est probablement
impossible d'isoler le facteur strictement économique.
On pourrait dire, en termes sociologiques, que la
répartition du revenu national entre les différents
groupes sociaux est au moins partiellement déterminée par le rapport des forces. En certaines phases,
les revenus d'un groupe augmentent aux dépens des
revenus d'un autre ; il est douteux qu'il y ait une
ligne générale de l'évolution. On observe certaines,
tendances de l'évolution, la diminution de la part qui
va à l'agriculture, la part croissante du revenu
national prélevée par le secteur tertiaire, mais aucun
de ces phénomènes n'est de nature à justifier la
thèse de l'autodestruction par paupérisation de la
grande masse.

Si nous passons de la théorie au concret, que nous
apprennent les statistiques en ce qui concerne la
paupérisation absolue ?

Il suffit de prendre les statistiques les plus grossières, pour constater que les salaires des masses
ouvrières d'Europe occidentale et des États-Unis
sont plus élevés aujourd'hui qu'il y a un siècle.

En ce qui concerne la paupérisation relative, les
interprètes des statistiques se divisent en deux écoles,

tout au moins parmi les économistes bourgeois.
L'école la moins optimiste prétend que la répartition du revenu national entre les salaires et les profits
est, dans l'ensemble, constante. Schumpeter, comparant les statistiques, prétend qu'il n'y a tendance
ni dans le sens de l'accroissement ni dans celui de
la réduction de la part des profits. D'autres, comme
Colin Clark, sont plus optimistes et croient que, dans
l'ensemble, la part des profits tend à diminuer et
la part des salaires à augmenter. Il suffit que la
répartition reste constante pour que la thèse de
l'autodestruction par insuffisance de la demande
de biens de consommation tombe d'elle-même.

Si l'on se reporte à l'expérience historique depuis
un siècle, on ne manque pas de constater un grand
nombre de phénomènes à propos de la répartition
des revenus, mais aucun ne confirme la thèse de
l'autodestruction. Par exemple, il y a une modification constante dans le rapport entre les revenus
mixtes et les revenus proprement capitalistes. Dans
la majorité des pays capitalistes, les revenus mixtes,
c'est-à-dire ceux des entrepreneurs qui sont à la
fois salariés et entrepreneurs, ceux de la petite
propriété paysanne, commerciale ou industrielle,
vont en diminuant. On constate que le niveau des
salaires réels s'élève à peu près en proportion du
produit national.

Les modifications les plus rapides, dans la répartition des revenus, semblent dues non pas à des
facteurs économiques, mais à des mesures politiques.
Par exemple, en Grande-Bretagne, il y a eu modification substantielle dans la répartition des revenus
entre 1938 et 1955, qui a eu pour résultat d'augmenter
la part des bas salaires par rapport à celle des salaires
élevés et, d'autre part, d'augmenter la part des
salaires par rapport à celle des profits. Ces modifications peuvent être obtenues par des mesures

économiques directes ou par des mesures fiscales.

L'accroissement de la fiscalité, dans la plupart des pays capitalistes, semble avoir pour résultat non pas de supprimer les revenus considérables qui se dépensent de manière ostentatoire, mais de réduire la part de ces revenus très élevés. Dans la mesure où l'on peut observer, dans la mesure où l'on peut raisonner, il n'y a aucune raison de croire que la croissance économique crée elle-même des causes de paralysie à cause de la répartition des revenus. Il y a même des raisons sérieuses de penser que l'insuffisance du pouvoir d'achat apparaît de manière plus nette dans une phase initiale que dans une phase de maturité. Supposez, en effet, que, dans l'Inde par exemple, on veuille construire une fabrique d'automobiles : étant donné la dimension minimum d'une fabrique d'automobiles, la production aura peine à trouver preneurs en raison de la pauvreté de la population. C'est dans un pays sous-développé, qui commence son développement économique, que s'accuse le phénomène de contraste entre la capacité de production et la capacité d'achat.

En revanche, dans les pays développés, les difficultés intrinsèques qui tiennent à la pauvreté tendent à diminuer. De plus, dans les pays les moins évolués, les classes dirigeantes sont les plus autoritaires, les moins conscientes des nécessités économiques, les plus portées à dépenser et les moins portées à investir.

Si vous tenez compte de tous ces phénomènes, vous comprendrez la théorie marxiste, extrapolation indéfinie des phénomènes qui s'observent dans les phases initiales d'industrialisation plutôt que dans les phases de maturité.

Je passe à la deuxième théorie, plus intéressante, plus difficile aussi à discuter dans l'abstrait, qui

266 Dix-huit leçons sur la société industrielle

concerne les décisions d'investissements. Est-ce qu'il
y a de moins en moins d'occasions d'investissements ? En termes dialectiques, l'idée se présenterait de la manière suivante : ou bien les entrepreneurs veulent maintenir leurs profits et alors ils
ne peuvent pas payer de salaires élevés et le pouvoir
d'achat sera insuffisant, ou bien ils veulent payer
des salaires élevés pour qu'il y ait du pouvoir d'achat
disponible et du même coup les profits disparaîtront.
Vous pouvez subtiliser la théorie, mais elle revient
toujours à l'idée que le système sera paralysé par
manque de profits ou par manque de pouvoir
d'achat. C'est un nouvel aspect du caractère alternatif des deux théories : ou il y a manque de demande
de biens de consommation, ou il y a manque de
demande de biens de production.

La théorie marxiste de l'autodestruction du capitalisme n'était pas prise au sérieux dans le monde
occidental au cours du xixe siècle. Dans la période
de baisse des prix, à la fin du siècle, les économistes
bourgeois commencèrent à s'interroger, puis est
venue la phase d'expansion et de hausse des prix
avant la guerre de 1914 et la théorie a disparu.
Dans les années 1930 elle a reparu sous une forme
nouvelle et s'appelle la théorie de la stagnation ou
de la maturité.

Elle a été développée, en particulier, par un
économiste américain, Hansen, qui a essayé de
démontrer que les conditions dans lesquelles se
trouvait le régime capitaliste dans la troisième
décennie du xxe siècle, rendaient probable la paralysie du système ou, du moins, créaient la stagnation.
La théorie de la stagnation prend des formes multiples et naturellement subtiles. Un stagnationniste
ne dira pas qu'un régime fondé sur l'initiative privée
cesse de progresser à partir d'une certaine phase ;
il dira qu'il y a un intervalle croissant entre la

production possible et la production effective, ou qu'il y a un intervalle croissant entre l'emploi effectif et l'emploi possible, ce qui signifie, en d'autres termes, qu'il y aura un chômage permanent de plus en plus grand ; ou encore il dira que le rythme de croissance de l'économie se ralentira de proche en proche et sera de plus en plus inférieur au rythme possible.

A quoi tient la demande de biens de production ? Le plus simple est de se référer au modèle keynesien qui a servi de point de départ aux théories de la stagnation ; les décisions d'investissements tiennent au rapport entre le prix de l'argent et la productivité marginale du capital. Pour que l'on décide d'investir, il faut que l'argent que l'on emprunte coûte moins cher que le rendement que l'on en espère. On peut concevoir des situations où, effectivement, le prix de l'argent soit plus élevé que le rendement marginal du capital. Ajoutons que le rendement marginal du capital n'est pas le rendement actuel du capital, mais le rendement du capital escompté par l'entrepreneur. Or l'anticipation du profit par l'entrepreneur est un phénomène à moitié psychologique, et il peut se trouver des situations où la dépression règne, où les entrepreneurs ne croient plus en eux-mêmes et sont convaincus que le marché est saturé, où le coût de l'argent est tel que le rendement escompté du capital paraît insuffisant. Dans une telle conjoncture, les décisions d'investissements ne seront pas assez nombreuses. On conçoit des situations où la demande d'investissements est insuffisante pour maintenir le plein emploi. C'est une situation de cet ordre qui a suscité la théorie keynesienne et il n'est pas exclu qu'une telle situation puisse se reproduire dans d'autres périodes.

Cette possibilité étant admise, cette insuffisance des investissements ou du rendement marginal du

capital est-elle le résultat nécessaire ou probable de
la croissance économique ? Quelles sont les causes qui
détermineraient cette insuffisance des investissements au fur et à mesure de la croissance ?

Les trois raisons principales qui ont été données
par les stagnationnistes sont les suivantes :

La première raison serait la disparition des frontières. Le capitalisme se serait développé aussi
facilement parce qu'il avait de nouvelles terres à
conquérir ou mettre en valeur. Aux États-Unis,
des terres vierges se trouvaient encore situées au-delà
de la frontière. Or l'absorption de ressources supplémentaires serait un facteur nécessaire ou, au moins,
favorable à la croissance. C'est d'une certaine façon
la reprise de la théorie de Rosa Luxembourg.

La deuxième raison est que les investissements
les plus faciles ont déjà été faits et que, au fur et à
mesure que s'accumulent les investissements, il y
a moins d'investissements possibles, donc moins
d'occasions de profit. Les stagnationnistes avaient
tendance à dire que les progrès techniques les plus
importants avaient déjà été réalisés, ou encore que
les progrès techniques d'aujourd'hui exigeraient
moins de capital. D'une façon ou d'une autre, la
croissance serait ralentie au fur et à mesure de sa
progression.

La troisième raison est d'ordre démographique.
L'augmentation de la population ayant été un des
facteurs décisifs de la croissance économique au
XIXᵉ siècle, les pays occidentaux à population
stationnaire seraient exposés au péril de la stagnation
économique.

Aucun de ces arguments ne me paraît décisif.
A vrai dire, si une crise grave survient, on leur
attachera de nouveau une grande importance. Mais,
dans les phases où la croissance se poursuit, ces
arguments laissent l'observateur sceptique.

En ce qui concerne la disparition des frontières, il y a aujourd'hui encore un grand nombre de pays sous-développés, à peine intégrés à la civilisation industrielle ; il y a donc, en réalité, des frontières ouvertes et des territoires à conquérir. La formule de Valéry, « le temps du monde fini commence » répétée indéfiniment il y a vingt ans, n'est qu'une formule littéraire. Elle n'est vraie que dans la mesure où elle vise la solidarité des pays et des continents. *Économiquement* on ne manque pas de terres à conquérir. Les savants atomistes ne manquent pas de projets grandioses, et même les Français en trouvent au Sahara. On ne doit pas craindre la disparition des frontières mais celle des ressources naturelles. Il va de soi que si les réserves de matières premières ou de nourriture étaient insuffisantes pour maintenir la production, il y aurait un obstacle insurmontable à la croissance, mais nous n'en sommes pas encore là.

D'autre part, il n'y a aucune démonstration possible, il n'y a aucune démonstration vraisemblable qu'une croissance interne, en intensité, soit exclue. Peut-être y a-t-il une facilité supplémentaire à créer une économie de type moderne lorsque rien n'existe. Il faut tracer des routes, construire des chemins de fer, et les occasions d'investissements sont immédiatement données. Lorsque les routes, les chemins de fer existent et qu'il n'y a plus qu'à les entretenir, des occasions d'investissements ont disparu. Mais au fur et à mesure de la croissance, le niveau de vie de l'ensemble de la population s'élève, d'où résulte une demande croissante de biens par des classes de la population qui auparavant ne pouvaient pas prétendre à ces biens. En théorie, il n'y a aucune raison d'admettre qu'une économie ne peut pas se développer sans occuper de nouvelles terres.

L'argument du manque d'occasions d'investissements peut prendre deux formes. Ou bien on affirme que les principales découvertes techniques sont faites et que, par conséquent, l'on ne créera plus d'industries neuves. Le fait serait assez important, car un des facteurs de la croissance économique au XIXᵉ siècle a été le surgissement d'industries nouvelles. La théorie, selon laquelle il n'y aura plus d'industries nouvelles, a été lancée durant les années 1930, et depuis lors il y a au moins trois industries nouvelles qui ont joué un rôle considérable dans la croissance : certaines industries chimiques (matières plastiques), les industries électroniques et les industries atomiques.

Ou bien on attribue le manque d'occasions d'investissements non pas au vieillissement technique mais à une cause économique, à savoir la diminution du taux du profit. Il y aurait manque d'occasions d'investissements non pas parce qu'il n'y aurait plus d'inventions mais parce que l'on ne pourrait plus faire de profit. On retrouve ainsi une idée de Marx, celle de la loi de la baisse tendancielle du taux du profit. Je n'ai pas l'intention de le discuter en détail ici, ce qui supposerait connu l'ensemble des schémas marxistes, mais les économistes bourgeois ont retrouvé l'équivalent de cette loi. Au reste, à l'origine de cette loi, on trouve une conviction des classiques selon laquelle le taux d'intérêt tendrait à baisser. C'est de ce fait que Marx a voulu donner l'explication ; comme le profit est prélevé sur le travail ouvrier, au fur et à mesure que la part du travail ouvrier diminue dans la valeur totale de la marchandise, il y aurait une baisse du taux du profit. Et Keynes, lui aussi, a envisagé un phénomène de cette sorte et a pensé que dans certaines circonstances il pourrait effectivement y avoir insuffisance du profit.

Pour discuter en toute rigueur la théorie de la baisse du taux du profit, il faudrait que l'on disposât d'une théorie générale du profit, il faudrait que l'on sût d'où vient le profit, et s'il y a une raison pour que le profit diminue au fur et à mesure de la croissance économique.

Sans entrer dans les discussions relatives au taux du profit, il y a au moins un facteur de profit reconnu par tous les économistes, c'est l'avantage que peut tirer le producteur qui innove, qui crée ou qui applique un procédé nouveau de fabrication. Il suffit que l'innovation continue, il suffit qu'il y ait progrès technique pour qu'il y ait au moins une source de profit maintenue, celle qui vient de l'avance que prend un entrepreneur particulier ou un groupe particulier d'entrepreneurs par rapport à ses concurrents. Donc pour que l'on pût démontrer, par des raisons économiques, la diminution des perspectives de profit, il faudrait montrer que la source du profit est telle qu'elle se tarit au fur et à mesure de la croissance. La seule démonstration tentée est celle que l'on trouve dans *Le Capital* et qui est liée à une série d'hypothèses, aujourd'hui abandonnées. En l'état actuel de nos connaissances, il y a effectivement des circonstances, possibles ou réelles, où le taux du profit est tel que le volume des investissements est insuffisant, mais il n'y a certainement pas de démonstration, pour l'instant, que la diminution du taux du profit obéisse à une tendance séculaire et qu'à partir d'un certain point de la croissance les profits ne soient plus possibles ou même simplement que les profits possibles à partir d'une certaine phase de la croissance soient tels que le plein emploi ne puisse pas être assuré.

Je voudrais vous dire quelques mots sur l'argument de la diminution de l'augmentation de la population : Une population en augmentation est un

facteur direct de croissance économique, si vous
considérez les chiffres globaux. Mais si l'on suppose
une population stationnaire, est-il impossible que
croisse le produit par tête de la population ? A nouveau, on chercherait vainement une démonstration
de cette sorte ; à nouveau, la thèse de la stagnation
par suite du caractère stationnaire de la population
suppose qu'il ne puisse pas y avoir de croissance
intensive ; elle suppose qu'une population ne puisse
pas augmenter le produit national par amélioration
de la technique, par augmentation de la productivité.

Les stagnationnistes ont développé des théories
plus complexes pour expliquer pourquoi le ralentissement de l'augmentation de la population exerçait
une influence paralysante : dans une population qui
croît rapidement, il y a une forte proportion de
jeunes, c'est-à-dire d'individus qui consomment
sans produire. C'est donc une population qui normalement a une propension forte à consommer, une
propension faible à épargner. L'excès d'épargne,
générateur de chômage, ne se produirait pas.

D'un autre côté, une population stationnaire,
lorsque la durée moyenne de la vie augmente, comprend une forte proportion de gens âgés qui peuvent
également être des gens qui consomment sans produire. Donc à l'époque où l'on craignait un excès
d'épargne et une insuffisance d'investissements, on
pouvait objecter qu'une proportion relativement
faible de jeunes serait compensée par une proportion
relativement forte de vieillards et que, par conséquent, la propension à la consommation considérée
comme nécessaire ne ferait pas défaut.

Je ne veux pas affirmer qu'une population stationnaire ne soit pas portée à la stagnation. Il est possible que le ralentissement de l'augmentation de la
population soit un facteur de ralentissement de

croissance, mais l'argument par lequel on passe de
l'un à l'autre est d'ordre social et non d'ordre économique. Il est possible qu'une population qui n'augmente plus soit une population qui ne songe plus à
l'avenir, où les entrepreneurs ne sont plus intéressés
à élargir leurs entreprises, où l'on investit peu et où
l'on crée peu de richesses. Il est possible qu'une population stagnante soit en même temps une population
à faible croissance économique, mais, pour l'instant,
nous en sommes à une sorte d'expérience mentale :
est-ce que, en théorie économique, l'absence d'augmentation de la population est un facteur direct de
stagnation? A s'en tenir à un raisonnement économique abstrait, une population stationnaire peut parfaitement poursuivre la croissance économique.

Nous connaissons, pour passer de la théorie aux
faits, des économies à taux faible de croissance ou
quasi stationnaires. Mais ce ne sont pas les économies les plus développées. L'économie américaine
est encore aujourd'hui une économie à taux élevé de
croissance[1], et elle est beaucoup plus mûre que
l'économie française, qui a été, pendant une quinzaine
d'années, une économie stagnante, peut-être à cause
de l'absence d'augmentation de la population (mais
qui ne l'est plus aujourd'hui). Il est possible, sur le
plan des phénomènes sociaux, qu'il y ait un lien
entre le mouvement de la population et la croissance économique. Mais la théorie que j'examinais
était la théorie abstraite de l'autodestruction du
capitalisme pour des causes créées par la croissance
elle-même. La théorie supposait que la croissance
devenait impossible, soit parce qu'il n'y avait plus
de terres nouvelles à englober dans le système, soit
parce qu'il n'y avait plus d'occasions d'investissements, soit parce que la population n'augmentait

1. Cette proposition n'est plus vraie depuis 1955.

plus. Or, depuis le moment où cette théorie a été proposée, les populations d'Europe occidentale et des États-Unis ont recommencé à augmenter, des découvertes techniques fondamentales ont été faites, et il y a eu absorption dans le système de terres et de ressources nouvelles.

Donc, il n'existe pas sur ce plan économique abstrait de démonstration de l'autodestruction. C'est là une victoire précaire, puisqu'elle revient à dire que s'il y avait destruction du régime capitaliste, celle-ci ne serait pas due à des causes proprement économiques. Or, celui qui est sur le point de mourir n'est ni rassuré ni consolé si on lui assure qu'il ne meurt pas de la maladie que le médecin a diagnostiquée mais d'une autre.

De l'autodestruction du capitalisme (suite)

J'ai examiné et discuté la semaine dernière la thèse de l'autodestruction du régime capitaliste sur le plan strictement économique. Je m'étais borné à une analyse rigoureusement abstraite, en examinant deux des arguments invoqués : d'une part l'insuffisance du pouvoir d'achat créé au fur et à mesure de la croissance économique, par suite d'une répartition de plus en plus inégalitaire des revenus ; d'autre part l'insuffisance des investissements, en particulier la disparition progressive des occasions d'investissements profitables. J'ai essayé de vous montrer que ni l'un ni l'autre de ces deux arguments ne peut être démontré. Il nous reste aujourd'hui à examiner un troisième argument qui est celui de l'autodestruction progressive de la propriété privée et de la concurrence.

L'argument se trouve sous une première forme dans l'œuvre de Marx. Il a été repris sous des formes multiples dans la littérature économique aussi bien

marxiste que bourgeoise et, en gros, revient à l'idée
suivante : au fur et à mesure de la croissance économique, les formes juridiques de la propriété privée
deviennent de plus en plus incompatibles avec une
économie développée et, en particulier, la concurrence
aurait pour résultat de se paralyser elle-même. Le
système capitaliste impliquerait la concurrence et la
concurrence, au fur et à mesure de la durée, jouerait
de moins en moins.

Il y a un sens où la formule de l'autodestruction
de la propriété privée est vraie dans une certaine
mesure : il est vrai qu'avec le développement de
l'économie moderne une certaine sorte de propriété
privée disparaît de certains secteurs ou de certains
types d'entreprises. Au fur et à mesure de la croissance économique, dans certains secteurs, naissent
d'immenses entreprises qui ne présentent plus les
caractères que Karl Marx considérait comme typiques
de la propriété privée. Il y a une phrase de Marx
que j'aime à citer : Les sociétés par actions, la dispersion du capital des grandes entreprises entre des
actionnaires multiples constituent déjà une destruction de la propriété privée. Bien entendu, il ajoutait :
dans le cadre du capitalisme. Si la dispersion de la
propriété des grandes entreprises entre des actionnaires qui se comptent par milliers, dizaines ou centaines de milliers, équivaut à l'élimination de la
propriété privée, une grande corporation américaine n'est plus une propriété privée et, en ce sens,
la croissance économique a pour résultat de provoquer une sorte de socialisation de la propriété.

Dans certains secteurs, les moyens de production
doivent être concentrés et, dans la plupart des cas,
cette concentration technique oblige à une dispersion juridique entre les individus ou à une étatisation
de la propriété. Il ne s'agit pas d'une nécessité rigoureuse, il est possible d'observer une concentration

technique et une concentration de capital extrêmement poussées sans dispersion de la propriété juridique. Après tout, l'affaire Krupp et l'affaire Ford
étaient restées propriété privée d'une famille. Même
dans le cas d'une énorme concentration technique et
capitaliste, la propriété privée peut subsister ; mais
au moins dans le cas de Ford, des actions ont été
dispersées entre des personnes privées multiples et,
en général, on observe une tendance à cette dispersion de la propriété, donc à un changement de la
nature de la propriété privée (la nationalisation est
une autre réponse au même problème).

Mais politiquement, idéologiquement, le fait que
les actions des grandes corporations soient dispersées entre des propriétaires nombreux ne représente
pas une destruction du capitalisme ; en un certain
sens, il en représente au contraire l'épanouissement.

L'argument le plus souvent employé concerne
l'autodestruction de la concurrence. Au fur et à
mesure que les moyens techniques de production
impliquent d'immenses concentrations de capital, se créent des monopoles qui tendraient à détruire la concurrence même, dont ils seraient nés.

La discussion de la thèse relative à la paralysie
du capitalisme par les monopoles a été menée par
Schumpeter de manière si brillante et convaincante
que je passerai très rapidement, en me bornant à
vous rappeler un certain nombre des idées essentielles.

Il n'est pas facile de définir rigoureusement ce que
l'on entend par « monopole ». Au fur et à mesure que
l'on essaie de préciser la notion on découvre que,
même dans le secteur le plus concentré, il n'y a jamais
de monopole, au sens rigoureux du terme. Quel que
soit le secteur que vous considérez, il n'y a jamais
une entreprise unique et à supposer même qu'il y eût
une entreprise unique dans un secteur donné, il n'y

aurait pas encore monopole absolu parce que rarement, dans une économie moderne, un produit
ne comporte pas de substitut ; il y a alors une concurrence indirecte par les produits de substitution.

En un autre sens, il y a toujours monopole, et je
vous renvoie au livre d'un économiste américain,
E. H. Chamberlin, *La Concurrence monopolistique*.
Il n'y a jamais deux produits qui soient exactement
les mêmes ; tout vendeur d'un produit a une espèce
de monopole de ce produit particulier, il a au moins
le monopole d'être établi en un certain lieu de vente,
de présenter le produit à tel consommateur, à tel
endroit.

Ce deuxième argument est en quelque sorte contraire
au premier : en un certain sens il n'y a jamais de
monopole, en un autre sens il y a toujours monopole.

Ces deux arguments, contradictoires et complé-
mentaires, n'ont pas d'autre objet que de montrer
l'équivoque de la notion abstraite de monopole et
de nous amener à la vraie discussion : L'intervention
d'immenses entreprises et la substitution de la concurrence oligopolistique à la concurrence idéale des
libéraux a-t-elle pour résultat d'entraîner une paralysie du système ? Schumpeter a montré que le fonctionnement réel de la concurrence n'est nullement
exclu par le fait que les producteurs sont concentrés
et que les grands producteurs sont en mesure d'influer
sur le prix par la politique qu'ils suivent. L'argumentation classique contre les monopoles était
fondée sur le fait que le marché idéal des libéraux
suppose un grand nombre de producteurs, de puissance comparable, sans qu'aucun de ces producteurs soit en mesure de manipuler les prix par son
action propre, sans qu'aucun producteur puisse diminuer la production globale.

Ce que l'on a montré de multiples manières, c'est
que la concurrence telle qu'elle se déroule entre un

petit nombre de producteurs est très différente de
la concurrence idéale entre un très grand nombre de
producteurs de puissance équivalente. Il est possible
que telle grande entreprise suive une politique de
prix et une politique de production, différentes de
celles qui se réaliseraient dans le cas de la concurrence
idéale, mais on a montré aussi que cette concurrence
entre grandes corporations n'empêche ni le progrès
technique ni le développement de la production.

La concurrence idéale entre un très grand nombre
de producteurs était considérée comme la meilleure
possible dans une hypothèse statique. A partir du
moment où l'on fait intervenir des considérations
de croissance, c'est-à-dire les innovations, les transformations des moyens de production, le lancement
d'industries nouvelles, il peut être utile que les
grandes entreprises s'assurent des profits excédentaires qui récompensent les innovations ; il peut être
utile que des producteurs plus conservateurs parviennent à amortir le choc des innovations. La manière imparfaite dont la concurrence fonctionne
en fait n'est pas nécessairement la pire.

On peut démontrer que la concurrence de fait ne
se déroule pas selon les schémas du libéralisme idéal,
on ne démontre pas du même coup que cette concurrence imparfaite soit pire que la concurrence théoriquement parfaite, et, en tout cas, si poussée que soit
la concentration dans tel ou tel secteur, il subsiste
une concurrence entre les grandes corporations et
entre les produits de substitution qui contredit la
thèse de l'autodestruction par la paralysie progressive de la concurrence.

Nous avons maintenant passé en revue les trois
arguments les plus couramment employés pour justifier la thèse de l'autodestruction du capitalisme.
Mais les résultats que nous avons obtenus sont trop
faciles, on finit par se demander si jamais aucun éco-

nomiste a réellement pu croire à une théorie de l'autodestruction du capitalisme pour des causes strictement économiques. L'idée même d'un schéma idéal
du régime capitaliste se détruisant lui-même est
inconcevable.

Ce que nous avons appelé, ce que l'on appelle
d'ordinaire un régime capitaliste est un régime fondé
sur la propriété privée des instruments de production
et sur la concurrence. Pour démontrer que l'autodestruction intervient par suite de causes strictement
économiques, il faudrait démontrer qu'un tel régime
ne crée pas un pouvoir d'achat régulièrement pro-
portionné à la production, ce qui dans l'abstrait est
inconcevable. Il est concevable que concrètement,
dans des situations historiques, il y ait un pouvoir
d'achat insuffisant pour absorber une certaine
production, il n'est pas concevable qu'un système de
propriété privée ait pour conséquence de créer de
manière permanente, ou à partir d'une certaine date,
un pouvoir d'achat insuffisant pour absorber la
production.

Supposons même qu'un système de propriété
privée implique une répartition telle des revenus
disponibles que la production ne puisse pas être
absorbée, il resterait encore à démontrer que, dans
un système de cet ordre, l'État ne peut pas prendre
de mesures pour rectifier cette répartition du revenu.
Or dès que vous niez la capacité de l'État de modifier
la répartition spontanée des revenus, vous sortez
de la démonstration strictement économique et vous
arrivez à une démonstration sociologique. Aucun
économiste n'a développé une théorie économique
de l'autodestruction du capitalisme, même Marx,
quoi qu'on en dise. Les deux idées que l'on met au
compte de Marx pour justifier cette théorie, l'une
l'idée de la paupérisation, l'autre l'idée de la baisse
tendancielle du taux du profit, ne conduisent ni

l'une ni l'autre à une démonstration économique de l'autodestruction du régime capitaliste. En effet, la paupérisation est fondée, chez Marx, sur l'armée de réserve industrielle, c'est-à-dire sur l'excédent des ouvriers par rapport aux offres de travail, ce qui est un phénomène démographique et social beaucoup plus qu'un phénomène économique. La loi de la baisse tendancielle du taux du profit, à supposer même qu'elle soit vraie, ne fournit pas la démonstration cherchée puisque personne, pas même Marx, n'a pu fixer le taux du profit à partir duquel le système ne peut pas fonctionner.

Précisément parce que cette réfutation est trop facile, l'on en vient au problème réel qui est le suivant : Au fur et à mesure de la croissance économique telle que j'ai essayé de l'analyser, un système fondé sur la propriété privée et sur les mécanismes du marché fonctionne-t-il de moins en moins bien ? Tout ce que j'ai montré jusqu'à présent, c'est que l'on ne peut pas faire sortir du schéma idéal d'un tel système la paralysie progressive, mais je n'ai pas démontré que la croissance ne créait pas des facteurs qui agiraient dans le sens du ralentissement ou de la paralysie du développement.

J'en arrive à ce problème : Peut-on par l'analyse des phénomènes de croissance démontrer ou bien que les facteurs qui tendent à accélérer la croissance disparaissent progressivement, ou bien que les facteurs qui tendent à ralentir la croissance se renforcent avec le progrès de celle-ci ? Cette manière de poser le problème est plus compliquée et ne permet pas de réponse aussi catégorique que le problème précédent.

Pour le résoudre, il faudrait disposer d'une théorie générale de la croissance ; il faudrait énumérer les facteurs qui normalement tendent à accélérer la croissance ; ensuite les facteurs qui tendent à la ralentir ou à la paralyser et se demander si, au fur et à mesure de la croissance, les uns ou les autres sont affaiblis ou renforcés.

Je viens de définir les termes abstraits, idéaux, dans lesquels se poserait aujourd'hui, en fonction de la théorie de la croissance, le problème marxiste traditionnel : Le capitalisme tend-il progressivement à se paralyser lui-même ? Il est naturellement plus facile de poser le problème que de le résoudre. Je vais me borner à énumérer un certain nombre de facteurs favorables ou défavorables à la croissance, qui tendent à se renforcer au fur et à mesure de la croissance elle-même, non pas du tout pour aboutir à une conclusion dogmatique — mon intention n'est jamais dans ce cours d'aboutir à des conclusions dogmatiques —, mais pour vous montrer comment se posent les problèmes.

Quels sont les facteurs favorables à la croissance qui semblent se renforcer peu à peu ? Je vais vous en indiquer quelques-uns en les commentant.

Un des éléments essentiels d'une économie moderne est l'attitude proprement économique des hommes. Elle peut se définir par la recherche du calcul rationnel ou l'effort pour appliquer la science à l'industrie ; elle est faite d'un mélange de calcul rationnel et du sens de l'innovation lié à la technique. Or elle semble se répandre de plus en plus, au fur et à mesure de la croissance.

Ainsi le paysan producteur, dans la majorité des pays, est le plus lent à être gagné à l'attitude économique moderne. Dans un pays comme la France, une bonne partie de la masse des paysans travaille et produit selon la tradition, et non pas selon un calcul économique rigoureux. Mais, normalement, l'attitude économique se généralise avec la croissance elle-même. C'est là un facteur qui, bien loin

d'être amorti au cours du développement économique, tend de lui-même à se renforcer.

Les économies les plus développées comme l'économie américaine sont celles où les îlots de mode de
travail traditionnel tendent à disparaître. On peut
dire que les sociétés occidentales tendent à devenir
de plus en plus capitalistes, en ce sens que l'attitude
d'abord limitée à un petit nombre a tendance à
se communiquer progressivement à des couches de
plus en plus importantes de la population.

Deuxième facteur, favorable à la croissance, qui
bien loin de s'amortir se renforce : le progrès scientifique. Le rythme du progrès scientifique semble, au
milieu du XXᵉ siècle, sensiblement plus rapide qu'au
milieu du XIXᵉ siècle, et, en tout état de cause, étant
donné que les connaissances scientifiques et techniques disponibles ne sont jamais appliquées qu'à
une partie de la production, le développement capitaliste lui-même permet de généraliser l'application
de la science à l'industrie.

On a essayé de calculer ce facteur favorable à la
croissance en se posant le problème : Quel est le
montant du capital nécessaire pour obtenir un
accroissement donné de la production ? C'est un
problème que Colin Clark a traité récemment, et il
ne manque pas d'économistes qui soutiennent que le
volume de capital nécessaire pour obtenir un certain
accroissement de la production est plus faible aujour-
d'hui qu'il y a un siècle ou qu'il y a cinquante ans.
Avec le même montant de capital, on pourrait obtenir un accroissement plus rapide de la production, ce
qui serait donc un facteur favorable à la croissance,
que la croissance tendrait elle-même à renforcer.

Troisième facteur, favorable à la croissance et
créé par la croissance elle-même : la disponibilité
en capital. Dans les phases initiales de la croissance,
le bas niveau de vie est un facteur qui tend à limiter

les disponibilités en capital puisque l'on ne peut pas réduire la consommation au-dessous d'un certain minimum. Plus le niveau de vie est élevé, plus les revenus par tête de la population sont élevés, et plus la marge du produit national susceptible d'être investie sans sacrifices extrêmes de la part de la population augmente. En termes ordinaires, plus une société est riche, plus elle peut épargner, plus elle peut investir et, en ce sens, nous arriverions à une idée simple : la croissance tend à s'entretenir elle-même et non à se paralyser.

Quatrième facteur d'accélération de croissance : plus une collectivité est riche, plus elle peut consacrer une part importante de sa richesse à l'éducation des jeunes générations. Or plus une population est instruite, plus le nombre des techniciens est grand et plus la croissance sera favorisée. Les ressources collectives disponibles pour l'éducation des jeunes générations sont un des facteurs décisifs pour rationaliser la conduite économique de la population. Par ce biais, la croissance, loin de s'amortir, s'entretient et se renforce elle-même.

Enfin, dernier argument : plus le pouvoir d'achat d'une population est grand et plus il est facile de créer des industries nouvelles, de mettre en circulation des biens nouveaux. L'exemple le plus évident, c'est la diffusion rapide de l'industrie électronique aux États-Unis, précisément parce qu'une grande partie de la population américaine est susceptible d'acheter des biens de consommation durables. Comme la majorité de la population américaine n'est pas réduite à consommer son revenu pour acquérir les produits de première nécessité, il a été possible de lancer dans le minimum de temps la production en grande série de postes de radio et de télévision.

Le phénomène qui a frappé Marx et qui l'a conduit

à suggérer la théorie de l'insuffisance permanente du pouvoir d'achat, appartient à la phase initiale de l'accumulation du capital. En son temps, les revenus disponibles étaient faibles et toute société où les revenus sont faibles est menacée par l'insuffisance de pouvoir d'achat. L'idée semble paradoxale et, chaque fois que l'on essaie d'expliquer le mécanisme, on se heurte à un scepticisme indigné. Il suffit d'ailleurs, pour résoudre le problème, d'employer la méthode des Soviétiques : accumuler le capital dans les industries lourdes, les produits de ces industries servant à créer de nouvelles usines. Dans ce cas, avec le minimum de développement de l'industrie légère, vous évitez évidemment les difficultés de l'insuffisance de pouvoir d'achat que connaissent les pays d'économie moderne dans les phases initiales de la croissance. Mais précisément, au cours de la croissance, la difficulté, suscitée par l'insuffisance du pouvoir d'achat, a tendance à diminuer.

Voilà le premier volet du dyptique, c'est-à-dire les facteurs de croissance, renforcés par la croissance elle-même.

Le deuxième volet, ce sont les facteurs de croissance qui semblent au contraire s'affaiblir ou s'amortir avec le développement de l'économie.

Le premier facteur est celui du ralentissement de l'augmentation de la population. Comme je vous l'ai indiqué la semaine dernière, il n'est pas tellement facile de mesurer exactement l'effet de ce ralentissement sur la croissance du produit par tête. Un certain nombre de difficultés en résultent. Les productions élémentaires, les productions de base, comme les productions agricoles, connaissent des difficultés. S'il n'y a pas d'augmentation de la population, on court le risque constant que la production agricole dépasse les besoins de la population. Il suffit, effectivement, qu'un pays ait une population

stationnaire et une production croissante dans l'agriculture pour qu'il en résulte un surplus de la production agricole par rapport au pouvoir d'achat qui
se porte de lui-même sur la nourriture. On peut
réduire la fraction de la population qui travaille
dans l'agriculture, mais cette réduction exige des
transferts pénibles. De manière générale, une population stationnaire, sans être condamnée à la paralysie, connaît des difficultés de croissance particulières
du fait que les transferts de main-d'œuvre en pourcentage, toujours nécessaires, s'accomplissent inévitablement sous forme de transferts en quantité
absolue. Il est plus facile de réduire la proportion
de la main-d'œuvre agricole sans diminuer la population agricole que de diminuer le nombre des hommes
qui travaillent dans l'agriculture. Or, si la population est stationnaire, on ne peut réduire la proportion de la population agricole qu'en transférant les
gens des campagnes vers les villes. Ces transferts réels
sont plus lents, plus coûteux que la simple absorption de la population supplémentaire dans les villes
ou l'industrie. Il est possible qu'il y ait aussi une réduction des occasions d'investissements profitables,
ou tout au moins que les investissements les plus
faciles, ceux qui s'offrent le plus immédiatement
aux yeux des entrepreneurs, tendent à être moins
nombreux. Un phénomène contraire à celui dont j'ai
parlé tout à l'heure, le rendement décroissant du
capital, peut se produire si, par exemple, vous avez
besoin de mettre en culture des terres plus pauvres.
Aucun de ces phénomènes ne paraît quantitativement décisif.

Un autre facteur possible est la disparition de
territoires non encore intégrés au système de la
société industrielle. Un dernier facteur serait
l'absence d'industries nouvelles, celles-ci facilitant
la croissance effective. Si nous arrivions à une phase

où il n'y aurait plus d'industries foncièrement nouvelles, une croissance intensive, une meilleure utilisation des moyens techniques, une transformation
des anciennes industries existantes demeureraient
possibles, mais incontestablement la croissance
fondée sur la seule rationalisation des anciennes
industries serait plus difficile que la croissance soutenue par des industries nouvelles, ne serait-ce que
pour une raison que M. Sauvy a bien indiquée :
La création d'industries nouvelles permet d'absorber
des ouvriers supplémentaires cependant que la croissance par rationalisation des industries anciennes se
traduit souvent de manière directe par une diminution de la main-d'œuvre employée.

Au-delà de ces facteurs strictement économiques
de ralentissement de la croissance, il faudrait faire
intervenir des phénomènes qui sont à la limite de
l'économique et du social et dont on a très souvent
parlé sans pouvoir en mesurer exactement la portée.
L'un serait ce que l'on appelle la rigidité croissante
des structures. Elle tiendrait à l'énormité des capitaux investis dans nombre d'entreprises, elle empê-
cherait qu'on arrêtât sans catastrophe l'activité
d'une grande entreprise ou même qu'on en limitât
sérieusement la production.

Un autre facteur serait la disparition, ou la moindre fréquence de profits exceptionnels. Les profits
étant de plus en plus repris par la fiscalité de l'État,
l'incitation à produire, l'incitation à la création et à
l'innovation seraient affaiblies. On pourrait ajouter
aussi que psychologiquement, à mesure qu'une
société devient plus riche, elle pourrait être de plus
en plus indifférente à la croissance. Ce phénomène est
l'inverse du facteur que j'ai analysé en premier
lieu : la généralisation de l'attitude économique.
Incontestablement, là où le capitalisme est plus
vieux, les hommes sont plus capitalistes, meilleurs

calculateurs, plus portés à organiser rationnellement leur travail ; d'un autre côté, lorsque le niveau
de vie s'élève, si l'objectif vers lequel tendent les
sociétés économiques modernes est près d'être atteint,
les grands créateurs d'industrie, les Rockefeller ou
les Renault, disparaissent et un autre type d'hommes
intervient qui peut être moins enclin aux transformations, aux créations, aux innovations nécessaires
à la croissance. Enfin, les transferts de main-d'œuvre,
qui sont un des facteurs nécessaires à la croissance,
deviennent de plus en plus difficiles. En résumant
ces remarques, on dirait que les facteurs de production deviennent de moins en moins mobiles à
mesure que la société industrielle progresse.

Tous ces arguments ont été employés. Ils ne sont
pas très convaincants, si on les confronte avec l'expérience historique. La mobilité des facteurs de production est, à l'heure présente, plus grande aux États-
Unis, plus avancés dans la carrière industrielle,
qu'en Europe, ce qui prouve au moins qu'il n'y a pas
de relation directe entre la phase de la croissance et
la mobilité des facteurs de production. Il est d'ailleurs possible que, même aux États-Unis, cette
mobilité des facteurs de production tende à diminuer.

Au cours de la croissance, la part de la population occupée dans le secteur secondaire et
tertiaire augmente, du même coup un facteur de
croissance disparaît puisque le produit par tête de
travailleur est plus élevé dans le secondaire ou le
tertiaire que dans le primaire. La rapidité du transfert du primaire vers les autres secteurs agit donc
directement sur le taux de croissance globale. En ce
qui concerne un secteur particulier, il va de soi que
le taux de croissance dépend du niveau atteint.
Un pays qui produit un million de tonnes d'acier et
qui, au bout d'un an ou deux, en produira deux,

aura eu une augmentation de 100 %. En revanche,
un pays qui produit 100 millions de tonnes d'acier
et qui au bout de deux ans en produit dix millions
de plus, n'aura eu que 10 % de croissance. A mesure
que les économies deviennent plus modernes, plus
industrielles, le taux de croissance tend à diminuer,
ce qui ne signifie pas qu'en quantités absolues les
progrès accomplis diminuent. D'autre part, ce ne
sont pas les mêmes secteurs qui se développent ou
les mêmes productions qui augmentent dans les
différentes phases.

Je n'ai pas la prétention de mesurer les facteurs
favorables ou les facteurs défavorables à la croissance, mais si l'on confronte le premier et le deuxième
volet du dyptique, je serais tenté de dire que les
premiers sont les plus forts. J'ajoute immédiatement
qu'il s'agit d'une opinion non démontrable. Pour
que le jugement fût démontré, il faudrait que l'on
pût quantifier l'effet des différents facteurs. Or, il
est rigoureusement impossible de les isoler dans
l'abstrait parce qu'il n'y a pas de calcul possible de
l'efficacité de l'attitude économique répandue dans
la paysannerie ; et on ne peut pas les isoler dans le
concret car on ne trouvera jamais deux cas entièrement semblables à l'exception d'un seul facteur,
ce qui serait nécessaire pour isoler ce dernier. Vous
avez donc le droit d'expliquer mon impression par
des préférences idéologiques. Peut-être, dans un cas
de cet ordre, est-il inévitable qu'interviennent des
préférences idéologiques.

Ces deux séries d'analyses laissent subsister un
troisième aspect du problème qui est le plus important. Pour qu'une économie continue de progresser,
il faut que les sujets économiques soient mis dans
des conditions telles qu'ils prennent les décisions
nécessaires à la croissance, il faut que les entrepreneurs soient incités à investir. Or, il se peut que les

conditions économiques soient telles que les entrepreneurs ne soient pas incités à investir. Pour
employer des expressions d'ordre technique, si l'on
suppose que les décisions d'investissements dépendent
du rapport entre le taux d'intérêt et la productivité
marginale du capital, on conçoit des situations où,
en dépit de tous les facteurs favorables que j'ai
énumérés, il n'y ait pas de croissance, simplement
parce que les décisions d'investissements sont para-
lysées par le rapport entre deux variables économiques. Pour comprendre la signification du cas
abstrait que je viens de citer, vous n'avez qu'à vous
référer à ce qui s'est passé dans les années 1930 en
France : la crise a été prolongée parce que l'action
des gouvernements a eu pour résultat que les rapports des différents prix étaient tels que les entrepreneurs n'avaient pas intérêt à investir. Il dépend souvent des gouvernements de créer des conditions
économiques telles qu'effectivement la croissance ne
se produise pas. Donc, il est concevable que, dans une
économie fondée sur les mécanismes du marché, des
situations surgissent où il n'y ait pas de croissance,
parce que les décisions d'investissements ne sont pas
prises ou ne sont pas prises dans une mesure suffisante.

Ce qui, dans le problème qui nous occupe, serait
décisif, est la question suivante : la croissance a-t-elle
pour résultat de créer une situation, où le rendement marginal du capital devient insuffisant par
rapport au taux de l'argent et, par conséquent, où
les décisions d'investissements ne soient plus prises ?
C'était un peu l'idée de Keynes enclin à croire que la
croissance économique tendait d'elle-même à créer des
situations où les entrepreneurs n'auraient pas d'incitation suffisante à investir. Il n'en concluait pas que
le régime ne pourrait pas fontionner, mais qu'il ne
pourrait fonctionner qu'avec une addition perma-

nente d'investissements d'État, pour pallier l'insuffisance des investissements privés.

Vingt ans après, nous sommes tentés non pas de
nier la possibilité d'une situation comme celle que
Keynes avait envisagée, mais de ne pas admettre
que la situation des années 1930 fût le résultat de la
croissance elle-même. Vingt ans après et à un niveau
plus élevé de croissance, cette insuffisance supposée
des investissements n'apparaît pas. La stagnation
des années 1930, dans une partie de l'économie européenne, a été déterminée par des causes multiples
que je n'ai pas le temps d'analyser ici, mais elle
n'était pas le résultat adéquat, pour employer l'expression de Max Weber, de la croissance pure et
simple. Il y a une raison de penser que ces phases
transitoires de stagnation pourraient être non pas
supprimées mais réduites, dans la mesure où les
économistes actuels connaissent les phénomènes
économiques mieux que ceux d'il y a vingt-cinq ans.
Si l'on admet l'optimisme des économistes selon
lesquels en cas d'insuffisance d'investissements privés la thérapeutique keynesienne est susceptible de
rétablir le plein emploi et la croissance, il y aurait
des raisons d'admettre que les phases de stagnation
seront moins fréquentes et moins longues. Il ne faut
pas oublier, mais nous allons sortir de l'analyse purement économique, que si les sociétés occidentales
sont capables de réduire la durée et la gravité des
phases de stagnation, elles sont certainement beaucoup moins capables de supporter les crises qu'il y a
trente ans. Les sociétés capitalistes modernes, telles
qu'elles se sont développées, ne peuvent plus tolérer
l'équivalent des crises du xixe et du xxe siècle. Ce
qui signifie, d'une certaine façon, qu'il n'y aura plus
de grande crise avec des millions de chômeurs,
mais aussi qu'il suffirait peut-être d'une crise pro-
fonde pour que les gouvernements renoncent au

mécanisme du marché et choisissent la planification.

Pour qu'un certain régime économique se transforme ou disparaisse, il n'est pas nécessaire qu'il cesse de pouvoir fonctionner, il suffit qu'il cesse de pouvoir supporter certains phénomènes qui lui sont liés. Si donc on affirmait que les crises sont inséparables d'une économie non planifiée, il y aurait des raisons de croire que les sociétés occidentales sont destinées à se rapprocher de plus en plus d'un régime de planification, du simple fait qu'une crise qui aurait été acceptée jadis comme appartenant à l'ordre des choses, ne le serait plus aujourd'hui.

Nous avons, du même coup, dépassé les phénomènes strictement économiques. Pour l'instant, l'expérience permet, à mon sens, d'affirmer que dans toutes les économies nationales qui ont été victimes de stagnation, celle-ci a été le résultat historique de causes concrètes multiples et nullement le résultat nécessaire de la croissance.

La France était un pays beaucoup moins capitaliste, beaucoup moins avancé dans la carrière industrielle que l'Allemagne, la Grande-Bretagne ou les États-Unis ; la stagnation française, de 1930 à 1939, était le résultat de facteurs multiples, d'ordre économique et d'ordre social : non-augmentation de la population, politique monétaire maintenant les prix français au-dessus du niveau des prix étrangers, rapport de prix tel que l'incitation à l'investissement était étouffée, etc. La stagnation française sert à nous rappeler qu'il n'y a pas de fatalité du progrès, pas plus qu'il n'y a fatalité de catastrophe et qu'il dépend des hommes d'utiliser ou de ne pas utiliser les moyens de la croissance. Des phénomènes de cet ordre justifient tout au plus la thèse de la paralysie d'un certain régime capitaliste ; la paralysie possible, dont nous analyserons certaines modalités, d'ordre historique ou d'ordre socio-économique, mais non la thèse de l'autodestruction du capitalisme.

Disons quelques mots sur la thèse de l'autodestruction, dans une économie de type soviétique : la croissance de style soviétique tend-elle à se paralyser elle-même ? Puisque, par définition, une économie de style soviétique est planifiée, on ne conçoit pas que la croissance planifiée puisse se paralyser elle-même. Il dépend des planificateurs de déterminer le montant du produit national qu'ils investiront, il dépend d'eux d'orienter les investissements dans telle ou telle direction. L'antisoviétique peut dire que l'orientation des investissements sera mauvaise dans toutes les phases de la croissance soviétique, il ne peut évidemment pas dire que la répartition des investissements sera pire dans une phase de maturité que dans une phase initiale. Au premier abord, la thèse de l'autodestruction du régime soviétique par la croissance semble dénuée de fondement. Effectivement, il ne peut y avoir une théorie de l'autodestruction du régime soviétique sur le plan proprement économique. Économiquement, j'ai essayé de vous montrer que le schéma idéal d'un capitalisme se détruisant lui-même est inconcevable et je dirai de même que le schéma idéal d'une économie planifiée se détruisant elle-même est inconcevable. Mais dans les deux cas, la question se pose : Quelles sont les transformations sociales déterminées par la croissance économique et quel est l'effet de ces transformations sociales sur le régime économique lui-même ? Aujourd'hui je vais vous dire quelques mots du problème en Union soviétique.

Durant les phases initiales de la croissance, l'indifférence des planificateurs au choix des consommateurs était à peu près totale. Ils étaient enclins à ignorer les préférences des consommateurs soviétiques parce que les désirs de ceux-ci étaient tellement grands par rapport aux produits offerts que tout ce qui était mis sur le marché trouvait preneur. Mais au fur et à mesure de la croissance, les revenus distribués aux consommateurs augmentent et les consommateurs soviétiques ont une plus grande possibilité de choix. Dès lors, les planificateurs soviétiques connaissent à leur tour le problème des débouchés, le problème d'adapter la production aux désirs des citoyens soviétiques. Mais adapter la production au choix des consommateurs, c'est le problème fondamental d'une économie dite capitaliste et, puisque l'heure est achevée, je ne pourrai terminer que sur cette idée simple : le non-souci de l'accord entre la production et la consommation était une facilité non pas du régime soviétique en tant que tel, mais de la phase initiale de croissance. La non-nécessité de mettre en accord ce que l'on produit et ce que les consommateurs ont envie d'acheter tenait au fait qu'on investissait essentiellement dans l'industrie lourde et qu'une grande partie de ces investissements tendaient à nourrir de nouveaux investissements. A partir du moment où l'on produit pour le consommateur, il faut adapter ce que l'on produit à l'échelle des préférences des consommateurs et l'on est obligé de faire intervenir le calcul économique, pour savoir quels sont les investissements les plus rentables en fonction du goût des consommateurs. C'est un trait par lequel une économie de style soviétique, au fur et à mesure de la croissance, se rapprochera, au moins économiquement, d'une économie occidentale [1].

---

1. Les dirigeants soviétiques semblent préparer la résistance à cette tendance. D'après le programme du XXIIe Congrès, la consommation resterait collective en large mesure. C'est l'État qui dicterait aux individus ce qu'ils doivent consommer. Le programme du parti communiste, publié en 1962, prévoit que le pourcentage des revenus dont l'État assurerait la distribution par voie administrative s'élèverait en 1980 à 50 % du total de la consommation.

Si j'en avais le temps, j'essaierais de vous montrer qu'au fur et à mesure de la croissance une économie de style occidental doit absorber certains éléments dits socialistes, qu'une économie de style soviétique doit absorber certains éléments dits capitalistes ; ce qui, encore une fois, ne prouve pas que ces pays ne continueront pas à se combattre.

Socialisation des économies européennes

Dans l'avant-dernière leçon, j'avais analysé et discuté la théorie de l'autodestruction du capitalisme et abouti à une conclusion optimiste. J'avais soutenu la thèse qu'il n'y a pas de raison, en se référant à un schéma idéal typique, pour que la croissance soit progressivement paralysée en régime de propriété privée et de mécanisme du marché. Cette conclusion s'est heurtée, semble-t-il, à votre scepticisme, pour diverses raisons que je voudrais indiquer. La première raison est d'ordre psychologique. Il suffit que l'on exprime en France une opinion optimiste sur la France pour que l'on soit tenu pour paradoxal. Mais il existe d'autres raisons. Nous avons tous plus ou moins dans l'esprit un schéma de la transformation des sociétés industrielles, du capitalisme vers le socialisme. Que nous soyons ou que nous ne soyons pas marxistes, nous sommes imprégnés par la représentation historique du marxisme. Une thèse, qui suggère un schéma opposé, se heurte à d'immédiates objections. Nous

conservons tous dans l'esprit l'idée du rendement
décroissant du capital. Nous partons de l'idée qu'au
fur et à mesure de la croissance, les occasions d'investissements profitables doivent diminuer puisque les
investissements les plus intéressants ont déjà été
opérés. Nous évoquons le cas, étudié par Ricardo,
celui du sol ; si la population continue à augmenter
sur un espace qui ne s'élargit pas, on mettra progressivement en culture des terres moins riches. Il faudra
donc une quantité croissante de capital pour obtenir
le même rendement. Il est vrai que la loi du rendement décroissant s'applique en un certain nombre de
cas. Mais j'avais fait valoir qu'il y a d'autres mécanismes, susceptibles d'agir en sens contraire. Enfin,
les remarques que j'avais développées se référaient
à un schéma idéal d'un capitalisme exclusivement
défini par la propriété privée des instruments de
production et les mécanismes du marché, et j'avais
fait abstraction des phénomènes sociaux qui accompagnent la croissance.

Il m'est impossible d'étudier en détail les transformations sociales qui accompagnent la croissance économique. (Je consacrerai mon cours de l'an prochain
à l'étude de ces phénomènes.) Je vais simplement me
rapprocher du concret, examiner les transformations
qui s'effectuent dans les sociétés européennes occidentales. Personne ne peut soutenir, avec des arguments rationnels, que la croissance aux États-Unis
soit en train d'être paralysée par le régime lui-même.
En revanche, certains pensent que la croissance se
ralentit dans les sociétés européennes et mettent ce
ralentissement en rapport avec les transformations
des sociétés européennes [1].

Je vais aujourd'hui examiner quelques change-

---

1. En 1962, c'est outre-Atlantique que la croissance passe pour
ralentie.

ments, considérer comme caractéristiques des sociétés capitalistes européennes, et je m'interrogerai sur les causes de ces changements et sur l'effet de ces changements sur la croissance. Je vais considérer cinq domaines particuliers : *les formes juridiques* ou statut juridique des entreprises ; *la structure des économies européennes* ; *la législation sociale et fiscale* ; *le mode de fonctionnement* ; enfin, les rapports entre les différentes unités économiques. Cette énumération n'est pas exhaustive, mais elle englobe les transformations les plus couramment reconnues.

1. *Les formes juridiques*

Les transformations considérées comme les plus typiques des sociétés européennes sont la nationalisation de nombreuses entreprises. Les nationalisations intéressent une partie plus ou moins large des économies, plus large en France et en Grande-Bretagne qu'en Belgique et en Allemagne. Il ne s'agit pas d'un mouvement irrésistible vers la forme publique, mais il est de fait qu'un nombre important de grandes entreprises sont aujourd'hui propriété publique.

La plupart du temps, les nationalisations industrielles n'ont pas été déterminées par des causes techniques. Dans de rares circonstances, la nationalisation a été rendue nécessaire par des exigences proprement économiques. Le cas le plus frappant et le plus banal est celui des Charbonnages anglais. On ne pouvait pas réorganiser rationnellement les mines de houille en Grande-Bretagne, tant que ces mines étaient partagées entre une multiplicité de petits propriétaires. Mais le plus souvent, la nationalisation a eu des causes non d'ordre technique ou économique, mais d'ordre psychologique ou politique :

l'entreprise Renault pouvait parfaitement rester propriété privée. Pour retrouver le mécanisme historique qui conduit de la propriété privée à la propriété publique, il faut envisager des faits sociaux. Il n'importe guère, en dehors de la science pure, de savoir si la cause déterminante est sociale ou économique, mais il importe, dans la science comme dans la pratique, de savoir dans quelle mesure ce mécanisme est inévitable. Les raisons psychologiques et politiques qui ont déterminé les nationalisations ne sont pas accidentelles, elles sont liées à des causes profondes, sans que l'on puisse les dire nécessaires. Tout système d'entreprise privée de grande dimension crée la conviction, chez ceux qui travaillent, que les profits jouent un rôle considérable, or il serait injuste qu'un petit nombre de personnes bénéficiât du travail de tous. L'hostilité aux propriétaires privés des grandes concentrations industrielles n'est pas inévitable puisqu'elle n'existe guère dans certains pays ou, en tout cas, qu'elle n'y suscite pas la revendication de propriété collective. Cette revendication n'en est pas moins fréquente et non accidentelle. Il est normal que les sociétés capitalistes soient de plus en plus touchées par la revendication ouvrière de propriété collective, là où le régime capitaliste se combine avec la démocratie politique. Dans un régime où existent simultanément la propriété privée des instruments de production et la compétition des partis politiques, il est probable que, dans la concurrence pour l'exercice du pouvoir, les partis recourront de temps à autre à l'argument de la nationalisation et essaieront de convaincre les ouvriers que l'origine de leur misère se trouve dans la propriété privée des instruments de production. Dans une période de crises économiques ou de guerre, la revendication de nationalisation obtiendra satisfaction. On l'appellera curieusement une réforme de structure, probablement parce que, en fait, elle ne change pas les structures, mais c'est là encore une fois une illusion bien fondée. Il est presque inévitable que le salarié s'imagine que le changement du statut de propriété change l'essentiel, même si l'organisation du travail n'est pas modifiée.

Une partie de l'industrie sera probablement nationalisée en raison de ces phénomènes démocratiques et psychologiques, mais on ne constate pas pour autant de tendance irrésistible vers la généralisation de la propriété publique dans les sociétés capitalistes européennes. En ce qui concerne la propriété, le suffrage universel est foncièrement conservateur dans deux secteurs au moins : le secteur agricole et celui du petit commerce et de la petite industrie. Si donc il y a des raisons pour qu'il y ait un mouvement vers la nationalisation de certaines grandes entreprises, il y a aussi un mouvement, politique et démocratique, contre la nationalisation quand il s'agit de la propriété du sol, quand le sol est exploité par des paysans propriétaires. Le suffrage universel, partout où la classe paysanne possède la terre, sera hostile aux partisans de la propriété collective.

En conséquence, ce qui menace la croissance, ce n'est pas le mécanisme de concentration de la propriété entre un petit nombre de mains ; c'est la volonté démocratique de millions de petits propriétaires, paysans, commerçants ou industriels, de maintenir leurs habitudes et de ne pas s'adapter au progrès technique. Dans les sociétés occidentales, en particulier en France, on n'observe pas le mécanisme de concentration de la propriété industrielle, commerciale ou agricole, puis l'intervention de l'État. Ce qui se produit, c'est la nationalisation de quelques concentrations industrielles, avec le maintien de la propriété privée dans le secteur agricole, commercial et celui de la petite industrie. Il est possible (mais non certain) que la combinaison d'entreprises industrielles publiques de grand style et d'une poussière de petites entreprises soit peu favorable à la croissance. En cette hypothèse, le mécanisme qui retarde la croissance serait aussi celui qui préviendrait le socialisme. Le socialisme ne serait pas la conséquence inévitable du capitalisme, mais un moyen de vaincre les résistances à la croissance créées par le régime de propriété privée.

2. *Structures des économies européennes*

J'ai choisi le mot *structure* parce qu'il est à la mode et je vous demande la permission de ne pas me livrer à une analyse conceptuelle sur le sens qu'il devrait avoir. J'entendrai par structure la répartition des différentes activités ou des différentes industries à l'intérieur de l'unité économique ; en deuxième lieu, les dimensions des entreprises ; en troisième lieu, les caractéristiques du marché qui résultent des rapports, d'une part entre les vendeurs, d'autre part entre les acheteurs, enfin des rapports entre vendeurs et acheteurs.

Nous avons vu qu'effectivement la part des secteurs primaire, secondaire et tertiaire se modifie au cours du procès de croissance. La part de l'industrie et celle de l'agriculture dans la valeur globale produite chaque année sont modifiées par le progrès de la société industrielle. Ces modifications ont-elles pour résultat de rendre moins facile la croissance en régime de propriété privée et de marché ? Est-ce qu'une économie où le secteur tertiaire absorbe plus de la moitié de la main-d'œuvre risque davantage la paralysie qu'une économie où il n'absorbe que 15 ou 20 % de la main-d'œuvre ?

La question n'a jamais été posée en ces termes :

personne ne voit clairement pourquoi la modification des rapports d'importance entre les secteurs exerce- rait une action déterminée sur le taux de croissance. Ce qui est vrai, c'est que l'augmentation du revenu collectif entraîne une répartition différente des reve- nus individuels. Il en résulte qu'à partir d'un certain point, la croissance économique ne s'opérera plus en termes d'augmentation des industries primaires ou secondaires, mais en termes d'augmentation des ser- vices. Il est compréhensible qu'en comparant une économie qui se développe dans le secteur tertiaire à une économie planifiée qui se développe dans le secteur secondaire, on constate des phénomènes diffé- rents. En ce qui concerne la puissance économico- militaire, une économie qui se développe selon les préférences des individus dans une société à réparti- tion inégalitaire des revenus comportera un certain ralentissement de la croissance des industries de base, peut-être même un ralentissement de croissance de l'industrie en général, et un développement plus que proportionnel des services. Mais pourquoi le méca- nisme du marché serait-il paralysé par une modifica- tion de la répartition des activités dans l'ensemble économique? Il reste seulement, dans une société où la croissance a déjà atteint un certain niveau, que l'activité de l'ensemble dépend d'un petit nombre d'industries très concentrées.

Prenons le cas des États-Unis d'Amérique où plus de la moitié de la main-d'œuvre est employée dans le secteur tertiaire. La conjoncture dépend de l'activité de quelques grandes industries, construc- tion, automobile, produits de consommation durable (réfrigérateurs, télévision). Une économie où une grande fraction de la main-d'œuvre est dispersée dans le secteur tertiaire mais où la condition indis- pensable de la prospérité réside dans quelques indus- tries, est peut-être plus vulnérable à la crise qu'à

d'autres périodes. Je dis *peut-être* parce que la démonstration n'a pas encore été apportée. D'après l'expérience, la période du maximum de vulnérabilité
aurait été entre les deux guerres. Depuis la Deuxième
Guerre, à la surprise générale et en particulier à la
surprise des capitalistes, plus de dix ans se sont écou-
lés sans qu'il y ait de grande crise. Le succès est expliqué de diverses manières, comme l'échec l'aurait été.
Si l'on se réfère à l'expérience, on ne peut donc même
pas affirmer que l'économie américaine d'aujourd'hui
soit plus vulnérable à la crise qu'elle ne l'était il
y a vingt ans. On penche plutôt à croire que la répartition différente des revenus a diminué cette vulnérabilité. La production fluctue moins dans le secteur
tertiaire que dans le secteur secondaire.

Sur la dimension des entreprises, je ne dirai qu'un
mot, car j'y ai fait allusion plusieurs fois. C'est aujour-
d'hui une opinion presque générale que les entreprises
concentrées ne sont pas nuisibles à la croissance.
Même si elles prélèvent des profits monopolistiques,
elles favorisent la croissance plus qu'une majorité
de petites entreprises. A supposer que les grandes
entreprises, en raison de leur puissance sur le marché,
n'aboutissent pas à la production maximum que
comporterait la concurrence pure, à long terme elles
ne peuvent pas être considérées comme un obstacle
à la croissance ; ce serait plutôt le maintien, à la
faveur des régimes démocratiques, d'un trop grand
nombre d'entreprises mal équipées, ou entreprises
marginales, qui freinerait le développement.

Le troisième élément de la structure est ce que
l'on appelle l'organisation du marché. L'opinion a
été exprimée par un grand nombre d'économistes,
en France par M. J. Marchal, que l'organisation du
marché en France, au XXᵉ siècle, est essentiellement
différente de ce qu'elle était au XIXᵉ siècle. Aujour-
d'hui les ouvriers, les entrepreneurs, sont groupés en

syndicats, les fluctuations de prix se répercutent
d'un point à l'autre de la société avec une grande rapidité. Il n'y aurait donc plus une structure atomis-
tique mais une structure moléculaire ne laissant place
qu'à des mouvements globaux de salaires ou de prix.
Cette description comporte une part de vérité même
si elle simplifie considérablement la vérité, mais en
quoi la structure moléculaire, en quoi la communication des mouvements d'un point à un autre de
l'unité économique seraient-elles essentiellement défavorables à la croissance? On peut concevoir des
relations entre entrepreneurs et employés gouvernés
par des contrats collectifs, sans qu'il y ait là un facteur décisif de retardement; le facteur de retardement tiendrait à l'effet de cette structure sur la mobilité des moyens de production ou la concurrence.
Que l'on suppose les patrons organisés se partageant
le marché, les syndicats ouvriers s'opposant à la
production maximum, ce qui est parfois le cas, alors
des phénomènes de cristallisation ralentiraient l'expansion. Il faudrait faire valoir l'effet en sens
contraire que pourrait exercer sur la production l'atténuation des conflits de classes. Si les deux phénomènes, organisations professionnelles fortes et conflits de classes intenses sont joints, comme parfois en
France, les conditions deviennent défavorables à
la croissance. La socialisation de l'économie, au sens
général du terme, n'est pas en tant que telle un facteur de croissance. Mais la « structure moléculaire »
observée par les économistes ne constitue pas non
plus en tant que telle un obstacle à l'expansion.

Prenons le cas de la Grande-Bretagne que nous
examinerons plus en détail dans le prochain cours.
La population dispose d'une superficie de sol culti-
vable qui ne permet de nourrir que la moitié de la
population. Les Anglais sont contraints ou bien de
mettre en culture des terres pauvres, donc de dépen-

ser plus de capital pour obtenir le même rendement,
ou bien d'acheter la nourriture au-dehors, et les
pessimistes craignent que les conditions des échanges
entre produits manufacturés et produits agricoles ne
s'aggravent [1]. Il n'est donc pas question de nier
qu'historiquement il puisse y avoir des causes au
ralentissement de croissance dans certains pays.
Mais, encore une fois, une économie arrivée à un
certain degré de maturité ne suscite pas d'elle-même,
inévitablement, des causes de ralentissement.

3. *Législation sociale et fiscale*

Les lois de sécurité sociale et la fiscalité progressive ne sont pas économiquement inévitables, mais
je dirais qu'elles sont politiquement, socialement
inévitables, à partir d'un certain degré d'expansion,
dans une économie capitaliste, combinée avec la
démocratie politique. Si la société soviétique intro-
duisait une forme de démocratie politique, elle serait
obligée d'introduire une fiscalité progressive. Un
impôt progressif sur le revenu serait probablement
inévitable dès qu'il y aurait une compétition pour le
pouvoir à l'intérieur de la société.

On a souvent dit que la fiscalité progressive était
défavorable à l'expansion économique parce que
l'inégalité des revenus lui est favorable. Un premier
type d'inégalité est lié à l'éventail des salaires. Il
semble, en effet, qu'une certaine inégalité des salaires
ouvriers en fonction du rendement soit favorable à
la croissance, par application du principe, vulgaire et
méprisable, que l'on appelle dans le jargon économique « la carotte ». Même cette proposition banale

1. En fait, depuis la reconstruction, la Grande-Bretagne a acheté
les produits alimentaires dont elle a besoin à des prix particulièrement avantageux.

n'est vraie que très généralement ; dans certaines organisations industrielles, cette différenciation du salaire d'après l'effort n'est plus possible.

Le deuxième type d'inégalité concerne les très hauts revenus. Si l'on affirme, comme le font volontiers les conservateurs, la nécessité de ne pas prélever une fraction trop importante des revenus supérieurs pour que les entrepreneurs continuent à être intéressés au maximum de production, je suis assez sceptique ; je doute que, dans la majorité des entreprises industrielles capitalistes modernes, le fait de prélever 50 ou 60 % des revenus individuels des directeurs d'entreprises diminue sérieusement leur incitation au travail. Le prélèvement presque total en Grande-Bretagne (19 shillings 6 pence par livre) n'encourage certes pas l'effort, mais il s'agit là d'un cas extrême. En France, où les taux ne dépassent pas 65 %, je n'ai pas l'impression que le phénomène exerce une influence notable sur l'attitude des industriels, entrepreneurs et financiers. On fait valoir aussi que la réduction de l'inégalité des revenus diminue le volume de l'épargne disponible. L'argument comporte peut-être une part de vérité, mais la conclusion n'est pas que la croissance est paralysée par un système à fiscalité progressive mais que l'épargne est obtenue par d'autres procédés. L'épargne individuelle, directe et volontaire, joue en effet un rôle décroissant dans le financement des investissements, ce qui n'implique pas l'impossibilité de croissance ni même un ralentissement inévitable de la croissance.

4. *Le fonctionnement*

Je songe aux multiples circonstances où les prix sont fixés, de manière administrative ou arbitraire, par l'État, c'est-à-dire par les fonctionnaires. Je

songe au fait que les décisions individuelles d'épargner déterminent de moins en moins le volume des
investissements et leur répartition. La liaison subsiste pourtant entre les décisions des individus et
la distribution des ressources : le fait que les individus achètent tel produit plutôt que tel autre se
répercute sur la répartition des investissements.

Les sociétés occidentales comportent une part
importante d'autofinancement, ou, disons, d'épargne
collective. Mais c'est une pure et simple légende que
le capitalisme du xixe siècle ait été défini par un certain circuit épargne-investissement : l'épargne individuelle, puis les décisions individuelles sur le marché
des capitaux déterminant le montant ou la répar-
tion des investissements. Ce schéma de l'économie
libérale n'a jamais reflété la réalité. On a souvent dit
que l'épargne est en train de devenir collective alors
qu'elle était individuelle au xixe siècle. Il y a une part
de vérité dans cette opposition grossière, mais le
développement de l'économie allemande au xixe siècle a comporté des phénomènes d'autofinancement,
de rassemblement des épargnes individuelles par les
institutions publiques comparables aux phénomènes
que nous constatons aujourd'hui. Il est vrai que
l'autofinancement des entreprises et le surplus budgétaire jouent un rôle croissant dans le montant et la
répartition des investissements en Europe. Il est
vrai que le mode de fonctionnement des économies
capitalistes, à cet égard, ressemble à ce que l'on
imaginait sous le nom d'une économie socialiste.
Il est vrai que les États se sentent aujourd'hui
responsables du fonctionnement de l'économie et
ne pourraient tolérer des dépressions profondes. En
ce sens, les économies capitalistes occidentales
comportent certains mécanismes que nous sommes
habitués à considérer comme de nature socialiste,
mais ces mécanismes existaient déjà partiellement à

l'époque que l'on déclare rétrospectivement avoir été la grande époque du capitalisme. Ces mécanismes nouveaux n'empêchent pas la croissance. Dans la mesure où l'autofinancement et le surplus budgétaire sont les facteurs décisifs du montant des investissements, celui-ci et indirectement la rapidité de la croissance dépendent de décisions prises par la collectivité. En régime démocratique, il y a un danger que les électeurs soient normalement plus préoccupés de l'immédiat que du long terme et qu'ils aient tendance à préférer un faible taux d'investissement, quitte à ralentir la croissance, ce qui mettrait en question la compatibilité entre la démocratie politique et la rapidité de la croissance. Mais les gouvernements, souvent plus subtils qu'on ne l'imagine, ont découvert des procédés indirects pour augmenter le montant des investissements sans le dire aux électeurs. Un des exemples les plus éclatants est la présentation des comptes du budget français : on présente tous les ans des chiffres de déficit budgétaire passablement arbitraires. Une seule fois, dans l'histoire de la III⁰ République, un ministre des Finances a déclaré qu'il disposait d'un excédent ; les conséquences en ont été suffisamment désastreuses pour qu'on ne répète jamais l'expérience. Même en démocratie, en utilisant l'ignorance ou la bonne volonté des hommes politiques et des journalistes, on parvient à accroître le volume de l'épargne auquel consent une collectivité.

5. *Les rapports entre les unités économiques*

La transformation classique, celle sur laquelle on a écrit de nombreux livres, c'est la dislocation du marché mondial. Celui-ci a été disloqué en deux sens différents.

D'abord il y a aujourd'hui deux marchés mondiaux au lieu d'un seul. Les différents pays du monde ne sont plus rattachés les uns aux autres, et en particulier à l'économie européenne ou américaine, par l'intermédiaire de monnaies convertibles et d'échanges entre particuliers. Il existe, d'une part, le marché des pays occidentaux et d'une partie du monde non occidental, et, d'autre part, un marché mondial d'importance croissante qui lie les pays d'Europe orientale, l'Union soviétique et la Chine. Il peut être appelé un marché mondial au même titre que le marché occidental puisqu'il comporte dès maintenant des échanges organisés en progression régulière. Il est visible, logique et légitime que le marché mondial communiste s'efforce d'élargir sa part des échanges planétaires. La phase actuelle de l'histoire mondiale est évidemment dominée par la rivalité des deux marchés mondiaux afin de s'assurer la part la plus grande possible du commerce avec les pays non engagés.

Dans cette concurrence, le marché mondial communiste dispose, en fait, de certains avantages. Grâce à l'échec de l'agriculture soviétique, l'U.R.S.S. ou le bloc soviétique est en mesure d'acheter nourriture et matières premières dans différents pays du monde, cependant que le marché mondial capitaliste est handicapé par le succès-échec de l'agriculture américaine, qui, chargée d'excédents, ne peut ni les donner, car elle bouleverserait les marchés, ni les détruire, car elle montrerait que le capitalisme est sans entrailles, ni les éliminer, puisque des paysans américains veulent continuer à produire.

Pour avoir une représentation vivante de ce désavantage du succès ou de cet avantage de l'échec, il suffit de vous reporter au discours qu'a prononcé M. Mikoyan au XXe Congrès du Parti communiste. Rien n'est plus caractéristique du malthusianisme de l'économie capitaliste, a-t-il dit, que la nécessité pour l'économie américaine de réduire la superficie cultivée de plusieurs millions d'hectares, tandis que l'économie soviétique, pleinement progressive, a décidé de mettre en culture 30 millions d'hectares supplémentaires. Incontestablement, quand le rendement est faible sur la terre déjà exploitée, on met en culture des hectares supplémentaires ; quand le rendement est fort et que l'on ne peut pas vendre les produits, on est bien obligé de réduire la superficie emblavée. Dans la concurrence pour les échanges avec les pays non engagés, l'opposition entre l'économie soviétique et l'économie américaine joue curieusement et logiquement en faveur du système soviétique — peut-être pas en faveur du consommateur soviétique, mais c'est là une autre affaire.

Le système mondial capitaliste est disloqué pour une autre raison : il n'y a plus d'étalon-or, les monnaies ne sont plus convertibles, les échanges sont partiellement déterminés par l'administration ; dans l'ordre des échanges avec l'extérieur, il existe une sorte de réglementation socialiste. La première dislocation du marché mondial est évidemment due à l'existence d'un régime communiste ou soviétique dans une partie du monde. La deuxième est due à des phénomènes multiples, d'abord les guerres, qui, en provoquant des changements brutaux, mettent en difficulté les économies fondées sur l'initiative privée. A partir du moment où l'on n'admet plus l'alternance de dépression et de prospérité, où l'on veut maintenir presque en permanence le plein emploi, les gouvernants souhaitent être en mesure de séparer le marché national du marché mondial et de faire de l'inflation en vase clos. Néanmoins, dans le cadre de l'Europe et de l'Occident tout entier, la tendance actuelle va vers une restauration partielle de la liberté du commerce extérieur. L'étalon de change-or n'équivaut pas à l'étalon-or d'avant 1914, mais il n'exclut pas l'expansion des échanges internationaux.

Ce genre de relations internationales, partiellement commandées par les décisions administratives, est-il défavorable à l'expansion ? Par rapport à la représentation idéale d'une division parfaite du travail, la double dislocation du marché mondial est incontestablement défavorable. On réduit l'optimum de production tel que le calculent des économistes si, effectivement, on empêche la loi de la division du travail de s'appliquer ; mais, si la séparation du marché national et du marché mondial permet de maintenir à peu près en permanence le plein emploi, il n'est pas exclu que ce système soit relativement favorable à l'expansion, tout au moins aussi favorable à l'expansion qu'un système d'étalon-or libre, avec des alternances trop accentuées.

Telles sont les transformations considérées classiquement comme fondamentales, dans les économies européennes au xxe siècle. Maintenant nous pouvons reprendre les deux questions : Ces économies européennes évoluent-elles vers le socialisme ? L'évolution de ces économies conduit-elle à la paralysie ?

En ce qui concerne la première question, nous abordons une des controverses préférées des théoriciens, des professeurs, des hommes politiques et disons en général des intellectuels, controverse au fond verbale. Tout dépend de ce que l'on convient d'appeler socialisme. Si le capitalisme est la représentation idéale du marché pur, nous en sommes très loin, mais en ce sens-là il n'y a jamais eu de capitalisme. Concrètement, nous pouvons dire qu'un certain nombre de valeurs tenues pour socialistes sont en voie d'être réalisées dans les sociétés européennes, de même que certaines institutions ou modes de fonctionnement d'inspiration socialiste y sont utilisés. Je pense en particulier au contrôle partiel du commerce extérieur, à la socialisation de l'épargne, à l'action exercée par l'État sur le volume des investissements, à la régulation de la conjoncture par la politique du budget et du crédit. En ce sens, les économies européennes sont déjà par certains côtés socialistes et je crois en effet que, pour des raisons partiellement politiques, partiellement économiques, surtout politiques, les économies européennes seront de plus en plus marquées par les influences de cet ordre. Quant aux réformes ou aux transformations que l'on aurait jadis baptisées socialistes et qui s'accomplissent, elles sont nombreuses. L'inégalité des revenus est atténuée, les syndicats ouvriers sont relativement libres, les discussions sur les conditions de travail entre syndicats ouvriers et syndicats patronaux sont entrées dans les mœurs, la fiscalité progressive paraît une évidence, les lois de sécurité sociale sont acceptées par les réactionnaires, autrement dit un certain nombre des revendications socialistes d'il y a cinquante ans sont devenues aujourd'hui des évidences du capitalisme bien-pensant.

A cette socialisation, il y a une double limite : il n'y a pas de propriété collective généralisée, et il subsiste une large mesure de mécanismes du marché. Pour amener les gouvernés à faire ce qu'ils ne veulent pas faire spontanément, les gouvernants doivent user de beaucoup d'astuce, d'habileté et d'hypocrisie, ce qui complique le travail des gouvernants et ce qui simultanément donne des garanties aux gouvernés. Il s'agit de savoir si l'on préfère les facilités des gouvernants aux risques des gouvernés : question de philosophie politique sur laquelle on pourrait spéculer indéfiniment. Ce qui n'est pas douteux, c'est que ce socialisme de fait, dans la majorité des cas, n'a pas soulevé d'enthousiasme, n'a pas satisfait complè-

tement les travailleurs et comporte d'étroites limites.

L'entreprise est restée d'organisation autoritaire ;
privée ou publique, elle ne comporte pas la participation morale et spirituelle des travailleurs à l'entreprise et à la société, revendication fondamentale de
la doctrine socialiste. Ce que les socialistes considéraient comme odieux, inacceptable, c'était que les
milliers de travailleurs n'eussent pas le sentiment de
travailler pour eux-mêmes lorsqu'ils travaillaient
dans une grande entreprise. Or, et c'est là l'échec fondamental de la socialisation partielle, peut-être aussi
de la socialisation totale, la psychologie des travailleurs, l'attitude des travailleurs à l'égard de l'entreprise et de la société dans son ensemble ne semble pas
avoir été fondamentalement transformée. En France,
le travailleur continue à se sentir « aliéné » ; même
dans les nations scandinaves ou britanniques, où ce
demi-socialisme a réussi le mieux, le sentiment de
participation est médiocre.

L'organisation autoritaire de l'entreprise semble
malheureusement liée à l'essence même de l'organisation moderne. L'organisation autoritaire n'empêche
pas que les dirigeants de l'entreprise discutent avec
les employés sur les conditions du travail, mais il
est à peu près impossible d'introduire la démocratie
électorale à l'intérieur de l'entreprise, à peu près
impossible de donner le sentiment aux travailleurs
qu'ils gèrent eux-mêmes l'entreprise. Il n'est d'ailleurs même pas démontré que les travailleurs, dans
leur ensemble, aient le désir de participer activement
à la gestion de l'entreprise. Si l'on convient d'appeler
« managériale » cette organisation où les dirigeants
de l'entreprise sont des techniciens de la direction,
non pas des ingénieurs mais des hommes qui ont le
sens de l'administration et de l'organisation, toutes
les grandes entreprises industrielles de notre époque,

en Europe occidentale et peut-être dans tous les pays de capitalisme ou de communisme développé, ont une organisation « managériale ». Dès lors, le problème est surtout psychologique ou moral ; quand les travailleurs acceptent-ils cette organisation comme normale, légitime et juste ? Quand la refusent-ils ? C'est le moment où seule la transformation de la conscience peut signifier une transformation réelle. Dans deux entreprises semblables, l'une de propriété privée et l'autre de propriété publique, les revenus des directeurs sont souvent du même ordre, l'autoritarisme des directeurs à peu près le même, mais dans un cas les ouvriers ont l'impression que l'entreprise appartient à un petit nombre de personnes, dans l'autre, que l'entreprise est leur. On peut dire qu'ils sont victimes d'une mystification, mais on peut dire aussi que le changement est fondamental, puisqu'il porte sur la manière dont les hommes conçoivent leur travail et leurs relations avec les directeurs. L'économie abstraite rejoint alors des problèmes humains et sociologiques.

La deuxième question que j'avais posée au début de cette leçon était la suivante : les changements intervenus dans le mode de fonctionnement des économies européennes occidentales sont-ils favorables ou défavorables à la croissance ? Je vous ai donné une réponse provisoire à propos de chacune des rubriques que j'ai examinées. Dans la prochaine leçon, je reprendrai le problème à un niveau plus concret, à propos de deux sociétés européennes, la France et la Grande-Bretagne.

LEÇON XVI

Du ralentissement de la croissance

La semaine dernière, j'avais analysé quelques-unes des transformations des économies occidentales, qui pouvaient être appelées socialistes, étant entendu que le sens que je donnais à ce mot était précisé et arbitraire. Ces transformations concernaient des valeurs et des mécanismes sociaux. Parmi ces valeurs figuraient la réduction des inégalités dans la distribution des revenus, la redistribution des revenus par l'État, la diminution de la durée du travail, et l'organisation de syndicats libres susceptibles de discuter avec les syndicats patronaux. Parmi les mécanismes figuraient la fixation de certains prix, le contrôle administratif partiel du commerce extérieur et surtout la responsabilité pour le plein emploi, l'État considérant qu'il doit empêcher qu'un grand nombre d'hommes ou de machines restent inemployés.

J'avais terminé sur la question : Dans quelle mesure ces transformations que l'on peut appeler socialistes sont-elles favorables ou défavorables à la crois-

sance ? Vous vous souvenez, en effet, que le problème
général est de savoir dans quelle mesure les transformations que subissent les économies occidentales
dites capitalistes conduisent soit à une paralysie progressive, soit à un ralentissement de la croissance.
Si nous nous référons aux déterminants abstraits de
la croissance que j'ai énumérés il y a quelques semaines, quelle conclusion pouvons-nous tirer des
transformations que je viens de vous rappeler ?

Le déterminant que je considérais comme essentiel est, vous vous en souvenez, l'attitude des sujets
économiques, attitude technique, calcul économique
rigoureux, sens des innovations. Or les transformations dites socialistes n'ont pas d'effet direct sur
l'attitude des sujets économiques. Tout au plus ces
transformations ont-elles peut-être tendance à atténuer le désir d'innovation chez les entrepreneurs.
En ce qui concerne les ouvriers, les transformations
dont nous avons parlé peuvent avoir, dans certains
cas, pour conséquence de diminuer l' « incentive »,
l'incitation au travail, dans la mesure où la différenciation des salaires se trouve volontairement ou involontairement réduite. Dans certains pays passés
d'un système économique occidental à un système
économique soviétique, l'éventail des salaires a été
immédiatement élargi. Les planificateurs soviétiques
considèrent que l'inégalité de rétribution entre la
base et le sommet, au moins parmi les salariés, est
un facteur favorable à la production. Dans la mesure
où une fiscalité progressive reprend une partie importante des profits d'entreprises, l'incitation à la création économique pourrait être affaiblie par suite
d'un moindre effort en vue d'accumuler des bénéfices. Les transformations d'ordre social pourraient
avoir également certaines conséquences sur le montant de l'épargne disponible.

Essayons de résumer les arguments que l'on fait

valoir pour démontrer qu'un capitalisme à demi socialiste est moins favorable à la croissance :

1º La structure, l'organisation de la production,
seraient plus cristallisées que dans un capitalisme à
l'état pur. Il serait plus difficile de modifier l'importance relative des différents secteurs de l'économie,
plus difficile de changer l'organisation de la production, plus difficile d'élargir les dimensions des entreprises dans un système où les lois sociales s'efforcent
de protéger les individus contre les hasards de
l'existence.

2º Les pratiques restrictives des syndicats, d'une
part, le manque d'initiative des entrepreneurs
d'autre part, tendraient à ralentir la croissance.

3º Le pourcentage des investissements par rapport au revenu national est, dans une économie de
type soviétique, plus élevé que dans une économie
de type européen, ce qui effectivement rend probable
un taux de croissance plus faible de ces dernières.

Tous ces arguments ne sont pas absurdes, mais
ils ne sont nullement démontrés. Il existe un pays, en
Europe non soviétique, où le pourcentage des investissements, par rapport au revenu national, est aussi
élevé que dans les pays soviétiques, la Norvège, un
des pays les plus socialisés ; parmi les pays où la
croissance économique a été rapide au XXᵉ siècle,
figure le pays d'Europe qui est sans doute le plus
socialiste, la Suède. Ces deux exemples tendraient à
prouver qu'il n'y a pas de lien nécessaire entre le
pourcentage des investissements par rapport au
revenu national et la semi-socialisation des économies
capitalistes.

Je ne voudrais pas discuter dans l'abstrait, je vais
donc prendre les deux cas que l'on invoque d'ordinaire pour soutenir la thèse du ralentissement de
croissance, celui de la Grande-Bretagne, et surtout
celui de la France, cas idéal pour économistes qui

veulent analyser les phénomènes de ralentissement
de croissance.

La Grande-Bretagne et la France et, de manière
générale, l'ensemble des pays de l'Europe occidentale
se sont développés depuis 1914 plus lentement que
les États-Unis, plus lentement que l'Union soviétique
depuis 1928 (en tout cas au point de vue industriel).

Ce ralentissement de croissance a des causes directes, précises, d'ordre historique, qui ne se rapportent
pas aux facteurs généraux de vieillissement capitaliste que l'on invoque généralement. La France et
la Grande-Bretagne ont vu leur croissance ralentie
du fait même de la guerre (par rapport aux États-
Unis). Si l'on prolonge les courbes de croissance de
la période 1890-1913, on constate que le niveau qui
a été effectivement atteint en 1929 l'aurait été en
1921 : la Première Guerre mondiale a entraîné un
retard de 8 années. Il est tenu pour considérable
par les économistes, mais si l'on se réfère aux civilisations préindustrielles, il est plutôt miraculeux
que le coût d'une guerre aussi démesurée que celle
de 1914-1918 n'ait, au point de vue économique,
causé qu'un retard de quelques années.

La création d'États nouveaux, d'autre part, qui
se sont entourés de frontières économiques au centre
de l'Europe, a été économiquement peu favorable.
Il n'était pas rationnel de multiplier les unités à une
époque où les moyens de production réclament de
larges unités. D'autre part la France et surtout la
Grande-Bretagne avaient perdu, pendant la guerre
de 1914-1918, des marchés extérieurs. En Grande-
Bretagne, certaines industries, dont les marchés
extérieurs avaient disparu, sont restées déprimées
pendant presque toute l'entre-deux-guerres. Des
transformations trop rapides, dans des situations
extérieures, peuvent se manifester par un ralentissement de croissance, dans la mesure où les économies

sont lentes à s'adapter aux changements. Dans les années qui ont suivi immédiatement la guerre de 1914-1918, les soucis monétaires l'emportaient sur les soucis de croissance. Quand on essaie de se souvenir des conceptions qui dominaient les esprits au cours des années qui suivirent la guerre de 1919, et quand on les compare aux idées économiques qui dominaient après la guerre de 1945, on a presque l'impression qu'il s'agit de deux mondes différents.

Le monde de 1919-1926 était obsédé par le problème de l'inflation, par la volonté de restaurer une monnaie saine. Les économistes professionnels considéraient que la tâche du gouvernement était de garantir la valeur de la monnaie. Quant à la croissance, les entrepreneurs ou les ouvriers s'en chargeraient d'eux-mêmes. En Grande-Bretagne, dans la période entre 1919 et 1929, le souci prédominant n'a pas été simplement une monnaie saine, mais une monnaie dont la valeur aurait été égale à celle d'avant la guerre. Le souci exclusif ou tout au moins prédominant de l'équilibre monétaire peut être défavorable à la croissance. Si l'on vise avant tout l'équilibre monétaire, on risque de réduire volontairement ou involontairement les investissements. La méthode la plus facile, mais la plus dangereuse, de diminuer la demande globale, consiste à réduire les investissements, ce qui a pour résultat inévitable de ralentir la croissance. Enfin, la période entre les deux guerres a été caractérisée, dans un grand nombre de pays, par l'extrême disparité des mouvements qui se sont déroulés, d'une part entre 1919-1929, d'autre part entre 1929-1938. Je vais vous rappeler des faits très connus, mais essentiels, pour comprendre ce que l'on appelle la crise économique française.

Si la lenteur de la croissance française était directement due à la structure de l'économie, il n'y aurait

pas de raison pour qu'il y ait eu deux périodes aussi
différentes que la période 1919-1929 et la période
1929-1938. En 1928-1929 les chiffres du revenu national réel, en proportion de celui de 1913, ont été
en Grande-Bretagne de 113, en Allemagne de 109, en
France de 124, en Suède de 129, et aux États-Unis
de 166. Si nous rapportons ce revenu national réel
à la population, nous obtenons un revenu national
par tête qui est, en 1928-1929, par rapport à 1913,
de 105, 102, 126, 128, 134. Ce qui signifie qu'en 1929,
le produit national français, par tête de la population,
avait augmenté depuis l'avant-guerre, presque aussi
vite qu'en Suède ; résultat supérieur à celui de plusieurs autres pays d'Europe occidentale et satisfaisant en tant que tel. Si nous prenons le chiffre de la
production industrielle, nous obtenons, pour ces
mêmes pays, en 1929, les chiffres suivants : 106, 118,
139, 143, 172. Autrement dit, la production industrielle française avait augmenté de plus d'un tiers
entre l'avant-guerre et 1929.

Considérons maintenant les chiffres de 1937-1938
d'abord en pourcentage du revenu national de 1928-
1929, et ensuite en pourcentage de 1913. En pourcentage de 1928-1929, les chiffres sont les suivants :
Grande-Bretagne 119, Allemagne 119, France 88,
Suède 135, États-Unis 98. Pourcentage par rapport à
1913 : 135, 129, 110, 188, 163. En ce qui concerne la
production industrielle, les chiffres sont de même
ordre. La production industrielle française, en 1938,
n'était plus que de 86 par rapport à 100 en 1929.
Elle était à 119 par rapport à 1913.

Le retard de la croissance française est dû essentiellement aux événements qui se sont passés entre
1929 et 1938, et non à une stagnation constante de
l'économie française entre les deux guerres. Les
causes de la différence entre les deux phases 1919-
1929 et 1929-1938, ne sont évidemment pas des

facteurs de structure, identiques dans la première
et dans la deuxième décennie.

Le retard essentiel de la croissance économique
française au xxᵉ siècle n'est donc pas dû à une stagnation constante. La période 1900-1913 permet d'observer une progression française du même ordre de
grandeur que la progression dans les autres pays
d'Europe ; de même pour la période 1919-1929. Il
en va à nouveau de même pour la période 1945-1954.
Le retard global de la croissance française est dû à
deux guerres et à une crise économique poursuivie
pendant dix ans qui, en terme de croissance économique, a coûté plus cher qu'une guerre. Tout ce que
je veux démontrer par ces chiffres qui n'ont aucune
originalité, c'est qu'une interprétation de l'histoire
de l'économie française au xxᵉ siècle ne peut se
borner à invoquer des données constantes de l'économie française ou même de l'économie européenne,
mais doit faire intervenir des facteurs historiques
ou politiques, imputables, dans une large mesure, aux
gouvernants. Les erreurs fondamentales sont connues
aujourd'hui, et sur ce point il n'y a plus guère de discussion entre les économistes. La crise économique
française a été artificiellement prolongée de plusieurs
années du fait de la politique suivie par les gouvernements qui ont voulu maintenir un taux de change
devenu impossible en raison des événements survenus
en dehors de la France. Ce que l'on peut conclure,
c'est qu'un régime dont le fonctionnement dépend
des décisions prises par les gouvernants est vulnérable, menacé par des crises imputables aux circonstances et par les erreurs imputables aux gouvernants.
Il est légitime par conséquent, quand on compare la
croissance d'une économie soviétique et celle d'une
économie capitaliste, de faire entrer en ligne de
compte le risque non seulement de crise, mais de
crise prolongée par les erreurs des gouvernants. Lors-

que la croissance dépend de décisions difficiles, qui imposent une connaissance des phénomènes économiques, peut-être le mode de recrutement et d'action des hommes au pouvoir est-il une des faiblesses des régimes occidentaux.

Essayons de considérer les facteurs d'ordre constant, qui peuvent servir à expliquer la lenteur relative de la croissance française, abstraction faite de l'inégalité des phases.

La première cause, que l'on invoque classiquement, est la lenteur de l'augmentation de la population. Elle n'est pas évidente, si l'on se réfère à une analyse économique abstraite. Effectivement, une faible augmentation de la population réduit les investissements nécessaires pour mettre au travail les travailleurs supplémentaires. Quand une population augmente, des investissements importants sont nécessaires pour former la jeunesse, pour créer les machines supplémentaires qui permettront d'embaucher les ouvriers qui arrivent chaque année sur le marché du travail. En théorie, on pourrait croire qu'une population qui n'augmente pas rapidement a la chance d'augmenter l'intensité du capital par tête d'ouvrier. Ce qui en fait un facteur souvent défavorable à la croissance, ce sont les effets indirects sur la psychologie des hommes.

Une population qui se pense elle-même stationnaire, une famille qui n'imagine pas qu'à la génération suivante elle sera plus nombreuse, a tendance à ne pas se tourner vers l'avenir. Il se développe une psychologie appelée malthusienne, directement opposée aux conditions nécessaires à la croissance. Or, pour qu'une économie croisse rapidement, il faut anticiper sur les besoins, il faut partir de l'idée que les besoins naîtront de la production elle-même. Un économiste français aime à prendre l'exemple du stade de 100 000 places : en France, avant de décider de construire un stade de 100 000 places on se demande si l'on trouvera 100 000 spectateurs pour les grandes circonstances. Il serait préférable de construire le stade et de parier qu'on trouvera ensuite des spectateurs en nombre suffisant. Je laisse de côté la question de savoir s'il est nécessaire que 100 000 personnes assistent à des spectacles sportifs, si les investissements dans les installations de sports sont les meilleurs. Mais supposez qu'il s'agisse de la sidérurgie : le développement de l'industrie sidérurgique s'est fait à de multiples reprises par anticipation des besoins actuels, et même par anticipation des besoins calculables. Si l'on ne se décide à créer des moyens de production nouveaux qu'une fois assuré de trouver des acheteurs pour les marchandises, inévitablement la croissance sera ralentie. Quand la population n'augmente pas, la tendance normale des entrepreneurs est de poser constamment la question : Aurons-nous des débouchés ? Ainsi oublient-ils le principe élémentaire que la production par elle-même crée du pouvoir d'achat. Pour trouver un pouvoir d'achat capable d'absorber les marchandises nouvelles, il faut souvent avoir le courage de se lancer en avant et de produire avant d'être sûr des débouchés.

Le deuxième facteur de ralentissement que l'on observe dans le cas de la France est la répartition de la population active.

Nous avons vu plusieurs fois que la croissance économique dans les sociétés industrielles suppose le transfert des travailleurs du secteur primaire vers le secteur secondaire et le secteur tertiaire. Or que s'est-il passé ?

Au point de vue de la main-d'œuvre active, pendant la première moitié du xxᵉ siècle, la population agricole a diminué, et elle a diminué en France aussi vite et même en réalité plus vite que dans la plupart

des autres pays d'Europe occidentale. La population
agricole active s'élevait à 8 200 000 personnes en
1901. Elle est tombée à 5 200 000 en 1954, diminution de 3 millions de personnes, ce qui est considérable. La population non agricole a donc augmenté à
peu près de 3 millions de personnes. Mais là intervient le phénomène étonnant : la main-d'œuvre active
dans l'industrie n'a guère augmenté. La main-d'œuvre
active dans l'industrie en 1901, pour 87 départements,
était de 6 200 000, en 1954 pour 90 départements,
cette main-d'œuvre active dans l'industrie s'élevait
à 6 900 000. Autrement dit, la main-d'œuvre industrielle n'a augmenté que de 700 000 travailleurs en
un demi-siècle. Le reste de la population active transférée de l'agriculture a été vers le secteur tertiaire.

Pourquoi en a-t-il été ainsi ? On peut en discuter,
mais cette répartition de la main-d'œuvre active
est évidemment le fait central. Par rapport aux économies soviétiques, la France représente l'autre extrême. L'Union soviétique, quand elle transfère la
main-d'œuvre de l'agriculture vers les emplois non
agricoles, s'efforce de la concentrer dans l'industrie.
En France, ce transfert s'est fait dans le secteur des
services, qui peut-être rend l'existence agréable, mais
la main-d'œuvre active dans l'industrie n'a pas augmenté assez vite.

Cette lenteur du transfert de l'agriculture vers
l'industrie n'est pas indépendante de la différence
des phases dont je vous ai parlé au début de cette
leçon. Malheureusement il est impossible de suivre
avec précision, faute de statistiques, ce qui s'est
passé pour la main-d'œuvre active dans l'industrie à
travers les phases différentes de l'économie française.
Ce qui n'est pas douteux, c'est que le transfert vers
l'industrie a été plus rapide dans la période 1919-1929
et que, dans la période 1929-1938, la main-d'œuvre
active dans l'industrie a très probablement diminué

(diminution qui a été aggravée encore par les lois réduisant volontairement la durée du travail). Si moins d'ouvriers travaillent dans l'industrie et s'ils travaillent moins longtemps, le taux de croissance industrielle sera ralenti, puisque seule restera, comme facteur de croissance, l'augmentation de la productivité par tête de travailleur. Or ce facteur de croissance se combine normalement avec l'augmentation du nombre absolu des travailleurs occupés dans l'industrie.

Le troisième facteur de ralentissement propre à l'économie française tient aux modalités du développement de l'agriculture.

En U. R. S. S., le problème exclusif de l'agriculture est de produire davantage : il n'y a pas de problème de débouchés. La France, dont la population est stationnaire, qui se suffit approximativement à elle-même au point de vue de la nourriture, que peut-elle faire si elle veut accroître la production agricole?

Première hypothèse : la production agricole supplémentaire sera exportée. Deuxième hypothèse : on augmentera la production des produits agricoles dits nobles, dont la consommation progresse au fur et à mesure de l'élévation du niveau de vie : on produira relativement moins de céréales et plus de produits laitiers ou de viande. Enfin, troisième solution, si l'on ne peut pas augmenter la production agricole, on réduira la main-d'œuvre occupée dans l'agriculture, on augmentera la productivité de la main-d'œuvre agricole sans augmenter le chiffre absolu de la production agricole. Dans l'ensemble, la solution appliquée en France a été la troisième.

La production agricole n'a pratiquement pas augmenté. Une production agricole stationnaire a été obtenue avec une main-d'œuvre décroissante ; la productivité agricole a augmenté. Si cette main-d'œuvre, libérée de l'agriculture, avait été transférée

vers l'industrie, on aurait pu obtenir une augmentation rapide de la production industrielle. Comme ce
transfert s'est opéré non pas vers l'industrie mais vers
le tertiaire, il en est résulté un gonflement artificiel de
ce dernier secteur par rapport aux besoins de la société,
et une insuffisance de développement de l'industrie.

Pourquoi le développement de l'industrie française,
qui était la condition nécessaire de la croissance de
l'économie française dans son ensemble, ne s'est-il
pas produit ? La réponse tient partiellement à des
facteurs conjoncturels et partiellement à des facteurs
de structure.

Facteur de conjoncture : dans les dix années qui
se sont écoulées entre 1929 et 1938, on a mis artificiellement l'économie française dans des conditions
telles que les entrepreneurs ne pouvaient pas avoir
intérêt à investir. La politique monétaire et la politique des prix réduisaient à presque rien la marge
bénéficiaire.

Facteur structurel : la classe française d'entrepreneurs avait moins le sens de l'innovation et de l'expansion que d'autres entrepreneurs.

Cependant, dans des conditions normales, l'incitation à créer et à investir des entrepreneurs français
était suffisante pour donner un taux de croissance
plus faible qu'aux États-Unis d'Amérique, mais du
même ordre de grandeur que dans les autres pays
d'Europe occidentale. En revanche, si un entrepreneur par lui-même peu enclin au risque se trouve
dans les conditions où les perspectives de profit sont
médiocres, alors se répand la psychologie à laquelle
il est enclin, la psychologie malthusienne. On raisonne
comme s'il y avait un marché, une fois pour toutes
limité, qu'il conviendrait de partager, alors que le
marché est susceptible d'une expansion indéfinie.

N'oublions pas un autre phénomène, dont les

causes sont à la fois économiques et sociales, l'extraordinaire concentration de l'industrie française dans
un petit nombre de régions. Dans certaines régions du
Sud-Ouest ou de Bretagne, la répartition de la main-
d'œuvre active entre les trois secteurs ressemble à
celle des pays que l'on appelle « sous-développés » ;
de 60 à 70 % de la main-d'œuvre active sont encore
dans l'agriculture. Cette inégalité du développement
économique des différentes régions de la France est
due partiellement à des causes géographiques (inégalité des ressources), partiellement à des facteurs
administratifs et politiques (il y avait intérêt à
venir souvent à Paris, dans les ministères).

Enfin, je voudrais indiquer un dernier facteur
structurel sans pouvoir l'expliquer entièrement : la
répartition des différentes sortes de revenus dans le
revenu national total.

Le développement économique capitaliste suppose
l'élargissement progressif de la part des revenus
salariés et des revenus du capital et la diminution
de la part des revenus mixtes. On appelle mixtes les
revenus des commerçants, des propriétaires agricoles
exploitants, ou des petits industriels, revenus qui
sont à la fois salaires puisque les hommes travaillent
eux-mêmes dans l'entreprise, et profits puisque
la valeur ajoutée par leur travail leur revient. Ces
revenus mixtes, dans tous les pays capitalistes, diminuent au fur et à mesure du développement.

Que s'est-il passé en France ? Voici les chiffres que
donne la meilleure enquête qui ait été faite, par
l'*Institut d'économie politique appliquée*, sur le développement de l'économie française depuis un siècle
et demi.

Ces revenus mixtes, en 1788, disons à la fin du
xviiie siècle, représentaient environ 53 % du revenu
national. En 1854, la part tombe à 41 %. En 1890
elle est de 28 %. En 1952 apparaît un phénomène

étonnant : la part des revenus mixtes augmente et
remonte à 32 %. Ce phénomène, à coup sûr excep-
tionnel, n'est pas conforme à l'hypothèse, que l'on
appelle vulgairement marxiste, puisqu'il représente
le maintien d'une structure précapitaliste. L'autre
curiosité de l'évolution française, c'est que, en 1952,
les revenus du capital proprement dit étaient tom-
bés à 4,6 % du total. Cette proportion extrêmement
faible représente moins de la moitié de la part anglaise
ou américaine, qui se situe entre 10 et 15 %. En
revanche, les transferts sociaux représentent 14,3 %,
en 1952, du total des revenus français, part qui
dépasse le pourcentage des transferts dans n'importe
quelle autre économie capitaliste occidentale. Ces
chiffres de la répartition des revenus illustrent des
particularités de l'économie française.

Quelles que soient l'évasion fiscale ou les erreurs
de la statistique, quelles que soient les causes de la
faible part des revenus du capital, cette diminution
doit émousser l'incitation à l'investissement et à
l'entreprise. D'autre part, la part des transferts
sociaux qui est en elle-même équitable, agit en sens
contraire de ce que les planificateurs soviétiques considèrent comme nécessaire pour un taux élevé
d'expansion, la différenciation des revenus en fonction
de l'effort fourni.

Plus vous augmentez les transferts sociaux, c'est-
à-dire plus vous augmentez la part des revenus
attribués aux individus en fonction de leurs besoins
et non pas de leur travail, plus vous obéissez à des
considérations morales, plus vous négligez une considération que les théoriciens de la croissance considèrent comme essentielle.

Un troisième facteur, qu'on ne peut pas saisir à
travers les statistiques, mais dont nous connaissons
tous l'existence, est la tendance de tous les gouvernements français à agir plutôt pour protéger les situa-

tions acquises que pour obliger les sujets économiques aux transformations.

Quand, à la fin du xixᵉ siècle, les céréales produites
à bon compte en dehors d'Europe ont fait irruption
sur les marchés européens, plusieurs politiques
étaient concevables : l'une était de laisser jouer la
concurrence pour obliger les agricultures européennes
à se transformer. L'autre était d'établir des droits
protecteurs pour permettre aux entreprises agricoles
de continuer à vivre dans leur structure existante. La
politique qui a été adoptée par le gouvernement
français à la fin du xixᵉ siècle a été la seconde qui,
à long terme, était défavorable aux intérêts des agriculteurs eux-mêmes. On ne peut empêcher la diminution progressive de la part des revenus agricoles
dans le revenu national. Si l'agriculture reste stagnante, parce qu'elle a les moyens de maintenir un
style de production anachronique, les agriculteurs
eux-mêmes seront victimes de la paresse, qui leur
est en quelque sorte dictée par la protection dont ils
jouissent. On pourrait généraliser ces propositions.
Dans toute cette période, la politique économique
suivie par le gouvernement français peut être définie
comme un dirigisme conservateur. L'opposition véritable n'est pas entre l'initiative privée et l'action de
l'État, car certaines actions de l'État favorisent le progrès et d'autres sont des encouragements à la paresse.

Lorsque l'État pénalise systématiquement les
entreprises commerciales les plus efficientes parce
qu'elles sont en mesure de rendre des services à
meilleur compte, on ne peut s'étonner de constater
que le taux de croissance est ralenti. La part des
revenus mixtes, en France, a augmenté, alors que,
dans tous les pays capitalistes, elle tendait à diminuer, parce qu'une grande partie de la législation
française est systématiquement destinée à protéger
les petites entreprises.

Si, au-dessous d'un certain nombre d'ouvriers, l'entreprise ne paye plus sa part normale de l'impôt, une catégorie d'entreprise qui n'est pas nécessairement la plus efficiente, qui, selon toutes probabilités, est moins efficiente, reçoit une véritable subvention. Dans une phase d'expansion industrielle rapide, la part des revenus mixtes diminue, la part des revenus capitalistes, soit profits, soit salaires, augmente. On a observé ce phénomène au cours de ces dernières années.

En France, la politique de la majorité des gouvernements allait en sens contraire des nécessités reconnues de la croissance. C'est là d'ailleurs une des raisons de mon optimisme sur l'économie moderne en général et même sur l'économie française. Si, en dépit de tout ce qui lui a été infligé, l'économie française a tout de même progressé, on finit par se dire que, dans des conditions normales, elle pourrait faire des miracles.

Dans la situation actuelle, la France est en retard, disons d'environ 30 %, par rapport à l'état qui aurait dû être atteint, s'il n'y avait pas eu la crise artificiellement prolongée 1931-1938 et les années de guerre. D'ici une dizaine d'années va intervenir pour le système économique, social et politique français l'épreuve décisive, l'augmentation de la main-d'œuvre. Vers 1965 il y aura nécessairement une augmentation de la main-d'œuvre active, d'une part des travailleurs quitteront l'agriculture, d'autre part les générations plus nombreuses de l'après-guerre arriveront sur le marché du travail (dans l'ensemble à peu près un million d'ouvriers supplémentaires devront être absorbés par l'industrie française). Si, devant cet afflux de main-d'œuvre, la réaction des entrepreneurs français est de calculer le nombre de milliards d'investissements nécessaires et de dire : « Nous n'arrivons déjà pas à investir assez pour renouveler le matériel des ouvriers qui travaillent dès maintenant dans l'industrie », si, en d'autres termes, les entreprises ne se révèlent pas capables d'intégrer les nouveaux travailleurs, ceux-ci iront vers le secteur tertiaire, ce qui accroîtra encore la distorsion des structures. Cette évolution ne saurait se produire, sans provoquer, un jour ou l'autre, une explosion. S'il n'y a pas d'élargissement de la production industrielle française en fonction de l'accroissement de la main-d'œuvre, le système actuel sera condamné, non pas parce qu'il est plus injuste qu'un autre, mais simplement parce qu'il aura perdu la vertu première de n'importe quel système moderne, qui est la capacité de s'adapter à des circonstances changeantes, la capacité de créer et d'innover.

Dans les dernières minutes qui me restent, je vais vous dire quelques mots du problème en Grande-Bretagne.

Les chiffres que je vous ai donnés tout à l'heure vous prouvent que le cas de la Grande-Bretagne est différent du cas de la France, puisque la croissance a été à peu près régulière, dans les deux décennies. La Grande-Bretagne n'a pas connu de phénomènes conjoncturels exceptionnels, comme la France, mais le taux de croissance, entre les deux guerres, y a été plus faible qu'en Union soviétique et aux États-Unis.

D'où viennent les difficultés de la croissance en Grande-Bretagne ? A la différence des États-Unis, de l'Union soviétique, et même de la plupart des autres pays d'Europe occidentale, la Grande-Bretagne est obligée d'acheter au-dehors plus de la moitié de sa nourriture. Si elle veut augmenter la part de la nourriture qu'elle produit, elle doit mettre en culture des terres de plus en plus pauvres. Même en mettant en culture des terres de fertilité décroissante, elle continuera à être obligée d'importer une partie de sa nourriture. D'autre part, on ne trouve pas dans le sous-sol les matières premières nécessaires à l'industrie, pour faire vivre une cinquantaine de millions de personnes sur un espace étroit. Il faut une grande industrie qui a besoin d'acheter au-dehors ses matières premiers, donc d'y vendre ses produits fabriqués. La Grande-Bretagne est obligée d'avoir en permanence des marchés d'exportation importants et elle est vulnérable aux fluctuations de la conjoncture mondiale, aux modifications du rapport entre les prix des produits qu'elle importe et ceux des produits qu'elle exporte. L'expansion est normalement plus facile lorsque l'économie est à la limite de l'inflation. Mais, en Grande-Bretagne, l'inflation se répercute immédiatement sur la balance des comptes extérieurs. Or étant donné le rôle que jouent l'importation et l'exportation pour la nation tout entière, la Grande-Bretagne ne peut pas accepter longtemps un déficit de ses comptes extérieurs. Dès que surgit une menace d'inflation intérieure, la Grande-Bretagne est obligée de prendre des mesures pour la combattre.

Or certaines des techniques anti-inflationnistes agissent sur les investissements plutôt que sur la consommation. La Grande-Bretagne ne pouvant pas se payer le luxe de déficits dans sa balance des comptes extérieurs, la politique anti-inflationniste met régulièrement en péril le montant des investissements ou encore la proportion des investissements dans le revenu national. Ce n'est pas un accident si, depuis la guerre, à en juger d'après les statistiques, la proportion des investissements fixes industriels a été plus faible que dans la plupart des pays d'Europe occidentale, plus faible en tout cas que dans les grands pays industriels. Non seulement la technique anti-inflationniste a tendance à frapper les investissements, c'est-à-dire la condition future de l'expansion, mais la Grande-Bretagne, comme la France,

est un pays qui veut jouer le rôle d'une grande
puissance, avec des ressources déclinantes. La proportion des dépenses d'État dans le revenu national
est plus élevée que dans la plupart des petits
pays d'Europe du Nord où l'expansion est rapide.

Aussi bien en Grande-Bretagne qu'en France, si
les gouvernants étaient des théoriciens de la croissance, s'ils étaient essentiellement préoccupés de
l'avenir, ils prélèveraient les ressources consacrées
aux dépenses militaires sur la partie du revenu national qui est consommée ; mais, pour un homme politique, il est plus facile de prélever les ressources
nécessaires aux dépenses étatiques sur la part des
investissements.

Un pays comme la Grande-Bretagne ou la France,
qui veut jouer le rôle d'une grande puissance avec
des moyens diminués, a perpétuellement tendance à
amputer le montant des investissements et, du même
coup, à frapper le déterminant essentiel de la croissance. Les investissements sont amputés, non pas
parce que la population britannique ou la population
française marque une propension à consommer plus
forte que la population allemande ou suédoise.
L'épargne individuelle ne suffit pas à déterminer le
montant des investissements. C'est l'action des
entrepreneurs, des banques et du gouvernement qui
détermine, directement ou indirectement, le volume
des investissements et leur pourcentage par rapport
au revenu national. Les gouvernements britanniques
ou français, harcelés par les revendications populaires, désireux de maintenir la position du pays dans
le monde, obligés de consacrer une proportion importante des ressources à la politique militaire ou à la
politique tout court, sont amenés insensiblement, et
sans en prendre toujours conscience, à sacrifier les
investissements à la consommation, c'est-à-dire la
croissance future à la tranquillité actuelle. Si tel est

le problème de la croissance dans des pays comme la France et la Grande-Bretagne, vous voyez à quel point ce problème, décisif pour l'avenir, est différent de ce que suggèrent les idéologies traditionnelles.

Le capitalisme risque, disait-on, de se paralyser lui-même, au fur et à mesure qu'il vieillit. En France ou en Grande-Bretagne, il s'agit de savoir dans quelle mesure la démocratie politique, telle qu'elle fonctionne, est compatible avec un taux élevé de croissance. Si la proportion élevée d'investissements est un des facteurs décisifs d'un taux élevé de croissance, le problème économique de la croissance devient le problème politique des investissements, problème politique et social autant qu'économique. Mais, une fois encore, la croissance ne me paraît pas une valeur absolue. On peut admettre qu'il convient de se résigner à un taux plus faible de croissance pour avoir les bienfaits d'un régime politique de liberté. On peut penser, au contraire, qu'il vaudrait mieux sacrifier certains des avantages du régime libéral pour atteindre à un taux de croissance plus élevé. Le problème serait relativement simple si l'on pouvait être assuré qu'il suffit de changer de régime politique pour accélérer la croissance ; mais le risque existe de sacrifier les avantages de la démocratie politique sans élever le taux de la croissance.

Sur la croissance accélérée

J'avais consacré la dernière leçon à l'analyse des facteurs qui peuvent expliquer le ralentissement de la croissance dans certains pays d'Occident, et j'étais arrivé à une interprétation simultanément économique et sociologique, en particulier dans le cas de la Grande-Bretagne.

Les phénomènes retardateurs de la croissance son partiellement au moins liés à la démocratie politique. Aussi l'interprétation que je vous avais suggérée peut-elle être rapprochée de celle de Schumpeter, selon laquelle les régimes capitalistes tendront à être remplacés par des régimes socialistes, non pas parce que la propriété privée et les mécanismes du marché sont progressivement paralysés pour des raisons proprement économiques, mais parce que la transformation sociale que provoque la croissance elle-même est défavorable au maintien des régimes capitalistes.

Je ne voudrais pas procéder à une comparaison

globale entre les idées que j'ai développées la semaine
dernière et celles de Schumpeter. La théorie de
Schumpeter est infiniment plus générale que celle
que j'ai esquissée et, de plus, Schumpeter songe à
l'économie la moins socialisée d'Occident, c'est-à-dire
à l'économie américaine ; c'est seulement à long terme
qu'il voit l'économie américaine glisser vers un régime qu'il appelle socialiste. Il ne faut pas oublier non
plus que Schumpeter donne au mot socialisme un
sens plus précis que celui que je lui ai donné la semaine dernière ici ; il entend par socialisme une
économie planifiée, mais il dessine un modèle de
planification qui comporte explicitement certains mécanismes du marché, en particulier un marché pour
les biens de consommation. C'est en fonction des décisions prises par les consommateurs que les planificateurs du socialisme de maturité, selon Schumpeter,
prendraient leurs décisions d'investissement. Le
modèle schumpeterien d'économie socialiste ne se
confond à aucun degré avec l'économie soviétique.

Pratiquement, dans ce cours, j'ai entendu par
socialisme certaines transformations des économies
occidentales, et je n'ai nullement impliqué que ces
transformations dussent aboutir à une économie
entièrement planifiée. Au contraire, j'ai toujours
tendance à croire que l'on a tort d'extrapoler indéfiniment les courbes d'évolution et que les régimes
mixtes peuvent durer ; ils paraissent non satisfai-
sants aux esprits rigoureux, pour lesquels une économie authentique est nécessairement conforme à
un modèle abstrait. J'ai tendance à croire que les
économies ressemblent d'ordinaire à des modèles
imparfaits et la combinaison de mécanismes du
marché et d'interventions planificatrices ne me
paraît pas une phase intermédiaire entre le libéralisme pur et la planification intégrale, mais peut-

être la forme destinée à durer ; d'autant plus que
l'évolution de l'économie soviétique me paraît impliquer la réintroduction de certains mécanismes que
l'on aurait tendance à appeler capitalistes.

Beaucoup de phénomènes que Schumpeter analyse
dans son livre sont visibles dans les économies
française et britannique. L'hostilité au capitalisme
du milieu social, hostilité que Schumpeter considérait comme une des causes de destruction du capitalisme, existe en France, à un degré extrême. Mais
l'hostilité du milieu ne suffit pas à paralyser les mécanismes. Ce que Schumpeter appelle l'effondrement
des structures protectrices, le déclin des minorités
gouvernantes héritées des régimes précapitalistes,
s'observe en France, sinon en Grande-Bretagne,
plus nettement encore qu'aux États-Unis. La France
est, en effet, un cas extrême de société où le régime
pratiqué n'est pas accepté par la majorité de ceux
qui font l'opinion, où le pouvoir politique est obéi
mais dans l'ensemble plutôt méprisé par ceux mêmes
qui lui obéissent. A cet égard le cas français est le cas
pathologique de l'affaiblissement des structures
sociales et morales qui protégeaient le fonctionnement
du régime du marché. Mais cet effondrement n'a pas
grand-chose de commun avec l'évolution décrite par
Schumpeter, qui envisageait les États-Unis et le
capitalisme américain d'hier. En France, on peut se
demander s'il y a jamais eu quelque chose de comparable à ce que l'on appelle capitalisme dans les pays
anglo-saxons.

Je voudrais consacrer cette leçon à quelques
considérations sur les pays où la croissance est
rapide et esquisser une comparaison entre les économies européennes et l'économie américaine d'une
part, indiquer quelques éléments de la comparaison

entre la croissance soviétique et la croissance européenne, en prolongeant les deux croissances vers
l'avenir, d'autre part.

La première question est simple : Pourquoi l'économie américaine est-elle, comme on dit, plus avancée
que les économies européennes ? Lorsqu'il s'agit de
l'Union soviétique et de l'Europe occidentale, la
réponse est en quelque sorte donnée d'elle-même.
La croissance économique moderne a commencé
en Russie au dernier quart du xixᵉ siècle et l'on
peut sans difficulté dire que l'Union soviétique est
en retard parce qu'elle a commencé plus tard. En
revanche, lorsqu'il s'agit des économies européennes
cette explication ne joue pas ; la croissance économique n'a pas commencé plus tard en Europe qu'aux
États-Unis. S'il y a eu une différence de date, elle
est en faveur de l'Europe ; or tout le monde dit
que les économies européennes sont en retard sur
l'économie américaine. Parler du retard des économies européennes revient à dire que le taux de
croissance des économies européennes a été plus
faible que celui de l'économie américaine, ce qui est
vrai. Mais la formule que les économies européennes
sont en retard sur l'économie américaine implique
que toutes les économies doivent aboutir au même
point d'arrivée. Comment définir le point d'arrivée
commun à toutes les économies modernes ?

La représentation d'un point d'arrivée, suggérée
par les théoriciens, est celle d'une croissance arrivée
à son terme au moment où la partie de la population
occupée dans le primaire et dans le secondaire serait
réduite au minimum. La croissance s'arrêterait
quand l'immense majorité de la population serait
occupée dans des emplois où il n'y aurait pas de
progrès technique. Supposons que 80 ou 85 % de
la population soient occupés là où la productivité
du travail n'est pas susceptible d'augmenter. On

reviendrait alors à ce que Marx aurait appelé le schéma de la reproduction simple : il s'agirait seulement d'investir chaque année le pourcentage du produit national nécessaire pour maintenir en l'état la structure existante. Ce point d'arrivée naturellement ne serait pas exactement le même pour les différentes sociétés. Le pourcentage de la population incompressible du primaire et du secondaire varierait selon l'ampleur des ressources naturelles, plus ou moins élevé selon qu'il y aurait plus ou moins de ressources naturelles. En second lieu, la main-d'œuvre des secteurs primaire et secondaire varierait selon le mouvement de la population. Si la population augmentait, probablement faudrait-il maintenir en pourcentage les secteurs primaire et secondaire, mais en chiffres absolus les augmenter. En troisième lieu, la main-d'œuvre occupée dans les secteurs primaire et secondaire varierait considérablement selon les exigences militaires. C'est une notion dont ne tiennent pas compte les théoriciens de la croissance parce qu'ils sont de purs économistes. Si l'on se remet dans le contexte historique, comme les instruments de guerre sont essentiellement des instruments fabriqués dans le secondaire, le pourcentage de la population du secondaire varierait selon les exigences de la guerre. Si l'on avait une imagination apocalyptique, on pourrait imaginer des sociétés qui réduiraient au minimum le pourcentage de la main-d'œuvre occupée à produire la nourriture et les biens industriels de consommation courante et qui utiliseraient ce surplus de main-d'œuvre non pas pour les loisirs ou pour les services, mais pour fabriquer des armes. George Orwell, dans son livre *1984*, a imaginé quelque chose de ce genre. Une telle imagination est malheureusement moins absurde qu'elle ne paraît à première vue.

Quel que soit le critère que l'on utilise, répartition

de la main-d'œuvre entre les trois secteurs ou valeur de la production par tête de la population, il est de fait que la croissance européenne est moins avancée que la croissance américaine. Pourquoi les pays européens sont-ils moins riches que les États-Unis ? Pourquoi la productivité du travail est-elle plus faible en Europe qu'aux États-Unis ?

Les États-Unis sont plus riches en matières premières et disposent d'une surface beaucoup plus grande par tête de la population que les pays européens. Cet argument est incontestablement valable. Le problème est de savoir quelle est l'ampleur de l'écart de productivité que l'on peut expliquer par l'inégalité des ressources naturelles. M. Maurice Allais a fait sur ce point un raisonnement que je voudrais vous indiquer. Que représente dans la valeur totale du produit national américain l'ensemble des matières premières et des produits agricoles ? Avant la guerre une valeur de l'ordre de 13 % du produit national total. Dans un pays comme la France qui est moins développé, il représente un tier du produit national total. D'où le rais nnement de M. Allais : Même si vous suppose que la France puisse disposer gratuitement de toutes les matières premières qui lui sont nécessaires, vous n'aboutissez pas encore à multiplier par trois ou quatre le produit national français par tête de la population. Vous pouvez tout au plus expliquer par l'écart des richesses naturelles une différence de productivité de l'ordre de 30 %.

On pourrait faire valoir qu'il ne convient pas de tenir compte seulement de la valeur actuelle des matières premières, mais de l'influence qu'ont exercée à toutes les époques sur le rythme du développement les ressources en matières premières, et il est possible qu'il faille augmenter le pourcentage de 30 % indiqué par M. Maurice Allais. Mais ce qui me paraît ressortir du raisonnement, c'est que l'on aurait tort de croire que le facteur unique ou même décisif de l'écart de productivité soit simplement l'inégale richesse en matières premières. On fait valoir les dimensions du marché. Là encore il faut reconnaître qu'un marché extrêmement vaste est un facteur utile à la productivité, mais je pense que l'on exagère l'influence de cette circonstance. Il n'est pas vrai que l'ensemble des industries aux États-Unis travaille pour l'ensemble du marché. Des marchés multiples s'isolent à l'intérieur du marché global, en fonction des distances à parcourir et des frais de transport. Le nombre des industries où le volume de production assurant le prix de revient le plus bas dépasse les limites du marché intérieur français ou allemand est limité. Dans l'industrie automobile, les experts américains estiment effectivement que l'on devrait produire au moins 500 000 véhicules par an sur une chaîne de production pour atteindre au rendement le meilleur. Mais le nombre des industries de cette sorte est extrêmement limité. Dans la plupart des cas, le rendement maximum n'exige pas des entreprises dont les dimensions seraient incompatibles avec celles des marchés nationaux en Europe.

Le troisième facteur que l'on fait intervenir est la capitalisation. La productivité est plus élevée aux États-Unis qu'en Europe parce que le capital dont dispose chaque ouvrier y est plus élevé. Le raisonnement de M. Maurice Allais est le suivant : Compare-t-on le volume physique de capital dont dispose chaque ouvrier ou le rapport entre la valeur du capital et la valeur de la production ? Le rapport entre la valeur du capital et la valeur de la production ne diffère pas sensiblement en France et aux États-Unis. En revanche, ce qui diffère grandement, c'est le volume physique de capital par tête d'ouvrier,

mais cette différence physique de capital par tête
d'ouvrier n'est pas la cause de l'écart de productivité,
il en est l'effet. C'est précisément parce qu'il y a
une productivité supérieure aux États-Unis qu'il
est possible d'avoir par ouvrier un volume physique
de capital différent. Autrement dit, s'il est vrai
que chaque ouvrier américain dispose d'une valeur
de machines trois fois supérieure à la valeur des
machines dont dispose l'ouvrier français, ce n'est pas
la cause mais l'effet de la différence de productivité.

Il est vrai que les États-Unis ont été favorisés par
l'abondance des ressources naturelles, par l'énorme
superficie de terre, par les dimensions du marché,
il est vrai que l'efficacité du capital est un peu plus
élevée aux États-Unis qu'en Europe; mais si,
aujourd'hui, la productivité est triple, c'est que
les sujets économiques américains, dans ces conditions favorables, ont été plus loin dans ce qui est
l'objectif commun des économies modernes, c'est-à-
dire la productivité, accroissement de la productivité qui est le résultat de l'attitude économique
des sujets, calcul rigoureux, incitation permanente
à l'innovation, reconstruction incessante des structures.

Pourquoi l'incitation au développement a-t-elle
été plus forte aux États-Unis qu'en Europe? Certains
libéraux, ayant éliminé tous les facteurs purement
mécaniques que l'on invoque d'ordinaire, concluent:
Cette marge inexpliquée, la nature du régime économique en rend compte; le facteur décisif de la
productivité américaine, c'est l'atmosphère permanente de compétition qui y règne. Il se peut
que le facteur psychologique, décisif, de la productivité soit la compétition, mais il ne faut pas oublier
qu'il est à peu près impossible d'isoler un facteur
psychologique et social, comme la compétition, de
l'ensemble du milieu historique américain; la produc-

tivité américaine était favorisée par les conditions naturelles mais elle exigeait quelque chose de plus, une certaine conduite ou attitude des Américains ; dire que cette conduite était finalement définie par la libre compétition au sens que les libéraux donnent à ce mot, c'est une hypothèse entre d'autres.

Je reviens sur ce problème, qui est un problème de méthode. Lorsque l'on considère les matières premières ou la superficie cultivée, on est dans l'ordre du quantitatif, et l'on peut passer de l'avantage physique à l'avantage de productivité et donner une évaluation approximative de l'importance du facteur ; en revanche, lorsque vous considérez les éléments psycho-sociaux, vous êtes dans l'ordre du non mesurable. A l'intérieur d'un seul pays, soumis au même régime politique, avec le même genre de concurrence, des résultats très différents sont obtenus. Songez à la différence des taux de croissance selon les États des États-Unis. Les États du Sud sont restés sous-développés pendant un demi-siècle après la guerre civile, bien que le régime économique, en termes légaux, fût exactement le même que dans le Nord : la croissance n'est jamais prévisible mathématiquement à partir de facteurs quantifiables. Quand a commencé la croissance rapide des États du Sud aux États-Unis ? Surtout depuis la Deuxième Guerre mondiale, lorsqu'un grand nombre d'entrepreneurs venant d'autres parties des États-Unis ont découvert que le Sud offrait, en raison de salaires plus bas, des conditions favorables à la création d'industries. Autrement dit, les circonstances ont incité au développement industriel, entrepreneurs et capitaux ont afflué, ce qui nous rappelle une fois de plus que la croissance est le résultat de l'action combinée de situations naturelles, géographiques et historiques, et de la réaction des hommes à ces situations. A la rigueur vous mesurez ou prévoyez les incitations, mais jamais la réaction des hommes.

Cette supériorité de productivité américaine doit-elle augmenter où bien diminuer ? Les comparaisons sont complexes selon les périodes que l'on retient, selon les dates que l'on prend pour origine. Certaines raisons d'ordre général donnent à penser que l'économie américaine actuelle devrait continuer à croître plus vite que les économies européennes, mais certaines causes agissent en sens contraire.

Le pourcentage d'investissements demeure, semble-t-il, élevé aux États-Unis, les prix des biens d'investissement sont relativement plus bas que les prix des biens d'investissement en Europe. Plus un pays est riche, plus il est facile d'introduire des méthodes nouvelles de production. Certaines méthodes nouvelles de production d'acier ont été introduites aux États-Unis entre dix et vingt ans avant leur introduction en Europe, essentiellement parce que le niveau de richesse déjà atteint rend plus faciles les innovations. On peut aussi plaider que la société américaine est restée plus dynamique que les sociétés européennes [1], que les difficultés de la balance des comptes n'y sont pas connues, que les résistances des structures sociales y sont moindres.

Cependant, il est probable que dans les quelques décennies à venir le taux de croissance proprement industrielle sera plus élevé en Europe qu'aux États-Unis [2]. En effet, la croissance ne comporte pas dans les différentes phases le même développement des

---

1. Ce n'est plus vrai aujourd'hui (1962).
2. Cette prévision a été vérifiée depuis 1955. Le taux de croissance, au cours de la décennie 1950-60, a été largement supérieur en France et en Allemagne à ce qu'il a été aux États-Unis. De 1953 à 1960, le volume du P. N. B. est passé de 100 à 161 en Allemagne fédérale, de 100 à 136 en France, de 100 à 119 aux États-Unis. Les causes du phénomène sont plus complexes que je ne l'ai indiqué dans le texte.

trois secteurs. Nous nous trouvons, en Europe, dans une phase où la croissance industrielle est relativement plus importante qu'elle ne l'est dans la phase actuelle de l'économie américaine. Il se peut même que les transferts de main-d'œuvre du primaire vers le secondaire et le tertiaire, plus rapides en Europe aujourd'hui qu'aux États-Unis, se manifestent en un taux de croissance globale plus élevé.

Disons maintenant quelques mots de la croissance soviétique, qui est à coup sûr rapide. Cette rapidité a quelques causes simples et bien connues. Les planificateurs soviétiques considèrent que les investissements globaux doivent représenter 25 % du produit national brut. Ce chiffre est appliqué aussi bien en Union soviétique que dans les pays satellites. Le calcul du produit national soviétique diffère de celui du produit national en Occident : les Soviétiques ne font pas entrer les services dans le calcul du produit national. Avec le mode de calcul occidental, on arriverait à un pourcentage supérieur à 25 %, donc largement supérieur à celui des États-Unis. Les experts soviétiques qui calculent le pourcentage américain d'investissements selon leur système conceptuel, réduisent le pourcentage indiqué par les statistiques américaines et considèrent que le pourcentage soviétique d'investissements est au moins d'un tiers supérieur à celui des États-Unis. Mais le pourcentage global est moins important que les répartitions des investissements. On met dans la rubrique des investissements des dépenses qui n'ont ni le même caractère économique ni la même influence sur la croissance. Tous les investissements ne provoquent pas une production supplémentaire ; des hôtels, des magasins, des maisons augmentent les satisfactions des hommes, mais ne sont pas des moyens de production. Ce qui détermine la croissance industrielle, c'est la fraction des investisse-

ments globaux que représentent les investissements
fixes, ou plus spécifiquement encore, des investissements fixes d'équipement. Or, dans les investissements soviétiques, le pourcentage de cette dernière
catégorie est plus élevé qu'en Occident. En Union
soviétique, les constructions de maisons représentent
un pourcentage plus faible des investissements
qu'en Occident. Pour vous donner un ordre de
grandeur, en Belgique, les constructions de logements
représentaient, ces dernières années, environ 23 %
du total des investissements, 24 % en France, 25 %
en Allemagne occidentale, 24 % en Suède ; en Union
soviétique, le pourcentage est de l'ordre de 13,7 %.
La construction de logements pourrait être considérée comme production de biens de consommation
durable plutôt que comme investissements, si l'on
restreignait la notion d'investissement aux biens
qui servent directement à la production future
d'autres biens.

D'autre part, d'après les théoriciens soviétiques,
il est possible que le rendement des investissements
soit plus fort en Union soviétique qu'en Occident.
D'après les Soviétiques, une augmentation annuelle
de 10 % du produit national est obtenue par l'investissement de 25 % de ce même produit. Autrement dit, si vous investissez 25 vous obtenez 10
en production, le rapport entre le capital et le
revenu est de 2,5. Il est possible que ce rapport soit
plus élevé en Occident, ou bien à cause d'une utilisation plus intense du capital en Union soviétique
ou bien à cause d'une répartition autre des investissements.

En Europe occidentale, vous observez aussi de
grands écarts dans la quantité de capital nécessaire
pour obtenir une certaine augmentation de la production. Le rapport le plus favorable est celui de
l'Allemagne fédérale : le total des investissements

bruts, fixes, au cours de ces dernières années, a été de 123 milliards de marks, et durant la même période, entre 1949 et 1955, le produit national brut s'est élevé de 80 milliards de marks à 164. On a donc réalisé un accroissement du produit national de 84 milliards de marks avec des investissements bruts fixes de 123 milliards, rapport inférieur au rapport soviétique. Mais, ce qui confirme les idées que je vous indiquais à l'instant, la part des équipements dans le total des investissements a été particulièrement élevée : 68,7 milliards de marks d'investissement d'équipements sur 123.

Cette rapidité de croissance en fonction d'un certain pourcentage d'investissements a une autre cause. Plus vous investissez dans des industries proches de la consommation, plus vous obtenez, pour un montant donné de capital, une augmentation élevée de production. Il faut investir plus dans la sidérurgie que dans le textile pour obtenir une augmentation donnée de production. Plus vous investissez dans l'industrie lourde, plus le coefficient de capital sera élevé. Or les Allemands ont réussi une croissance extraordinairement rapide parce qu'ils ont investi surtout dans des industries proches de la consommation à l'inverse de ce qu'ont fait les Russes.

Dans l'économie allemande, la progression de l'industrie charbonnière a été lente ; la productivité de l'ouvrier allemand, dans les mines de charbon, est inférieure à l'avant-guerre. L'industrie sidérurgique a progressé, mais le facteur décisif a été la création d'industries de transformation, en partie grâce à l'afflux des immigrés venus de l'Allemagne de l'Est ou de la Tchécoslovaquie. Ces hommes, au rebours de ce que l'on pensait, représentaient une richesse.

Pour mesurer la différence du rapport entre les

investissements et l'augmentation de la production, je vous donnerai deux chiffres, relatifs à la Grande-Bretagne, cas extrême opposé par rapport à celui de l'Allemagne occidentale. Entre 1949 et 1954 les Britanniques ont investi 9,3 milliards de livres de capital fixe, ils ont obtenu une augmentation du produit national brut d'environ 2 milliards de livres. Le rapport est à peu près 4,6 alors qu'en Russie soviétique il est de 2,5 et qu'en Allemagne occidentale il s'est situé autour de 1,5. Le faible rendement des investissements britanniques ne tient pas à une inefficacité particulière du système britannique, mais au faible pourcentage des investissements industriels fixes en Grande-Bretagne par rapport au total des investissements, au faible pourcentage des investissements consacrés à l'équipement, la part consacrée aux secteurs de base ayant été relativement considérable.

Quelles conclusions peut-on tirer pour le proche avenir de la rapidité de croissance soviétique et, en particulier, de la rapidité de la croissance industrielle ? Si le but de la croissance économique est la puissance économico-militaire, le système soviétique est le meilleur puisqu'il investit surtout dans l'industrie. Si les États-Unis décidaient d'investir la même proportion de leurs ressources dans les industries de base, ils obtiendraient sans doute des résultats supérieurs. Lorsque les États-Unis, entre 1939 et 1945, ont réparti leurs investissements selon les proportions qu'appliquent les Soviétiques en permanence, c'est-à-dire en consacrant une part considérable aux investissements fixes d'équipement, ils ont développé la production industrielle encore plus vite que ne le font les Soviétiques. Mais le fait est que, dans les conditions actuelles, la croissance industrielle soviétique est plus rapide que la croissance industrielle américaine.

La Russie soviétique serait, de toute façon, devenue un géant économique, en raison de sa population, de ses ressources. La croissance économique avait commencé en Russie, avant le régime soviétique, à une allure accélérée. Au point de vue de la puissance économico-militaire, la Russie soviétique est dès maintenant un géant et le deviendra de plus en plus. L'augmentation de la production charbonnière, durant l'année dernière a été, à elle seule, supérieure au total de la production charbonnière française ; l'augmentation de la production sidérurgique prévue dans le prochain plan quinquennal est supérieure au total de la production britannique d'acier ; la production d'acier soviétique doit passer, en cinq ans, de 45 millions de tonnes à 68, soit une augmentation de 23 millions de tonnes d'acier en cinq ans. Or, 23 millions de tonnes d'acier représentent à peu près le double de la production d'acier française actuelle et plus que la production d'acier britannique. Sur le plan historique, la Russie soviétique, à elle seule, sans tenir compte de ce que l'on appelle les pays satellites, disposera en 1960 d'une puissance économique mobilisable pour la guerre, comparable à la puissance totale des principaux pays d'Europe occidentale. Cela ne signifie pas encore que le régime soit économiquement le meilleur, mais que nous sommes en présence d'un déplacement majeur de la relation des forces. Il y a un demi-siècle, Grande-Bretagne, France, Allemagne, chacune individuellement, paraissait supérieure à la Russie ; aujourd'hui, en puissance économico-militaire, la Russie soviétique équilibre ou, sur certains points, domine les principaux pays d'Europe ensemble.

L'argumentation de certains économistes selon lesquels le niveau de vie soviétique deviendra une

menace de propagande pour l'Europe occidentale
me paraît aussi fausse qu'est vraie la supériorité
de puissance de la Russie. Pour que la Russie
puisse rivaliser en niveau de vie avec l'Europe
occidentale, il faudrait des transformations majeures dans quatre secteurs : 1° l'agriculture ;
2° le logement ; 3° les commodités de l'existence
ou les services en général ; 4° les moyens de transports. Il faudrait une augmentation considérable
de la production agricole qui est, aujourd'hui,
par tête de la population, inférieure à ce qu'elle
était en 1913. Il faudrait que la part des investissements consacrée au logement fût multipliée
par deux ou trois, il faudrait que la circulation
automobile devînt intense dans toute l'Union
soviétique. Or si la Russie soviétique décidait de
rivaliser avec l'Occident en matière de niveau de
vie, le taux de croissance de l'industrie et peut-être
même celui de l'économie diminuerait, car ce taux
de croissance tient à la répartition actuelle des
investissements. En prolongeant par la pensée le
taux actuel de croissance et en supposant en même
temps la modification de la répartition des investissements, on combine deux hypothèses contradictoires.

La croissance industrielle soviétique va-t-elle
se ralentir ? D'après les chiffres officiels, le pourcentage de la croissance prévu ne sera que d'environ
10 % dans le prochain plan quinquennal, au lieu
de 15 % dans le plan quinquennal précédent. Ces
taux de croissance officiels sont exagérés. On a
calculé ce que serait la production soviétique à
l'heure présente si les chiffres officiels avaient
toujours été vrais ; elle serait largement supérieure
à celle des États-Unis, ce qui n'est pas le cas,
même d'après les statistiques soviétiques officielles.
Il reste que la croissance industrielle soviétique

va rester, durant les prochaines années, plus rapide que celle des États-Unis. La croissance *industrielle* américaine a été de l'ordre de 25 % au cours des cinq dernières années, la croissance industrielle soviétique de l'ordre de 75 %. L'écart en pourcentage entre les productions industrielles soviétique et américaine diminue, l'ecart absolu reste considérable.

En 1950, 27 millions de tonnes d'acier étaient produites en Russie soviétique et 88 aux États-Unis ; l'écart était de 61 millions de tonnes. En 1955, il y a 45 millions de tonnes d'un côté, 104 de l'autre, l'écart est de 59 millions de tonnes, l'écart en chiffres absolus a peu diminué, l'écart relatif beaucoup. (La production soviétique atteignait 30 % de la production américaine en 1950, 43 % en 1955.)

La production industrielle soviétique va-t-elle finalement rejoindre celle des États-Unis ? Toute extrapolation présente des risques, mais, si nous supposons le maintien du régime soviétique, de la règle des 25 % et de la répartition actuelle des investissements, d'ici à quelques dizaines d'années il se peut que la production industrielle soviétique rejoigne celle des États-Unis [1]. L'histoire nous aura offert une expérience extraordinaire ; deux puissances économico-militaires comparables, géantes, avec des niveaux de vie et des manières de vivre très différents. Nous aurons découvert qu'il est possible de reconstituer, à l'époque de la civilisation industrielle, l'opposition, classique dans la théorie politique, du peuple riche et du peuple pauvre, le peuple pauvre étant égal ou supérieur en puissance au peuple riche. Pour arriver à combiner

---

1. En 1962, on est tenté de dire que cette rencontre ne se produira pas au xxᵉ siècle, encore que pour l'industrie lourde cette rencontre soit possible.

la pauvreté (relative) avec la puissance, il fallait le
système économique soviétique, et peut-être fallait-il
aussi l'idéologie de l'abondance.

Pour savoir comment se prolongera la croissance économique d'ensemble en Union soviétique,
il faudrait répondre aux questions fondamentales :

1° Quel sera l'état des ressources naturelles d'ici
à quelques années ? Les mines les plus riches seront-
elles épuisées ? Faudra-t-il investir davantage
pour obtenir la même production ?

2° La croissance industrielle a été obtenue en
grande partie par transfert de la main-d'œuvre
de l'agriculture vers l'industrie. Que se passera-
t-il lorsque l'on ne disposera plus de surplus de
main-d'œuvre dans l'agriculture ?

3° Si l'on ne peut pas intégrer de travailleurs
supplémentaires à la production, il faudra augmenter la productivité par travailleur. Or, augmenter la productivité par travailleur comporte des problèmes différents de ceux de la création d'usines
nouvelles.

4° Sera-t-il possible, politiquement et socialement, de maintenir la même répartition des
investissements ?

L'industrie américaine se développe plus lentement que l'industrie soviétique, en partie parce
que la répartition des investissements est, dans
une large mesure, déterminée par les préférences
des consommateurs. A partir d'un certain niveau
de vie, les préférences des consommateurs vont
de plus en plus vers les services, et non pas vers
des biens secondaires. La question se pose, pour
la Russie soviétique, de savoir si le régime pourra
indéfiniment maintenir la répartition actuelle des
investissements. Il est plus difficile d'imposer des
privations au fur et à mesure que le niveau de
vie s'élève. Dans les phases initiales, quand n'existe

pas encore de civilisation industrielle, on peut facilement contraindre les sujets économiques à faire ce qu'ils ne feraient pas spontanément. Au fur et à mesure que s'élève le niveau de vie, que le pourcentage de la population urbaine monte, que le nombre des cadres de l'industrie augmente, il devient de plus en plus difficile de ne pas accorder aux différents groupes de la population les satisfactions qu'ils demandent. Il y a donc des raisons de penser qu'au fur et à mesure que la Russie soviétique progressera en richesse, augmentera aussi la tentation de réduire le pourcentage des investissements et de modifier la répartition de ceux-ci.

Nous sortons ainsi du plan économique pour revenir, une fois de plus, au plan sociologique et politique. Ces comparaisons de croissance, économiques d'abord, sociologiques ensuite, nous conduisent à la science du réel, à l'histoire. Les croissances des différents pays ont chacune leurs particularités, et ces croissances diverses constituent, ensemble, l'Histoire. La relation dialectique entre les États-Unis et la Russie soviétique, le conflit de puissance et d'idéologie entre ces deux États font partie de la réalité concrète. Parmi les sciences humaines, l'histoire est la science reine, à condition, il est vrai, que les historiens soient d'abord économistes, ensuite sociologues et peut-être un peu philosophes ; ce qui est peut-être aussi difficile que pour les philosophes d'être rois.

Conclusions provisoires

Il y a quelques semaines j'avais distingué trois plans distincts sur lesquels on pouvait suivre le développement du régime économique des pays occidentaux. L'un était le plan abstrait d'un schéma idéal d'une économie fondée sur la propriété privée et les mécanismes du marché, le second était celui des transformations économico-sociales des sociétés capitalistes, et le troisième était le plan concret, historique des unités politiques européennes, atlantiques ou soviétiques.

A la fin de la dernière leçon, j'étais passé du plan 1, c'est-à-dire de l'analyse abstraite, au plan historique des unités politiques, occidentales ou soviétiques. J'ai laissé de côté, dans le cours de cette année, le plan intermédiaire, celui des transformations économico-sociales. Avant de faire quelques remarques finales sur le cours de cette année, je voudrais vous indiquer, en quelques mots, le sujet du cours de l'année prochaine, qui sera consacré aux transformations économico-sociales des sociétés industrielles.

Toutes les sociétés industrielles, et plus généralement toutes les sociétés complexes, comportent une triple hétérogénéité ; celle qui résulte de la division du travail, celle qui tient à la hiérarchie de richesse, de puissance ou de prestige entre les différents individus, enfin celle que crée la pluralité des groupes qui se constituent et s'opposent les uns aux autres à l'intérieur de la société globale. Cette dernière hétérogénéité se rapporte à ce que l'on appelle d'ordinaire le problème des classes. Effectivement, une grande partie du cours de l'année prochaine sera consacrée aux classes sociales dans les sociétés industrielles. Mais ce problème est complexe et il conviendra d'analyser les trois aspects de l'hétérogénéité sociale que je viens de vous rappeler.

Il est clair immédiatement que certains phénomènes essentiels de la division du travail sont déterminés presque exclusivement par la technique de production et se retrouvent, analogues, dans toutes les espèces de sociétés industrielles. La partie la moins intéressante, la plus banale de l'étude de l'hétérogénéité sociale est celle qui envisage la structure technique des sociétés industrielles. Nous avons, cette année, constaté quelques aspects des transformations des sociétés industrielles, nous avons suivi les phénomènes d'urbanisation, la répartition des travailleurs entre les différents secteurs de l'économie, la modification de l'importance relative des professions ou des secteurs de la vie économique. Cet aspect de l'hétérogénéité sociale se retrouve non pas identique mais analogue, dans les différentes espèces de sociétés industrielles. En revanche, dès que l'on arrive à la hiérarchie de richesse, de puissance, de prestige, à la constitution des groupes, non seulement il n'y a pas nécessité mais il n'y a même pas probabilité que les phénomènes soient analogues dans les différents types de société industrielle.

Considérons la hiérarchie de la puissance et du prestige. Dans toutes les sociétés industrielles, certaines personnes occupent des positions dans lesquelles elles possèdent de la puissance sur leurs semblables ou jouissent de prestige auprés des autres membres de la collectivité. Le dirigeant des moyens de production, le gestionnaire d'une grande entreprise industrielle, en U. R. S. S., aux États-Unis ou en France, possède un pouvoir sur ceux qui travaillent dans l'entreprise. Celui qui dirige une entreprise industrielle, quel que soit le pays, possède du même coup des moyens d'influencer l'État de son pays. Mais la relation entre le gestionnaire des instruments de production et le détenteur du pouvoir étatique n'est pas la même en Union soviétique et aux États-Unis.

Nous suivrons l'an prochain la même méthode que cette année. Nous essaierons de déterminer les types fondamentaux de positions de puissance, de richesse et de prestige ; ceux qui, d'une façon ou d'une autre, exercent le pouvoir étatique, dans le cadre d'un parti unique ou dans un système de partis multiples ; les gestionnaires des moyens de production, dans des entreprises publiques ou dans des entreprises privées ; enfin les secrétaires de syndicats ou hommes politiques qui exercent une fonction d'encadrement et de direction, par rapport aux masses populaires.

Ces trois catégories se retrouvent dans toute société industrielle parce qu'elles sont créées par le genre d'existence, caractéristique de ces sociétés. Simultanément, on retrouve des représentants des formes

anciennes de la puissance, détenteurs de la force armée, et de ce qu'Auguste Comte appelait le pouvoir
spirituel. Celui-ci, à notre époque, est divisé en deux,
pouvoir spirituel de tradition (c'est-à-dire Églises des
religions de salut) et pouvoir spirituel de notre époque, les intellectuels et les doctrinaires des partis de
masses. Ces catégories, que j'analyserai plus longuement l'an prochain, définissent les positions de
puissance dans toute société industrielle. L'objectif de
notre étude sera de déterminer les types de relation
entre ces catégories de privilégiés. Selon les sociétés,
la relation entre les secrétaires de syndicats et les
meneurs de partis politiques, entre les chefs de
partis politiques et les détenteurs du pouvoir étatique, entre les intellectuels et l'État sera différente.
Les espèces de sociétés industrielles seront, je crois,
définies, politiquement et socialement, par la nature
des relations entre les catégories de privilégiés. Mais,
d'un autre côté, nous aurons à étudier comment se
répartit, au point de l'activité et des revenus, la
masse de la population. La répartition des membres
de la collectivité entre les emplois, au sens technique
du terme, sur les échelons de la hiérarchie des revenus,
constitue un objet d'étude que l'on baptise couramment étude des groupes sociaux ou des classes
sociales.

L'étude des sous-groupes plus ou moins cohérents
à l'intérieur de la société globale résultera, d'une
part, de l'étude des catégories privilégiées, d'autre
part de celle de la distribution des activités professionnelles et des revenus dans la masse de la population.

Toutes les sociétés industrielles comportent des
caractères communs à ces points de vue. La proportion des emplois intellectuels ou semi-intellectuels
augmente inévitablement dans la société industrielle.
On a besoin de plus en plus de cadres, d'ingénieurs,

d'hommes qui aient une qualification technique.
Tous les individus doivent savoir lire et écrire. Ainsi
se gonflent progressivement deux catégories, l'*intelligentsia* technique, qui encadre les travailleurs de
la société industrielle, et l'*intelligentsia* non technique,
ou du moins dont la qualification technique est littéraire ou humaine, spécialistes des moyens de communication, qui s'expriment dans la presse, par la radio,
à la télévision et exercent une influence considérable
sur la masse de la population. Ce sont eux qui diffu-
sent les idées, vraies ou fausses, modèlent les convic-
tions des hommes, contribuent à former la manière
de penser des foules.

Toute société industrielle est, d'une certaine façon,
obligée d'invoquer des idées égalitaires, parce qu'elle
est fondée non pas sur des inégalités de statut, sur
l'hérédité ou la naissance, mais sur la fonction remplie
par chacun. Les fonctions des sociétés industrielles
sont apparemment accessibles à tous. Les sociétés industrielles proclament une conception égalitaire de la
société, et simultanément font surgir des organisations
collectives de plus en plus vastes, où l'individu est
de plus en plus intégré. Elles répandent une conception égalitaire et créent des structures hiérarchi-
ques. Toute société industrielle a donc besoin d'une
idéologie pour combler l'écart entre ce que les hommes
vivent et ce que, d'après les idées, ils devraient vivre.
Nous avons observé la forme extrême de la contradiction dans la société soviétique où, au nom d'une
idéologie de l'abondance, on restreint le plus possible
la consommation de manière a augmenter la puissance de la collectivité. L'idéologie américaine qui
permet de réconcilier la structure hiérarchique avec
l'idéal égalitaire, c'est la vieille formule : « N'importe
quel grenadier a, dans sa giberne, le bâton de maréchal » ; la mobilité sociale, aux États-Unis, est peut-
être plus grande qu'en Europe (nous étudierons le

problème l'an prochain), la différence de mobilité est
probablement moindre qu'on ne le croit. En revanche,
varie grandement l'idée que les Européens et les
Américains se font de la mobilité sociale, dans leur
pays respectif.

On pourrait constater d'autres paradoxes. Les
sociétés industrielles, fondées sur l'idée de la production et de l'abondance, sont, en théorie, pacifi-
ques, mais rarement, dans l'histoire, on a fait autant
de guerres et de grandes guerres qu'au XXᵉ siècle.
Les sociétés industrielles sont, au XXᵉ siècle, paci-
fistes en droit, belliqueuses en fait. Peut-être s'agit-
il là encore d'une contradiction liée à la structure
des sociétés industrielles, que l'idéologie sert à surmonter.

Voilà, rapidement esquissés, quelques-uns des
problèmes que nous étudierons l'an prochain et qui
découlent naturellement des problèmes que j'ai
étudiés cette année. Jusqu'à présent, j'ai limité la
comparaison des sociétés industrielles aux aspects les
plus économiques, j'ai considéré les transformations
au niveau le plus élevé d'abstraction. L'an prochain
nous reprendrons simultanément les types de structure sociale et les modifications de structure sociale
aux différentes étapes du développement des sociétés industrielles. Nous aurons ainsi à reprendre le
problème que nous avons évoqué plusieurs fois cette
année sans lui donner une réponse catégorique, à
savoir dans quelle mesure les deux espèces de sociétés industrielles, au fur et à mesure qu'elles évolue-
ront, tendront à se rapprocher.

Le problème sociologique qui commande à la fois
le cours de cette année et celui de l'an prochain, est
celui de Marx et du marxisme, tel qu'il apparaît dans
Le Capital. Marx a analysé les relations économiques

et humaines dans le capitalisme en fonction de la
structure même de celui-ci, il a cherché comment
fonctionne le capitalisme et enfin il a voulu saisir
les lois selon lesquelles évolue le régime lui-même.
Mais, dans les trois aspects de sa théorie, aussi bien
dans la théorie de la valeur et du salaire que dans
celle de la circulation du capital ou des lois de transformation du régime, le phénomène que Marx a
mis au centre, c'est le phénomène *d'accumulation*.
C'est l'accumulation du capital qui pour lui définit,
à chaque instant, l'essence du capitalisme. Or, quand
nous avons mis au centre de notre étude le phénomène de la croissance, nous avons repris le thème
marxiste de l'accumulation avec le langage et les
concepts de l'économie moderne. Nous avons essayé
d'une part, de saisir les différentes structures des
sociétés industrielles, d'autre part d'indiquer comment chacune d'elles fonctionne, et enfin nous avons
au moins posé la question de savoir comment chacune
d'elles évolue.

Au lieu de prendre comme concept historique
majeur le concept de capitalisme, nous avons choisi
celui de société industrielle. (On aurait pu dire aussi
bien société technique, ou scientifique, ou rationa-
lisée.) Le concept de société industrielle ne s'impose
pas de manière impérative, on ne saurait *démontrer*
que l'on doive le tenir pour central, mais on ne manque pas de raisons pour justifier le choix et la définition de ce terme. A partir du concept de société
industrielle, j'ai pu discerner des types différents de
cette société. J'ai fait intervenir ensuite les concepts
de modèle de croissance et de phase de croissance.

Ces quatre concepts, société industrielle, types de
société industrielle, modèle de croissance et phase
de croissance représentent les moments successifs
de la théorie. Il ne reste plus qu'à tenir compte
d'une dernière opposition entre les modalités de

régime ou entre les styles de fonctionnement, économie planifiée et économie non planifiée, pour disposer des concepts nécessaires. Les concepts dont je me suis servi ont été en un sens confirmés par les résultats de l'étude. Par exemple, le modèle de croissance que l'on observe dans une société soviétique est inconcevable avec un autre style de fonctionnement. Un modèle soviétique de croissance est inconcevable en l'absence d'une économie planifiée avec un pouvoir politiquement absolu. La combinaison de ces concepts nous permettait de saisir les caractères spécifiques des phénomènes historiques en face desquels nous nous trouvons. Telles ont été les étapes de l'étude cette année. Je voudrais, dans les quelques instants qui me restent, vous rappeler quelques enseignements d'ordre général que l'on peut tirer de ces premières recherches.

Les premières leçons que je voudrais retenir sont relatives aux faits et je reprendrai quelques-uns des éléments statistiques que je vous ai indiqués à propos de l'économie soviétique. Il y a quelques jours, M. Maurice Allais a fait une communication à L'Académie des Sciences morales et politiques où il a consigné les résultats statistiques de longues recherches sur l'économie soviétique. Les conclusions auxquelles il arrive s'accordent avec celles que j'ai essayé de mettre en lumière ici.

Les faits fondamentaux qu'il faut conserver dans l'esprit sont d'abord la grande rapidité de la construction industrielle, en particulier du secteur de l'industrie utilisable pour la puissance militaire. A l'heure présente, l'industrie lourde se développe en Russie soviétique beaucoup plus vite qu'aux États-Unis, et M. Maurice Allais pense comme moi que ce taux d'accroissement de l'industrie lourde soviétique se maintiendra probablement au cours des prochaines années. Le deuxième fait majeur, qui n'est pas contradictoire avec le premier mais qui permet de le nuancer, c'est l'échec de l'agriculture soviétique. Les opinions que vous lisez dans la presse ne sont contradictoires qu'en apparence, certaines consignent les résultats obtenus dans le secteur industriel, d'autres mettent l'accent sur les pauvres résultats obtenus dans le secteur agricole. Les statistiques globales devraient déterminer le poids relatif de ces deux éléments.

La croissance de l'industrie lourde américaine a été dans le passé, à condition de prendre certaines phases, aussi rapide que la croissance actuelle de l'industrie lourde soviétique. Par exemple, aux États-Unis la production d'acier a augmenté, entre 1875 et 1913, au rythme annuel de 11,6 %. La croissance de l'énergie par tête de la population augmente en Russie soviétique de 8,5 % par an depuis 1945, mais les États-Unis ont connu un taux de 15,5 entre 1850 et 1875.

Globalement, les estimations de la croissance industrielle soviétique présentent une marge d'incertitude plus grande que les chiffres relatifs aux croissances par secteur. En effet, comme vous vous en souvenez, tout établissement d'un indice global de la production industrielle suppose résolus des problèmes difficiles de pondération des différentes productions et d'échelle des prix. Cependant l'ordre de grandeur de l'augmentation de la production industrielle soviétique globale, entre 1913 et 1955, se situe entre 8 et 12. Ces chiffres extrêmes, indiqués par M. Allais, correspondent aux chiffres que je vous ai indiqués, puisque je vous ai dit que la production industrielle globale avait dû passer de 1 à 10 entre 1913 et 1955 : mon estimation se situait à peu près au milieu des deux chiffres extrêmes indiqués par M. Allais.

En revanche, les chiffres relatifs à l'agriculture impliquent que la production de céréales par tête

de la population s'est maintenue entre 1913 et 1955.
La production animale par tête de la population a
diminué d'environ 20 % entre 1913 et 1955. Par
contre, les productions industrielles, c'est-à-dire
essentiellement le coton et la betterave, ont considérablement augmenté.

D'après M. Allais, le taux de croissance de la productivité agricole aurait été faible en Russie soviétique au cours de toute cette période puisqu'il arrive
au chiffre de 0,37 % par an, alors qu'aux États-Unis
l'augmentation dépasse 4 % par an. Naturellement,
on pourrait dire que la rapidité trop grande de l'augmentation de la productivité américaine dans l'agriculture crée des surplus agricoles, aussi bien dans le
cadre américain que dans le cadre mondial. Les
chiffres de niveau de vie que donne M. Allais seront
considérés comme peu favorables à la Russie soviétique : le salaire horaire réel aurait plus progressé en
France qu'en Russie soviétique depuis 1913, il
serait passé de 100 à 123 pour la Russie, de 100 à 187
pour la France et de 100 à 307 pour les États-Unis.
Dans ces chiffres on ne tient pas compte des avantages indirects, mais la différence entre la Russie et
la France augmenterait plutôt qu'elle ne diminuerait
si l'on en tenait compte. Le revenu réel par tête de
la population serait passé en U. R. S. S. de 100 à 198,
entre 1913 et 1955, de 100 à 148 en France, de 100
à 233 aux États-Unis. Il serait aujourd'hui respecti-
vement de 540, 910 et 1950 dollars.

Ces chiffres de niveau de vie comportent nécessairement, je le répète, un élément d'arbitraire, en
raison de la différence des modes de vie, de la disparité des productions disponibles, etc. Les calculs
dont je vous résume les résultats ont été opérés
selon la méthode la meilleure qui consiste à évaluer successivement la production soviétique avec
l'échelle des prix français, la production française

avec l'échelle des prix soviétiques, et à prendre la moyenne géométrique. Malgré tout, il reste quelque arbitraire et, personnellement, je n'attache pas une signification décisive à ces chiffres globaux.

Mais, lorsque le statisticien revient aux éléments simples, il retrouve ceux qui s'offrent aux yeux d'un observateur objectif. Ces éléments sont les suivants :

Tant que les disponibilités en produits alimentaires sont faibles, il est impossible de distribuer des revenus considérables. Étant donné l'urgence des besoins de nourriture, l'échec de l'agriculture soviétique oblige les planificateurs à restreindre les distributions de revenus. Les planificateurs soviétiques, voulant développer rapidement l'industrie lourde, accroissent les investissements de nature à augmenter la production. Une fraction plus considérable qu'en Occident des investissements va à l'équipement industriel fixe. La part des investissements consacrée au logement est réduite. Comme, simultanément, l'urbanisation est rapide, les conditions de logement, en Russie soviétique, sont pires, et de beaucoup, qu'en Europe occidentale. Le développement de l'industrie textile a été ralenti par quelque pénurie de matières premières. Telles sont les données principales qui expliquent le niveau de vie bas que mesure le statisticien.

Faut-il conclure que l'économie soviétique est peu efficace ?

Il faut s'entendre sur ce que l'on appelle une économie efficace. Si le but principal d'un système économique est d'élever le plus rapidement possible le niveau de vie de la population, le système a été peu efficace. En revanche, si l'objectif majeur du système économique est de renforcer la puissance de la collectivité, le jugement est tout autre. Si l'on pose la question : Au cas où le but est de préparer aujourd'hui le niveau de vie le plus élevé dans l'avenir, le système soviétique est-il efficace ou non ? on hésitera à répondre, car il s'agit de savoir avec quelle rapidité s'élèvera le niveau de vie soviétique dans les années à venir. Au cours des dernières années, le niveau de vie soviétique s'est élevé rapidement, d'environ 5 ou 6 % par an pour le salaire réel ouvrier. Il me semble possible, au point où la Russie en est arrivée, qu'au cours des prochaines années elle soit capable d'accroître rapidement la puissance industrielle et simultanément d'élever quelque peu le niveau de vie.

Les prévisions relatives à l'avenir se heurtent malgré tout à une incertitude fondamentale. Ce qui, à échéance, déterminera le succès ou l'échec du système soviétique au point de vue économique, c'est l'évolution dans l'agriculture. La condition nécessaire pour augmenter les revenus distribués et poursuivre le développement industriel, c'est que les disponibilités en produits agricoles augmentent et soient obtenues avec une main-d'œuvre réduite. Il s'agit d'augmenter simultanément le volume de la production agricole et la productivité du travailleur dans l'agriculture.

Si le système soviétique est capable dans les prochaines années d'atteindre ces objectifs, on peut penser qu'il sera en mesure d'assurer une augmentation régulière du niveau de vie de la population, comme les systèmes économiques occidentaux. Mais, même si l'échec agricole se prolonge, les Soviétiques pourront assurer le développement prioritaire de la puissance industrielle, mobilisable pour la guerre. Le succès ou l'échec de l'agriculture soviétique déterminera le succès ou l'échec du système par rapport aux catégories de M. Allais, qui sont les catégories d'une économie de bien-être. Ce modèle, cet exemple de croissance économique, représente un fait historique majeur, même si l'économiste occidental considère que le système est peu efficace. Selon M. Allais, le développement industriel sous le régime tsariste annonçait la croissance que l'on observe dans la Russie soviétique. Il n'y aurait pas eu besoin de révolution, de collectivisation agraire et de grande purge pour produire la quantité actuellement produite d'acier et de charbon. En revanche, avec un régime économique différent, on aurait atténué les souffrances et l'on aurait pu élever davantage le niveau de vie.

Ces propositions, vraies ou fausses, n'ébranlent pas la conviction de l'observateur occidental, qui constate que le système a fait de la Russie soviétique la deuxième nation industrielle du monde et lui a conféré une puissance politique sans précédent. L'économiste a peut-être raison d'affirmer que la même œuvre aurait pu être accomplie à moindres frais. Il n'en demeure pas moins qu'en une quarantaine d'années un pays essentiellement agraire s'est transformé en une grande nation industrielle. Probablement ce développement aurait-il pu s'opérer selon d'autres méthodes. Mais il n'est pas démontré que dans d'autres pays le développement rapide ne requière pas des méthodes analogues aux méthodes soviétiques. Car les méthodes de style occidental supposent un gouvernement capable de créer le cadre administratif du développement économique et une classe d'entrepreneurs capable de remplir la fonction que l'État ou le Parti remplit en Russie. Dès lors, ce qui s'est passé en Russie soviétique, moins par décision délibérée que par une série de rencontres, est susceptible d'offrir des leçons aux sociétés non occidentales.

Une analyse de cet ordre, fondée sur des chiffres, qui reconnaît les mérites et démérites, inconvénients et avantages des différents systèmes est, en tant que telle, objective, et je voudrais vous dire un mot, en conclusion, à ce sujet.

J'ai défendu la thèse de l'enracinement de la connaissance historique dans la société à laquelle appartient l'historien. Lorsqu'il s'agit de connaissance sociologique et en particulier de connaissances économiques, je souscris, dans certaines limites, à la thèse de l'objectivité. On peut étudier de manière rigoureusement objective le fonctionnement des systèmes économiques.

Pourquoi l'analyse économique que j'ai esquissée ici présente-t-elle un caractère d'objectivité ? J'ai simplement dessiné les schèmes des différents systèmes, déterminé les variables principales de chaque système, les relations entre ces variables à l'intérieur des systèmes ou à l'intérieur des unités concrètes. Une connaissance abstraite et générale de ce type échappe à la relativité historique. Prenons un exemple. Le marxisme utilise la notion de plus-value : il y a un écart entre ce qui est versé à l'ouvrier sous forme de salaire et la valeur produite par le travail de l'ouvrier. Je n'ai pas utilisé la notion de plus-value mais j'ai retrouvé le phénomène, identique, dans tous les systèmes ; on ne paye à l'ouvrier, directement, qu'une partie de la valeur qu'il a créée par son travail, une autre partie retourne au fond social des investissements ; dans un cas, cette plus-value est prélevée par l'État sous forme de profits des entreprises, de taxe sur le chiffre d'affaires, dans un autre cas la plus-value passera par l'intermédiaire des revenus des entreprises ou des particuliers. Dans les deux cas, une fraction de la plus-value est consommée par des privilégiés. Tant que vous analysez le mécanisme des deux systèmes, vous ne sortez pas de l'objectivité. Vous en sortez quand vous affirmez que le mécanisme du profit individuel en tant qu'intermédiaire entre la valeur directement produite et l'investissement est le meilleur ou, au contraire, que la centralisation des fonds d'investissements à la disposition des planificateurs est préférable.

Si vous condamnez le système économique capitaliste en lui reprochant la plus-value, en oubliant qu'il y a plus-value dans un système planifié, vous sortez de l'objectivité. Si vous faites l'éloge du système économique libéral en vous réclamant du schème abstrait du marché libre, vous sortez de l'objectivité, car vous oubliez que les choses ne se passent pas dans une société réelle comme elles se passent dans le schéma idéal du marché libre.

La condition première de l'objectivité est de ne pas confondre les schémas avec la réalité. La deuxième est de faire, autant que possible, une analyse quantitative des phénomènes afin de n'oublier aucune des variables principales. Si vous déterminez les variables du système économique, population, répartition de la main-d'œuvre, production, productivité, etc., si vous établissez les relations entre les variables dans les différents systèmes, vous restez dans l'objectivité pure. Il est vrai qu'il s'agit de résultats quantitatifs, qui dissimulent des phénomènes qualitatifs. On précise les résultats mesurables de transformations sociales et humaines. Qu'on aboutisse à des taux de croissance plus élevés avec une méthode qu'avec une autre ne justifie pas encore un jugement de valeur sur un système global. Préférer une économie de bien-être à une économie de puissance, ne pas imposer à une population de trop grandes restrictions dans l'immédiat quitte à ralentir le taux de croissance, ce sont là des décisions ou des jugements politiques, raisonnables mais non rationnellement démontrés. Autrement dit, la condition pour ne pas sortir de l'objectivité c'est de toujours se rappeler le caractère partiel et souvent problématique des résultats auxquels on parvient.

Une autre précaution de méthode me paraît essentielle : ne pas oublier que les phénomènes mesurables que nous saisissons ont des causes multiples qui ne sont pas toutes quantifiables. Un économiste a tendance, lorsqu'il constate qu'un système donne des chiffres plus favorables qu'un autre, à mettre l'accent, pour expliquer la différence, sur le régime de concurrence ou de planification. Il y a beaucoup d'autres différences entre l'économie soviétique et l'économie occidentale. Mettre tout sur le compte du régime est au moins une conclusion prématurée.

Je voudrais faire enfin quelques remarques sur les rapports entre la théorie et l'histoire.

Marxistes et libéraux ont beaucoup discuté des relations entre les lois économiques et l'histoire. Les marxistes affirmaient l'historicité des lois économiques, les libéraux leur caractère universel. On a souvent défini le marxisme comme une conception historique de l'économie politique. J'ai essayé de vous montrer comment se réconcilient la théorie économique et l'étude historique.

Certaines lois économiques abstraites, la loi de l'offre et de la demande, ou la loi relative aux monnaies (la mauvaise monnaie chasse la bonne) peuvent être valables dans tous les systèmes économiques. En revanche, les lois relatives aux crises économiques du xixᵉ siècle ne sont valables que pour les économies occidentales à une certaine phase de leur évolution. Pour réconcilier la théorie et l'histoire, il convient d'abord de différencier les lois économiques selon leur niveau d'abstraction, de se mettre à l'intérieur d'une unité historique définie, afin de préciser quelles lois s'appliquent à un type donné d'économie. Certaines lois sont relatives au développement de toutes les économies, d'autres limitées au dévelop-

pement d'économies particulières. Dans la théorie de
la croissance, on formule des propositions valables
pour toutes les croissances, soviétiques et occidentales. En revanche, certaines propositions sont valables pour une certaine sorte de croissance et pas
pour d'autres. Dans les économies soviétiques actuelles, on retient le pourcentage de 25 % d'investissements par rapport au produit national brut comme
la norme du développement harmonieux. On ne
saurait affirmer que cette norme sera maintenue indéfiniment dans les économies soviétiques. Il ne
s'agit pas d'une proposition valable pour toutes les
économies planifiées.

Nous avons essayé en même temps non pas de
formuler les lois relatives aux transformations des
systèmes, mais de saisir comment évoluent les systèmes. En dehors de propositions qui s'appliquent
à toutes les économies, de celles qui s'appliquent à
une espèce d'économie, nous cherchions des propositions relatives aux transformations d'un régime,
d'un certain type de société.

A nouveau, nous aboutissons au problème que
j'ai posé plusieurs fois et que je continuerai à poser
l'année prochaine : Quelles sont les tendances de
transformation des régimes économiques dits capitalistes et des régimes économiques dits socialistes ?
Est-ce que ces transformations obéissent à des lois
rigoureuses ? Est-ce que ces transformations sont
prévisibles ?

Je vous ai indiqué dans quel sens un problème de
cet ordre comporte une réponse. Certaines tendances
fondamentales sont communes à toutes les sociétés
industrielles, par exemple la tendance à l'embour-
geoisement et à la réduction des inégalités de revenus. Au fur et à mesure de l'élévation du niveau de
vie, il est probable que la tendance au relâchement
des formes extrêmes du despotisme doit s'accentuer,

probable que les revendications sociales doivent devenir plus vives. La Russie soviétique est en train de connaître les premières difficultés de la prospérité naissante.

Ces tendances de l'évolution ne peuvent pas être extrapolées indéfiniment. La semaine dernière, j'ai essayé de caractériser le genre de société auquel on arriverait lorsque la croissance serait à son terme. Mais de multiples facteurs d'incertitude interviennent, ne serait-ce que le caractère non automatique de la régulation des mouvements de population pas la croissance économique. Les versions optimistes du développement de la société industrielle supposent que le ralentissement de l'augmentation de la population suit de manière inévitable le progrès de l'urbanisation et l'élévation du niveau de vie. Si la prospérité suffisait effectivement à ralentir l'accroissement de la population, on pourrait imaginer un devenir harmonieux des sociétés industrielles, mais nous n'avons aucune raison d'affirmer que cette sorte d'autorégulation qui a eu lieu en Europe se répétera dans tous les pays. D'autre part, même si, selon l'hypothèse optimiste, les sociétés industrielles présentent de plus en plus de ressemblance [1], il n'en résulte pas qu'elles se rapprocheront moralement. Enfin, il n'est pas démontré que les phénomènes politiques soient déterminés univoquement par les phases de la croissance économique ; la richesse ne suffit pas à répandre la démocratie politique. Il est possible, comme le croyaient les Anciens, qu'il y ait un rythme propre des phénomènes politiques, que les despotismes finissent par s'user et les démocraties par se corrompre. L'oscillation des régimes politiques d'une forme à une autre, au lieu d'être

---

1. Ce qui n'est nullement démontré et ce qui même, à bien des égards, est improbable.

provoquée par les mouvements économiques, pourrait être une variable relativement indépendante.

Toute prévision historique doit tenir compte de ce que l'on appellera la *pluralité des déterminations* ou la *possibilité des rencontres et des accidents*. Fort heureusement, pour notre bien ou pour notre mal (je pense plutôt pour notre bien), nous ne pouvons pas prévoir l'avenir.

INDEX

DU MÊME AUTEUR

Aux Éditions Gallimard

INTRODUCTION À LA PHILOSOPHIE DE L'HISTOIRE.
Essai sur les limites de l'objectivité historique.

DE L'ARMISTICE À L'INSURRECTION NATIONALE.

L'HOMME CONTRE LES TYRANS.

LE GRAND SCHISME.

LES GUERRES EN CHAÎNE.

POLÉMIQUES.

LA LUTTE DE CLASSES. Nouvelles leçons sur les sociétés
industrielles.

DÉMOCRATIE ET TOTALITARISME.

LES ÉTAPES DE LA PENSÉE SOCIOLOGIQUE. Montesquieu, Comte. Marx, Tocqueville, Durkheim, Pareto, Weber.

D'UNE SAINTE FAMILLE À L'AUTRE. Essais sur les
marxismes imaginaires.

MARXISMES IMAGINAIRES.

DE LA CONDITION HISTORIQUE DU SOCIOLOGUE.
Leçon inaugurale au Collège de France prononcée le 1er décembre
1970.

ÉTUDES POLITIQUES.

HISTOIRE ET DIALECTIQUE DE LA VIOLENCE.

PENSER LA GUERRE. CLAUSEWITZ.
I. L'Âge européen.
II. L'Âge planétaire.

Aux Éditions Calmann-Lévy

L'OPIUM DES INTELLECTUELS.

ESPOIR ET PEUR DU SIÈCLE.

PAIX ET GUERRE ENTRE LES NATIONS.

IMMUABLE ET CHANGEANTE, DE LA IVe À LA Ve RÉPUBLIQUE.

LE GRAND DÉBAT. Initiation à la stratégie atomique

ESSAI SUR LES LIBERTÉS.

RÉPUBLIQUE IMPÉRIALE. Les États-Unis dans le monde, 1945-1972.

Ouvrages en collaboration :

COLLOQUES DE RHEINFELDEN.

LA DÉMOCRATIE À L'ÉPREUVE DU XXe SIÈCLE. Les Colloques de Berlin.

DE MARX À MAO TSÉ-TOUNG. Un siècle d'internationale marxiste.

Aux Éditions Fayard

LA RÉVOLUTION INTROUVABLE. Réflexions sur la révolution de Mai.

Aux Éditions Plon

DIMENSIONS DE LA CONSCIENCE HISTORIQUE.

LA TRAGÉDIE ALGÉRIENNE.

L'ALGÉRIE ET LA RÉPUBLIQUE.

DE GAULLE, ISRAËL ET LES JUIFS.

LA SOCIÉTÉ INDUSTRIELLE ET LA GUERRE.

TROIS ESSAIS SUR L'ÂGE INDUSTRIEL.

Aux Presses Universitaires de France

LA SOCIOLOGIE ALLEMANDE CONTEMPORAINE.

Aux Éditions Vrin

ESSAI SUR UNE THÉORIE DE L'HISTOIRE DANS L'ALLEMAGNE CONTEMPORAINE. La Philosophie critique de l'Histoire.

Impression Bussière à Saint-Amand (Cher),
le 2 novembre 1990.
Dépôt légal : novembre 1990.
1ᵉʳ dépôt légal dans la collection : février 1986.
Numéro d'imprimeur : 3287.
ISBN 2-07-032347-1./Imprimé en France.